健康保险系列丛书

健康保险财务管理

主　编　马海涛　李小荣

中国财经出版传媒集团
中国财政经济出版社

图书在版编目（CIP）数据

　　健康保险财务管理/马海涛，李小荣主编．—北京：中国财政经济出版社，2018.4

　　（健康保险系列丛书）

　　ISBN 978－7－5095－8080－6

　　Ⅰ.①健⋯　Ⅱ.①马⋯②李⋯　Ⅲ.①健康保险-财务管理　Ⅳ.①F840.625

中国版本图书馆 CIP 数据核字（2018）第 042189 号

责任编辑：郁东敏　　　　　　　责任校对：杨瑞琦
封面设计：李运平

中国财政经济出版社 出版

URL：http：//www.cfeph.cn
E－mail：cfeph@cfeph.cn

（版权所有　翻印必究）

社址：北京市海淀区阜成路甲 28 号　邮政编码：100142
营销中心电话：010－88191537　北京财经书店电话：64033436　84041336
中煤（北京）印务有限公司印刷　各地新华书店经销
787×1092 毫米　16 开　16.25 印张　313 000 字
2018 年 4 月第 1 版　2018 年 4 月北京第 1 次印刷
定价：50.00 元
ISBN 978－7－5095－8080－6
（图书出现印装问题，本社负责调换）
本社质量投诉电话：010－88190744
打击盗版举报热线：010－88191661　　QQ：2242791300

《健康保险系列丛书》编委会

主　　任：宋福兴

副 主 任：董清秀　冯祥英　高兴华　伍立平　胡占民
　　　　　黄本尧　李晓峰　徐伟成　陈龙清

学术顾问：（按姓氏笔画为序）
　　　　　于保荣　马海涛　王　欢　王国军　王绪瑾
　　　　　王　稳　朱恒鹏　朱铭来　朱俊生　孙祁祥
　　　　　孙　洁　李　玲　李保仁　李晓林　杨燕绥
　　　　　余　晖　张　晓　卓　志　郑　伟　赵尚梅
　　　　　郝演苏　庹国柱　董朝晖　魏华林

编务统筹：蔡皖伶　范娟娟

总　序

健康是人类永恒的追求，是人民幸福的起点，党中央、国务院高度重视人民健康事业。习近平总书记在党的十九大报告中指出："人民健康是民族昌盛和国家富强的重要标志。"没有全民健康，就没有完美意义上的全面小康。发达国家的成功经验表明，没有成熟的健康保险，全民的健康权就难以得到根本保障。

目前，健康保险在中国的实践与发展中尚处于重要的探索阶段，理论体系的构建和指引尤为迫切和重要。编著《健康保险系列丛书》的初衷就是要梳理近年来我国专家学者的理论探索，系统总结行业的实践经验，提炼健康保险的经营规律，从立足本土实际、借鉴国际经验、揭示运营规律、展望发展趋势等维度，努力构建健康保险行业的知识理论体系框架，更好地为我国健康保险业的有序发展提供坚实的理论支持。这套丛书可谓是皇皇巨著，由中国人民健康保险股份有限公司组织编著，凝聚了来自保险、财政税收、公共管理、社会保障、医疗卫生等领域近 40 位知名专家学者的心血与智慧。

改革开放以来，特别是近十余年来，健康保险业发展迅猛，众多跨领域的专家学者进行了一系列理论研究，流派纷呈，有力地推动了行业的快速发展。但应该看到，这些研究还不成体系，还相对分散，研究的广度和深度与当前行业发展的实际需求还不相适应。历史证明，科学系统的理论指引是保险事业健康发展的根本保证。从保险业的实践来看，什么时候有正确的保险理论指导，什么时候保险业发展的形势就比较好，对经济社会发展的贡献就比较大。

当前，中国特色社会主义已进入新时代，社会主要矛盾已经转化为人民日益增长的美好生活需要和不平衡不充分的发展之间的矛盾。人民群众对美好生活的需要呈现多样化、多层次、多方面的特点，其中，健康服务正在成为人民过上美好生活的一个基本要求。习近平总书记在党的十九大报告中指出:"要完善国民健康政策,为人民群众提供全方位全周期健康服务。"按照党的十九大报告新的部署,完善国民健康政策,将促进健康与经济社会建设相互协调,促进"人口红利"转向"健康红利",全社会对健康投资和消费需求将日趋旺盛,消费结构升级将为健康服务创造广阔的发展空间,包括商业健康保险在内的健康产业进入了重要战略机遇期。专业健康保险公司要在把握重大战略机遇中实现持续快速协调发展,完成"服务国家治理体系和治理能力现代化"这一历史角色的转变,不仅需要从国内外行业自身发展实践的优势与不足中总结经验教训,更需要探究并构建科学、系统的理论体系来指引改革发展的进程。

近几年,商业健康保险发展势头强劲,专业健康保险公司在多层次医疗保障体系建设中发挥了积极的市场机制优势,在满足人民群众日益增长的健康保障需求中的作用也日渐凸显。特别是近些年,健康保险人只争朝夕,真抓实干,成绩卓著。然而在有速度、有效度发展的同时,尚未及时把积累的发展经验总结出来,更没有形成相对完善的以学术研究为先导的理论体系构建。未来,随着新医改的加速推进,商业健康保险的服务链条将逐渐延伸到社会保障、医疗卫生、保健养生等多个领域,跨行业特性使风险控制更加复杂,经营管理难度更大,市场竞争更趋激烈。如果拥有了原创性的理论研究成果,就可以获取行业的理论话语主导权,就能引领未来发展的战略制高点,就能及时应对行业中出现的新变化和新挑战,就能在激烈的市场竞争中获取其他企业难以比拟的发展优势。

习近平总书记在党的十九大报告中强调:"创新是引领发展的第一动力,是建设现代化经济体系的战略支撑。"企业应该成为创新的主体,而推动创新的根本力量是人才。专业健康保险公司的快速发展,关键是要建设一支规模宏大、结构合理、素质优良的创新人才队伍,要培养一大批熟悉市场运作、具备研究能力的专业技术人才。理论知识体系的研究和构建就可以培养和集结这样一批专门人才,使他们成为健康保险事业发展中的中坚力量。

《健康保险系列丛书》就是在这样的时代与文化需求的大背景下应运而生的。全套丛书分为理论基石类、实践操作类、探索提升类三类共计十六册。其中,理论基石类五册,意在建立统一规范的工作语言环境,普及专业基础知识,分别有:《健康保险学》(西南财经大学卓志教授主编)、

总　序

《健康保险医学基础》（东南大学张晓教授主编）、《健康保险辞典》（中央财经大学郝演苏教授主编）、《健康保险与健康管理》（辛丹博士主编）、《健康保险制度与规制》（对外经济贸易大学王国军教授主编）。

实践操作类八册，重在梳理总结相对成熟的经验规律，解决目前实践中的困惑，为行业提供现实借鉴和趋势分析，分别有：《健康保险公司风险管理》和《健康保险经营管理》（对外经济贸易大学王稳教授主编）、《健康保险营销管理》（西南财经大学卓志教授主编）、《健康保险产品创新》（北京工商大学王绪瑾教授主编）、《健康保险精算》（中央财经大学李晓林教授主编）、《健康保险财务管理》（中央财经大学马海涛教授主编）、《健康保险信息技术与管理》（北京邮电大学王欢教授主编）、《健康保险客户服务》（北京大学孙祁祥教授主编）。

探索提升类三册，旨在探索未来健康保险业发展之道，分别有：《健康保险与医疗体制改革》（清华大学杨燕绥教授主编）、《健康保险与大数据应用》（北京航空航天大学赵尚梅教授主编）、《护理保险在中国的探索》（南开大学朱铭来教授主编）。

为确保丛书编著的专业性和权威性，这些专家学者搜集整理了大量资料，梳理研究了国内外最新的理论知识和实践经验，进行了多次学术研讨，反复斟酌、精益求精，在编著工作中倾注了大量心力。我们希望本丛书能为健康保险行业的从业人员、健康保险相关专业领域的研究人员提供实际操作的范本和理论参考，为健康中国战略和国家多层次医疗保障体系建设提供必要的理论建构、学术前瞻与路径导向。

前　言

在我国多层次医疗保障体系之中，健康保险是重要的组成部分，在保障人民健康、维护社会公平、促进社会和谐等方面都具有重要作用。发展商业健康保险，促进专业健康保险公司参与医疗保障体系建设，有助于发挥政府与市场的协同作用，加快推进新医改进程，有助于提高人民的健康水平。

近年来，我国人口老龄化加速，疾病谱发生了深刻变化，民众的健康需求日趋个性化和多样化，这一系列社会变革为医疗、疾病、护理、失能、意外等健康保险和相关健康管理服务提供了发展机遇。2014年11月17日，国务院办公厅印发《关于加快发展商业健康保险的若干意见》，推动我国商业健康保险步入全新的发展时代。2016年10月，中共中央、国务院印发《"健康中国2030"规划纲要》，为推进健康中国建设，《"十三五"卫生与健康规划》《"十三五"深化医药卫生体制改革规划》相继出台，明确提出了"大力发展消费型健康保险""鼓励开发与健康管理服务相关的健康保险产品"等支持措施。为推进基本医疗卫生制度全面覆盖，深化医药卫生体制改革，政府更加重视商业健康保险的作用。可以预见，未来我国健康保险业将拥有更为广阔的发展前景。

随着市场规模的日益扩大，健康保险公司面临的风险和经营难度逐渐增加。提高健康保险公司的财务管理能力，是专业健康保险业可持续发展的题中应有之义。在我国商业健康保险行业中，财务管理的必要性已引起各方关注，但仍缺乏较为成型的财务管理模式和技术。现阶段，研究和选择适合我国健康保险公司的财务管理模式十分必要。

本书立足于我国健康保险业的有关法律、法规和制度安排，对健康保险财务管理做了系统性介绍，包括健康保险财务管理的原理、基本内容等理论基础，以及财务管理的具体方法、工具等实用手段，既具有一定的理论深度和前瞻性，又具有较强的实务性和可操作性。

健康保险财务管理是财务管理专业和保险专业的重要研究领域之一，为了让行业从业者和高校研究者们通过本书掌握健康保险财务管理的基本理论与实务，我们力图在阐述健康保险财务管理基本原理的同时，结合具体操作实务深化读者对书中内容的理解，以期满足健康保险行业的现实需要，同时提升社会对健康保险的认识和理解，为行业发展营造良性的外部环境。

本书每章后都附有思考题，对于学习本课程的师生而言，有助于激发创新思维，提高综合分析能力和知识运用能力。

本书由中央财经大学副校长马海涛教授和中央财经大学财政税务学院院长助理李小荣副教授担任主编，参与编写的人员还有中央财经大学财政税务学院孙会霞、陈思、万钟和李琛洁。

本书的编写是在我国健康保险行业不断改革的进程中完成的，我们尽可能吸纳了当前理论界的最新研究成果，并力图与国家政策和管理部门的最新制度安排保持一致，使本书能够较为全面地反映当前理论与实践的成果与改革方向。但是，健康保险行业的改革是一个需要不断深入和完善的系统工程，仍存在诸多问题，因此，本书难免存在疏漏不妥之处。愿此书能为健康保险业的广大从业人员、高校相关专业的师生提供帮助，也希望各位读者批评指正。

编者
2018 年 1 月

目 录

第一章 健康保险财务管理概述 　1

第一节 健康保险财务管理的基本原理与基本内容 　1
一、健康保险财务管理的定义 　1
二、健康保险公司财务管理环境 　3

第二节 健康保险公司财务管理的基本内容 　4
一、融资活动管理 　5
二、投资活动管理 　5
三、营运资金的管理 　6
四、利润分配 　7

第三节 健康保险财务管理的预期目标与工具 　8
一、健康保险财务管理的预期目标 　8
二、健康保险公司财务管理工具 　11

第四节 健康保险财务管理考评体系 　12
一、健康保险财务管理考评的内容和目标 　12
二、健康保险公司的财务管理考评指标体系 　13

第二章 健康保险公司资本结构决策与管理 　17

第一节 健康保险公司资本结构决策 　18
一、资本结构理论 　18
二、健康保险公司的特点及对公司资本结构决策的影响 　21
三、健康保险公司资本结构的影响因素 　23
四、健康保险公司最优资本结构 　27

  第二节 健康保险公司资本成本与筹资 30
    一、筹资渠道 30
    二、资本成本 36
    三、健康保险公司目前筹资的现状及建议 41
  第三节 健康保险公司长期资本战略管理 43
    一、健康保险公司长期资本的特征 43
    二、健康保险公司长期资本战略管理的意义 44
    三、"偿二代"背景下健康保险公司的长期资本战略管理 45

第三章
健康保险公司投资决策与管理 50

  第一节 健康保险公司主要投资方式 50
    一、健康保险公司主要投资种类 51
    二、保险公司投资现状 64
    三、健康保险行业的投资现状 66
  第二节 健康保险公司投资决策与资产现金流模型 67
    一、健康保险公司的投资决策 67
    二、保险投资资产现金流模型 72
  第三节 健康保险公司资产负债模型及管理 74
    一、保险公司资产负债管理理论 74
    二、健康保险公司的资产与负债 76
    三、健康保险公司的资产负债管理 81
    四、健康保险公司的资产负债技术模型 84
  第四节 健康保险公司投资策略风险管理 87
    一、健康保险公司投资所面临的风险 87
    二、保险公司的风险管理技术 90

第四章
健康保险公司财务报告及分析 95

  第一节 健康保险公司财务会计概述 95
    一、保险公司财务会计的发展现状 95
    二、健康保险公司的特点及财务分析的重点 96
  第二节 中外健康保险公司财务报告体系对比 97

一、中外企业财务会计报告的编制规范　　97
　　二、中外保险公司财务报告构成及差异　　101
第三节　健康保险公司财务分析指标体系　　119
　　一、资产质量指标　　119
　　二、盈利能力指标　　124
　　三、业务发展指标　　126
　　四、健康保险公司财务指标计算实例　　127
第四节　健康保险公司偿付能力分析　　132
　　一、保险公司的偿付能力风险　　133
　　二、保险公司偿付能力风险管理要求与评估　　133
　　三、保险公司的最低资本　　134
　　四、保险公司的偿付能力指标体系　　139
　　五、健康保险公司偿付能力报告　　143

第五章
健康保险公司财务预测与资金管理　　150

第一节　保险公司财务报表披露要求　　150
第二节　健康保险公司的盈利预测与利润表　　151
　　一、健康保险业务及其特征　　151
　　二、健康保险收入和成本费用　　154
第三节　健康保险公司的资金来源、投资与资产负债表　　164
　　一、保险资金来源　　164
　　二、健康保险筹资　　166
　　三、健康保险资金运用　　170
第四节　健康保险的现金来源、运用与现金流量表　　175
　　一、保险企业现金流量的特性　　176
　　二、现金流量的管理　　178
第五节　健康保险公司的风险、准备金与损失预测　　180
　　一、健康保险的风险特征　　181
　　二、健康保险责任准备金的提取　　182
　　三、健康保险损失率及其计算公式　　185
　　四、影响健康保险损失率的因素分析　　186

第六章
健康保险财务管理实务　　190

第一节　健康保险公司业务核算与管理　　191
一、健康保险公司业务核算的特点　　191
二、健康保险公司业务核算相关规定　　192
三、健康保险公司的业务核算　　193
四、健康保险公司的业务核算管理　　196

第二节　健康保险公司负债、准备金与现金流　　197
一、健康保险公司的负债及其特征　　197
二、健康保险公司准备金　　199
三、健康保险公司的现金流　　203

第三节　健康保险公司内含价值与经济价值的报告与分析　　204
一、内含价值的概念　　205
二、内含价值的计算　　205
三、内含价值报告　　211
四、内含价值评估法的评价　　215
五、内含价值新政策的影响　　215

第四节　健康保险公司全面预算管理　　217
一、全面预算管理的概念　　217
二、全面预算管理对健康保险公司的意义　　217
三、全面预算管理的流程　　218
四、健康保险公司全面预算管理中存在的问题　　221
五、健康保险公司全面预算管理改进措施　　222

第五节　健康保险公司的并购与整合　　223
一、健康保险公司并购整合的动机　　224
二、健康保险公司并购整合的现状　　225
三、健康保险公司并购整合的政策监管　　225

附录　　228

参考文献　　237

跋　　243

第一章

健康保险财务管理概述

健康保险公司财务管理的基本内容、原则以及目标等，与传统意义上的一般企业，以及当前相对较为成熟的寿险和财产险保险企业的区别究竟在哪里？应该如何对健康保险企业进行财务管理？本章作为全书的概述，结合传统的财务管理理论，主要阐述健康保险企业财务管理的基本原理、基本内容、预期目标以及相应的考评体系。

第一节 健康保险财务管理的基本原理与基本内容

一、健康保险财务管理的定义

财务管理是企业运营与管理活动的重要组成部分。一般意义上的企业财务管理是根据相关企业法规制度，按照财务管理的原则，组织企业财务活动，处理财务关系的一项经济管理工作。

保险公司作为金融市场的重要组成部分，其财务管理活动既有一般企业财务管理的普遍性，即制定财务预算和财务决策、进行财务分析和控制等财务管理活动，又具有其特殊性。特殊性大致体现在两大方面：第一，收入与现金流的特殊性。与普通企业先有成本支出后有销售收入的盈利模式不同，保险公司的收入模式体现在保费收入在先、赔付支出在后，因此使得现金流入先于现金流出，经营成本具有滞后性。这些特征对保险公司的偿付能力、营运资本管理、成本管控等财务管理活动提出更高要求。第二,资产与负债的匹配难度高。保险公司的保险合同期限往往较长,在未来较长的时间内,保险公司要承担的实际成本(赔付等支付义务)受外部环境因素、投保人或被保险人自身状况以及保险公司自身经营情况等综合因素的影响,具有很大的不确定性,因此负债准备金评估较其他金融企业难度更大,受监管的程度更高。由于保险公司负债的特殊性,保险公司的资产负债匹配要求更高,负债特性直接影响资产端的配置策略。

根据中国保监会颁布的《健康保险管理办法》,健康保险是由保险公司对被保险人因健康原因或者医疗行为的发生给付保险金的保险,主要包括医疗保险、疾病保险、失能收入损失保险、护理保险以及医疗意外保险等。健康保险按照保险期限分为长期健康保险和短期健康保险。其中,长期健康保险是指保险期间超过1年或者保险期间虽不超过1年但含有保证续保条款[①]的健康保险。长期护理保险保险期间不得低于5年。短期健康保险是指保险期间在1年以及1年以下且不含有保证续保条款的健康保险。该办法第二章第八条规定,第八条依法成立的人寿保险公司、健康保险公司、养老保险公司,经中国保监会批准,可以经营健康保险业务。除此以外的保险公司,经中国保监会批准,可以经营短期健康保险业务。

从公司的角度,当前我国的保险公司大体可以分为三类:寿险公司、财产险公司和健康保险公司。寿险公司产品类型主要为"长期险",如个人及团体的人寿、年金、健康和意外伤害保险产品。财产险公司产品类型主要为"短期险",具体包括财产损失保险、责任保险、信用保险、保证保险、短期健康保险、意外伤害保险等。健康险公司的产品结构相较财产险和寿险公司更为复杂,产品类型为"长期险+短期险+健康管理服务",主要面向不同人群对于健康险的不同需求,既包括最低保障性质的健康险产品,又包括高端定制的健康管理服务产品,既包括短期的补充医疗保险,又包括长期保障型的失能、护理保险。

我国健康保险发展起步较晚,并且是伴随着人寿保险的发展而成长的,健康保险的经营理念和经营方式很大程度上都沿用寿险保险模式。但由于健康险公司保险标的与寿险并不相同,健康险公司面临的风险也具有更大的不确定性。健康险公司需要将市场进行细分,掌握不同地区、职业、不同生活习惯、年龄段、性别的人群对商业健康保险的各种需求,从而确定各类目标市场,设计并销售有针对性的保险产品。除此以外,由于国内健康险公司起步较晚,对一些疾病的发病率、医疗费用水平等缺乏足够的经验数据。专业健康险的专业技术人才也比较缺乏。这些因素使得产品设计和负债评估均面临更大的挑战。

---

① 保证续保条款,是指在前一保险期间届满前,投保人提出续保申请,保险公司必须按照原条款和约定费率继续承保的合同。

健康保险公司的财务管理具有保险公司财务管理的基本特征,但由于健康险公司保险标的的复杂性和多样性,使得健康险公司面临的风险较财产险公司和寿险公司具有更大的不确定性。健康保险公司财务管理就是通过对各类财务资源的整合,如人力资源、业务资源、资本金资源、固定资产等,将使这些资源真正转化为支持公司业务发展的动力和能源,提高资源的利用效率和配置效率,最终实现风险与收益的均衡,实现企业价值最大化。

二、健康保险公司财务管理环境

(一) 宏观经济环境

从国际环境来看,全球经济进入乏力增长期,美国进入加息和减税周期,全球面临流动性拐点。

从国内环境看,我国经济增长受房地产、基础建设投资和外需回暖推动的成分较大,经济运行中的经济结构性矛盾和内需不足仍较为突出。目前,我国正在积极推动供给侧结构性改革,培育经济增长新动力,积极推动人民币国际化进程,但国内企业债务比重过高,银行面临较大的系统性风险。在未来的经济结构调整过程中,货币政策总体仍将保持谨慎和稳健的原则。

(二) 监管政策环境

2016年8月召开的全国卫生与健康大会上,习近平总书记强调,当前,由于工业化、城镇化、人口老龄化,由于疾病谱、生态环境、生活方式不断变化,我国仍然面临多重疾病威胁并存、多种健康影响因素交织的复杂局面,我们既面对着发达国家面临的卫生与健康问题,也面对着发展中国家面临的卫生与健康问题。如果这些问题不能得到有效解决,必然会严重影响人民健康,制约经济发展,影响社会和谐稳定。没有全民健康,就没有全面小康。要把人民健康放在优先发展的战略地位,以普及健康生活、优化健康服务、完善健康保障、建设健康环境、发展健康产业为重点,加快推进健康中国建设,努力全方位、全周期保障人民健康,为实现"两个一百年"奋斗目标、实现中华民族伟大复兴的中国梦打下坚实健康基础。

2016年10月,中共中央、国务院印发《"健康中国2030"规划纲要》,为今后15年推进健康中国建设明确了行动纲领。在健康中国建设总体框架下,《"十三五"卫生与健康规划》《"十三五"深化医药卫生体制改革规划》相继出台,明确提出了"大力发展消费型健康保险""鼓励开发与健康管理服务相关的健康保险产品"等支持措施。健康扶贫工程加快实施,医改步入深水区,政府更加重视发挥商业健康保险的作用，政策支持力度不断加大，健康保险行业发展面临良好的机遇。

监管方面，财政部、国家税务总局、中国保监会也相继发布通知，为保险行业的发展提供政策支持、为保险业减轻税费负担。2017年5月2日，财政部、国家税务总局和中国保监会发布通知，决定自2017年7月1日起，将商业健康保险个人所得税试点政策推广到全国范围实施，旨在以激励的方式唤起人们的健康保险意识，降低投保人的个人所得税。2017年6月19日，财政部、国家发改委发布《关于暂免征银行业监管费和保险业监管费的通知》（财税〔2017〕52号），规定自2017年7月1日至2020年12月31日，暂免征保险业监管费。进一步降低保险公司的税费压力。

（三）资本市场环境

2017年全国金融工作会议强调金融要服务于社会经济发展，推动经济去杠杆，坚定执行稳健的货币政策，加强金融监管协调，主动防范化解金融风险。

在稳健的货币政策背景下，当前理财资金、保险机构等主要资产管理机构，普遍存在资产负债收益率倒挂、期限错配的问题。而随着金融去杠杆的推进，将对部分金融企业带来较大的流动性压力，进一步加大利率的波动。整体上，未来资本市场面临着投资收益率下降、市场波动性加大的双重压力。

（四）健康保险行业的自身环境

健康保险行业得到快速发展。以中国人民健康保险股份有限公司为例，截至2017年6月末净资产较2013年末增长335%，资本实力明显增强。作为健康险行业的代表，2016年度中国人保健康实现扭亏为盈，是发展史上里程碑式的突破。

然而尽管过去6年健康保险的增长速度很快，目前国内的商业健康险发展水平与发达国家相比还存在很大差距。2017年中国健康保险峰会上，中国保险行业协会首次发布的"2017中国商业健康保险发展指数"，指数选取36个大中城市调研，调研对象为20~54岁的居民。该指数由健康与保险两个维度构成，涵盖6个一级指标、13个二级指标和34个三级指标，评测居民的认知度、充足度和规划度。指数越高，意味着健康保险发展环境越好、发展水平越高。但首次的调研结果显示，我国商业健康保险发展指数仅为60.6，仍处于基础水平的低区位置。

第二节　健康保险公司财务管理的基本内容

健康保险公司的财务管理，从本质来说，与一般企业以及其他保险公司并无区别，即财务资源的整合和财务活动的管理。其中，财务活动的管理包括对企业筹资活动的管理、投资活动的管理、资金营运活动的管理以及利润分配活动的管理，具体体现为资金的筹集、资金的运用和资金的分配等一系列活动，涉及的利益主体有企业内部管理者、投资者、债权人、债务人、政府等。健康保险公司也遵循类似的财务管理框架与内容。但健康保险财务公司经营的特殊性，对保险公司的财务管理专业能力要求要更高。

一、融资活动管理

融资活动具体包括融资方式的选择、资金成本的确定、资本结构的确定以及杠杆效应分析。企业的融资方式一般分为权益性资本、债务资本和混合型筹资。权益性资本融资如发行普通股；债务融资如银行贷款、发行中短期债券、中期票据、融资租赁等；混合型筹资是指兼具股票和债券性质的融资方式，如优先股、可转债等。

融资能力是企业发展的重要因素。当前主流的融资理论建立在现代资本结构理论的基础上。从1958年Modigliani和Miller提出MM定理开始，一直到20世纪80年代，逐渐形成了一套比较完整的理论体系。Myers和Majluf（1984）在基于信息不对称的理论基础上，提出了融资的"啄序理论"，也称为融资优序理论。该理论认为，企业一般偏好内部融资，如果需要向外部融资，也会偏好债券融资，最后才是股权融资。随后有大量学者利用各个国家和地区的数据对这一理论进行验证，然而得出的结论大同小异。我国学者的实证研究发现，我国上市公司长期以来一直存在着强烈的股权融资偏好，融资顺序远不同于经典融资优序融资理论。对产生这一现象的原因不同学者观点差异很大，但基本都同意上市公司存在股权融资偏好。

对于健康保险公司来说，融资渠道也包括内部融资和外部融资两个渠道。内部融资主要通过公司自身积累的利润再投资；外部融资则主要包括债务融资和权益融资，其中债务融资包括向银行贷款和发行企业债券，权益融资则包括在股票市场上IPO和再融资。保险行业是典型的高负债经营行业，资产负债率远高于一般企业。同时，由于保险公司的资本金受到监管机构的高度监管，因此在融资决策中，统筹考虑保险公司以什么方式融资，对应的融资成本是多少，合理的资本结构如何，是财务管理活动融资决策需要重点考虑的基本内容。

此外，随着互联网的快速发展，网络众筹融资等新兴融资模式开始成为保险公司积极尝试探索的新融资渠道。

二、投资活动管理

企业投资活动主要分为两部分：一是长期投资活动；二是日常短期投资活动。

长期投资活动定位于企业的长期发展和战略调整，需紧紧围绕公司的主营业务，主要在于对上下游以及相关产业链进行长期投资，旨在锁定主营业务的经营风险，打造产业链闭环，提高企业应对风险的能力，寻找新的产业发展机遇和空间。投资的方式和目的，主要在于对投资企业形成控制、共同控制或重大影响，而非投资回报率。

日常短期投资活动则需要与企业营运资金的管理结合在一起，主要以短期投资为主，目的在于提高流动性资金的配置效率，既避免闲置资金的浪费，又能够在企业流动性不足时提供及时的资金支持。在短期投资管理活动中，既需要坚持风险匹配、收益适当的原则，还需要兼顾生产经营的流动性需要，可以投资的品种有股票、债券、基金等金融产品。

投资活动的管理对保险公司特别重要。本质上来说是将通过保费等收入积聚的各种保险资金加以运用，在满足正常偿付的情况下，达到资金保值增值的目标。一般来说，保险公司的投资活动需要满足三个基本原则：安全性、收益性和流动性。

安全性原则，保险行业是高负债比的行业，负债中的70%左右主要由各种保险准备金构成，这些保险准备金是保险信用的承担者。安全性原则意味着需要首先保证保险公司的投资本金和回报应该能如期收回，否则将会导致保险公司较大的破产风险。降低风险，保证安全的基本原则之一在于分散性投资。

收益性原则，由于保险公司收入在前、支付在后的基本经验模式，如何保障提前收取的保费保值增值，也是保险企业收入的重要来源，有助于提高保险公司的赔付能力，降低保费率。然而投资收益与风险是对等的。收益越高，风险越大。保险公司的投资活动既要考虑收益还要考虑风险，尽量保证风险最低的情况下，实现收益最大化。

流动性原则，保险公司投资以后，为了保障赔付能力，需要在保证已投资产品不损失价值的前提下，具有较强的流动性和变现能力。这一方面，不同的保险公司要求也不一样。如寿险公司的保险产品一般以长期合同居多，保险金额相对固定，精算概率也更精准，对流动性的要求相对较低。财产险公司的产品一般以短期为主，需要较高的理赔效率，赔付变动率大，对流动性要求特别高。而健康保险公司则介于二者之间，其保险产品结构既有短期又有长期，因此对流动性管理的难度也更高，需要结合自身的业务结构，合理搭配长期投资和短期投资，既要保证基本的投资回报率，又要兼顾流动性以保障偿付能力。

一般来说，在保险业比较发达的国家，股票、国债、企业债、货币基金等在保险投资中占据较高的比例，是保险投资的主要方式。

三、营运资金的管理

营运资金的管理是企业财务管理活动中非常重要的环节，主要目的在于满足企业日常运营的资金要求,如原材料的采购、服务成本的支付、日常费用开支等。营运资金的管理需充分满足业务发展的要求,避免由于资金短缺而对企业生产等带来不利影响。营运资金的管理主要包括短期融资、偿还到期债务、管理应收应付、提高存货周转效率。

企业的营运资金需首先满足到期债务的偿还。短期债务到期后,如不能偿还,可能直接导致企业破产。营运资金的管理既包括流动性资产的管理,也包括流动性负债的管理。在偿还到期债务和满足业务发展的前提下,营运资金管理需要进一步提高资金的使用效率,企业可以在金融市场上选择流动性管理工具来提高营运资金的收益率。

保险公司由于需要保障一定时期内的偿付能力,运营资金的管理比一般企业更重要,因此对营运资金的管理是保险公司财务资金管理的重要部分。为了提高运营资金的管理效率,保险公司往往选择资本市场投资,受资本市场的影响更大。

四、利润分配

根据企业的发展阶段和资金需求,确定相应的利润分配方案,也是企业财务管理活动的重要部分。需要与企业的融资决策、融资成本结合在一起考虑。利润分配作为企业财务管理的一部分,在利润分配对公司价值影响的问题上,存在不同的分配理论:基础理论主要有MM(米勒和莫迪格莱尼)股利无关论、"在手之鸟"理论、税差理论;现代理论包括信号传递理论、代理成本理论和行为理论。

实践中,利润分配的多少取决于企业所处的不同发展阶段。从企业生命周期来看,处于初创期和快速发展阶段的企业,一般会将利润留在企业内部。进入成熟稳定时期的企业,需要对比利润分配和对外融资的机会成本综合考量。而进入衰退期的企业,所获得的利润应尽量多地用于利润分配。

根据《公司法》的规定,公司进行利润分配主要包含以下内容:首先,计算可供分配的利润;其次,提取法定盈余公积金;再次提取任意盈余公积金;最后才是向股东投资者支付股利分红等利润分配活动。其中,在不存在年初累计亏损的前提下,法定盈余公积金按照税后净利润的10%提取。法定盈余公积金达到注册资本的50%时不可再提取。

第三节 健康保险财务管理的预期目标与工具

一、健康保险财务管理的预期目标

与企业其他管理活动相比,财务管理的特征主要表现为:一是以价值管理为核心;二是侧重于各项财务决策和控制。从这两大核心特征可以将财务管理的目标分为两个层次:第一个层次,也是总目标、终极目标——企业价值最大化;第二个层次,也就是细分目标,时刻围绕着价值最大化的总目标,对财务活动进行层层细分,并制定具体的财务管理目标,依据目标制定相应的财务决策。

不同的企业价值观对企业价值的理解、企业价值的评估方法和企业价值的界定各有不同,进而形成多种多样的价值管理定义和目标。

利润最大化一直财务管理领域的传统目标之一,也是被接受程度较高的管理目标。企业只有首先保证盈利,才能生存下去,这是企业的立足之本。以利润最大化为管理目标,目标明确清晰,易分解,如利润最大化进一步细分为销售额最大化、成本费用最小化。从理论上来说,利润最大化目标有助于提高企业的未来经营现金流,进而提高企业价值。然而,利润最大化目标在实践中也存在一些问题:首先,对利润的定义,是长期的利润还是平均意义上的利润,是今年的利润还是未来的利润。企业的利润增长如果是建立在应收账款的增加、库存的减少、机器厂房设备管理维护的推迟等方面,虽然可以实现短期内的利润最大化,但却未必对企业的长期发展有利。其次,忽视了企业的资金成本的问题。企业可能是盈利的,解决了生存问题。但是如果盈利给股东带来的回报,远低于市场的平均投资回报率,对于股东来说,却是亏损的。

股东投资企业,只有企业在支付工人工资、供应商货款、债权人的本息以及其他合法要求权的人都得到他们应得的部分以后才享有企业剩余收益和资产的所有权。只要这其中有任何一方无法获得支付,那么股东就什么也得不到。从这个意义上来说,实现了股东剩余权益的最大化,那么其他人的权益才能一并得到保障。

股东价值最大化这一价值管理目标,在当前的公司财务领域已得到越来越多的认可。但在具体的衡量评价指标方面衍生出多种多样的财务指标体系。贴现现金流模型(DCF)、经济增加值(EVA)、托宾q值、价值派等指标,将资本市场与企业的经营绩效结合在一起,弥补了传统财务指标的短期化倾向,更有助于实现企业的健康可持续发展。

近现代公司财务理论体系中,一致认可以价值管理为核心的目标应该体现在实现企业价值最大化。为此,企业的战略决策、治理结构、内部控制、绩效评价以及并购重组扩张等财务相关的活动都应围绕这一目标展开。换句话说,一般意义上的公司财务管理主要围绕企业价值最大化和相关的企业决策而展开。

保险公司作为一般意义的营利性企业组织,也适用于上述企业价值最大化财务管理目标理论,然而由于保险公司收入的特殊,收入在前、偿付在后,保险公司的财务管理目标更具有复杂性。根据《保险法》第一章第二条规定,本法所称保险是指投保人根据合同约定,向保险人支付保险费,保险人对于合同约定的可能发生的事故因其发生所造成的财产损失承担赔偿保险金责任,或者当被保险人死亡、伤残、疾病或者达到合同约定的年龄、期限等条件时承担给付保险金责任的商业保险行为。保险合同是在未来一段时间内,在触发给付或赔付条件的前提下,以事先约定的价格履行保险责任的行为。因此,保险合同实质上属于期权合同。保险合同中隐含的选择权包括红利选择权、保费支付选择权、退保选择权、灵活的满期选择权、结算选择权、保单贷款选择权等。

保险公司的财务管理目标既要体现股东和债权人的利益最大化,也要体现保单持有人的利益不受损,在未来发生意外时,能够及时地得到保费补偿。为此,保险公司的财务管理目标,不仅要面对企业与市场之间的关系,还要兼顾外部监管者的要求。因而,根据保险公司运营的特殊性,通常可以将保险公司财务管理目标分为两个方面:

第一,基本目标是通过精算分析,保证偿付能力。具体表现在综合偿付能力充足率、核心偿付能力充足率、实际资本与最低资本的比率等方面需要满足监管部门的要求。一旦偿付能力不足,保险公司会受到监管部分的严重处罚,甚至被接管重置。此外,相比于其他金融行业,保险业面临的风险更加多样、复杂,对于风险的评估计量难度更大,因此需要更加严格的资本监管。偿付能力监管体系也需要根据市场环境不断变化。例如我国的保险行业,就由直接规定定价利率、评估利率、费用率、风险损失率等定价标准的"偿一代"监管,转向以风险管理为核心的"偿二代"监管。旧的监管标准抑制了资本监管对保险公司定价和市场行为的约束和导向,在风险度量方面过于粗糙,较多地关注承保风险而忽略了资金运用风险;新的监管标准将保险公司面临的各种风险类型都反映到资本要求中,包括保险风险、市场风险、信用风险、操作风险等,增强防范风险的全面性,更加注重定性监管,通过监管分析、检查、综合评价等手段,对保险公司风险进行全面评估,从整体上把握行业风险底线,保证保险市场的平稳健康运行。

第二,根本目标是实现保险公司价值最大化。保险公司虽然经营方式比较特殊,但毕竟是具有经营性的企业组织。股东大会和董事会会对保险公司的战略决策和财务管理起着重大的影响,在保证保单持有人、管理层和员工、债权人的利益前提下,满足外部监管要求,实现股东权益最大化,对公司长远的发展具有较大的指导意义。理论上来讲,满足各方的目标最后都能反映在公司长期稳定发展和总价值的不断增长,因此保险公司财务管理的最终目标和根本目标是保险公司价值最大化。

健康保险公司相对于寿险公司和财产险公司,其产品结构更加复杂,既包括最低保障性质的健康险产品,也包括高端定制的健康管理服务产品;既包括短期的补充医疗保险,又包括长期保障型的失能、护理保险,保单持有人的情况多样化,在财务管理方面,对偿付能力的精算和风险管理的要求更高。

当前,我国健康保险公司的三大业务板块逐渐清晰,即政府委托保险业务、商业健康保险业务和健康管理保险业务,并在2016年度首次实现扭亏为盈的历史性突破。未来进一步夯实三大业务板块的盈利模式,是增强持续盈利能力的关键,也是健康保险公司财务管理工作的所围绕的核心目标。

以人保健康公司2016年的数据为例,人力成本一般占公司固定成本60%~70%,对人力资源的整合利用是财务资源整合的关键;资本金方面,通过多次增资,净资产大幅上升,偿付能力充足率获得支撑,有力保障公司业务发展;业务资源方面,人保健康公司连续4年加大对长期期缴业务进行专项投入,自2013年度2亿元增长到2016年近10亿元,为未来盈利能力奠定基础。人保健康公司多年的短期险业务积累了众多的合作伙伴,降低了新业务的拓展难度。品牌资源方面,公司作为历史悠久的保险品牌,在消费者群里中具有公信力。经验资源方面,公司多年来对社保业务的探索形成了"人保模式",有利于下一步的复制推广。长期资产方面,公司在发展过程中已经积累下来的机构网点,投入的固定资产、无形资产以及职场租赁也是公司重要的财务资源,长期资产的使用效率为未来资源配置提供方向。

整体来说,健康保险公司财务管理的重要任务就是对上述财务资源进行整合,使其真正转化为支持公司业务发展的动力和能源,尤其是固定资产和人力资源,需要充分整合利用,提高资源的利用效率,最终实现健康保险公司的企业价值最大(见图1.1)。

图1.1 资源的整合

二、健康保险公司财务管理工具

健康保险公司财务管理工具主要围绕财务管理目标展开。健康保险公司的短期财务目标在于结合公司的业务模式构建偿付能力风险偏好体系,并进而建立与之配套的风险管理工具,包括偿付能力管理工具、全面风险管理、产品定价管理、成本管控与准备金评估、资产负债管理。

1. 偿付能力管理工具

当前主要采用国际通行的"三支柱"整体框架,即满足资本充足要求、满足风险管理要求、满足信息披露要求。

2. SAMARA 风险评估,是对保险公司全面风险管理能力的检查,几乎涵盖公司日常经营的各个环节,涉及总公司各部门和各分支机构。需要系统上下共同努力完成该项工作。SAMARA 评估涵盖七大类风险:保险风险、市场风险、信用风险、流动性风险、操作风险、战略风险和声誉风险。

3. 产品定价管理。对保险产品的定价,需要考虑多方面的因素,包括:

(1) 预定利率:监管部门对于预定利率上限严格管理,降低产品上市后可能出现的"利差损"风险。

(2) 发生率:需要在整个保险期间内,全面考虑各项责任以及对应的发生率水平。

(3) 附加费用率:在产品定价时,必须在保费中包含考虑一定的附加费用假设作为收入,用于弥补产品上市后实际的费用支出,降低"费差损"风险。

4. 成本管控与准备金评估。保险产品上市后,准备金负债成本的评估受诸多因素影响,需要进一步加强管理,成本控制的难度大。

(1) 长期险产品:需要根据财政部、中国保监会发布的法规和会计准则要求进行评估,满足监管要求。需要经过外部审计。一般采用现金流折现的方法,其中折现率曲线采用国债收益率曲线,受国家财政政策、外部市场环境的影响;需要对未来可能发生的赔付、退保、满期等责任以及相关的发生率进行估计;需要在产品层面建立计量模型,并定期维护更新;需要专业人员和操作流程。

(2) 短期险产品:对于未决赔款准备金的估计,需要建立精算的方法和模型,并定期回顾;需要对业务发展、赔付进展等关键因素进行定期追踪。

5. 资产负债管理。今日售出的保单将影响以后许多年的利润,因为销售时保险公司作出保证,然而此保证具有随机性,受到死亡率、全残率、保户行为、经营利润、未来法规变动等各种因素的影响。用市场价值基础测量的利润或许是不稳定的、不可预测的,账面利润并不能完全反映经济价值的变化。

健康保险公司的资产负债管理主要包括短期险业务对应的短期资产与短期负债的匹配，主要是流动性匹配，要求短期险收入在支付短期险赔付以及相关费用后，留存的资金需要进行高效的运用。长期险业务对应的长期资产与长期负债的匹配，包括期限匹配、流动性匹配、规模匹配、成本收益匹配、币种匹配，属于资产端的管理工作（见图1.2）。

资产负债管理在资产端管理的主要内容为，依据负债现金流和成本预测，进行战略资产配置和动态调整，避免公司的非理性决策。

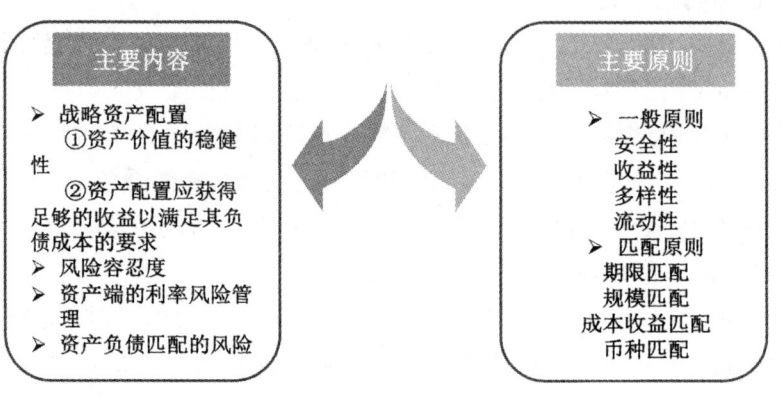

图1.2　健康保险公司资产负债管理在资产端管理的内容

第四节　健康保险财务管理考评体系

一、健康保险财务管理考评的内容和目标

一般企业财务管理的评价体系，相对来说已经较为成熟。既有从各个指标具体层面的分析考核，如偿债能力指标、营运能力指标、盈利能力指标、发展能力指标等，也有将企业看作一个整体的综合性考核，如杜邦分析法。整个财务管理环节都是围绕着"财务预测——财务决策与执行——财务结果与财务分析"这样一个循环过程。

健康保险公司的财务管理考评体系既与一般企业具有一致性，又因健康保险公司的特殊性而具有不同的侧重点，完全套用传统的财务指标考核体系不能有效反映健康保险财务管理活动的真实情况。

健康保险财务管理的考核应该时刻围绕着财务管理的目标和结果展开，具体来说可细分为精算管理、预算管理、核算管理、资金管理、资源配置管理、投资管理等方面。

（1）精算管理：进一步提升专业水平和能力，发挥精算专业优势。全面参与公司经营的各个方面，将精算管理前置，为公司的经营决策提出精算管理专业的意见。

（2）预算管理：进一步加强动态健康管理，提高分析预警能力，使得预算管理可以为公司的经营决策提供有力的管理建议。具体来说，分为三部分：第一，预算的编制，包括经营计划的分解和下达；第二，预算的执行和控制，包括预算执行过程的监控、预算动态管理和调整；第三，预算的考核与激励，包括根据预算执行的结果对各预算单位的奖励和处罚。

（3）核算管理：建立细化分险种、分渠道、分区域的核算机制，加强对新业务、新准则的研究与讨论分析能力，从保险公司的收入和成本两个角度，及时、全面、真实地反映公司的财务状况。

（4）资金管理：在不出现任何资金风险的前提下，在满足业务运营需求的基础上，进一步提高资金运营的效率，具体包括：资金归集的效率、资金流转的效率，尽量减少资金的闲置和停留的时间，提高流动性管理，使得资金得到高效充分的使用。

（5）资源配置管理：进一步提高公司财务资源配置的效率，在财务政策导向方面，能够使得财务资源始终向高效的、投入产出比高的方向流动，使得财务资源可以为公司创造更大的效益。

（6）投资管理：第一，加强资产负债匹配管理，与负债端紧密沟通，加强资产负债高效联动，实现资产端与负债端在收益、风险、期限上的动态匹配和均衡。第二，提高资金使用效率，高效利用资金，充分运用各种金融工具，在满足公司营运资金需求的前提下，尽量提高流动性管理的收益。第三，实现财务收益管理目标，紧密围绕年度预算目标，优化资产配置，抢抓资本市场机会，确保投资业绩满足财务收益管理目标。

二、健康保险公司的财务管理考评指标体系

在财务管理考核内容的基础上，大致可以将健康保险公司的财务管理考评指标分为三大类：价值创造类考核指标、风险控制类考核指标和资产管理类考核指标。

（一）价值创造类考核指标

价值创造类指标主要反映保险公司的盈利能力、盈利质量以及盈利增长能力，结合健康保险公司的盈利模式和特征可总结为表 1.1 所示：

表 1.1　健康保险公司价值创造类考核指标

指标类型	指标内容	影响指标完成的因素
盈利能力考核指标	净资产收益率（ROE）预算完成率和超额贡献度	考核当年净利润的实现程度，与预算管理和核算管理能力相关
	经济增加值（EVA）预算完成率和超额贡献度	考核当年公司的业绩水平与资本成本的差额，与预算管理和核算管理能力相关
盈利质量考核指标	短期险综合成本率	保险公司精算管理、利润管理能力
	内含价值增长率	保险公司投资管理能力
	有效业务价值增长率	保险公司精算管理和资源配置管理能力
	一年新业务价值率及增长率	保险公司精算管理和资源配置管理能力
盈利增长考核指标	保费收入预算完成率	预算管理与执行
	超出市场可比主体的新单期缴保费收入增长率	
	政府委托业务收入增长率	

（二）风险控制类考核指标

风险控制类考核指标主要考核保险公司的风险管理和控制能力，主要体现在偿付能力指标的核算和考核（见表 1.2）。

表 1.2　健康保险公司风险控制类考核指标

指标类型	指标内容	指标说明
风险控制考核指标	综合偿付能力充足率	核心资本和附属资本之和与最低资本的比率，反映保险公司总体资本的充足状况
	核心偿付能力充足率	核心资本与最低资本的比率，反映保险公司核心资本的充足状况
	风险综合评级	综合第一支柱对能够量化的风险的定量评价，和第二支柱对难以量化风险的定性评价，对保险公司总体的偿付能力风险水平进行全面评价所得到的评级，反映保险公司综合的偿付能力风险
	SARMRA 评估得分	

（三）资产管理类考核指标

资产管理类考核指标主要围绕保险公司的资产和负债管理展开。具体分为短期的流动性管理指标和长期的资产负债动态平衡管理指标。短期的流动性管理主要体现在日常的投资活动中，体现为营运资金的管理，如流动资产管理的考核和流动负债管理的考核。长期的资产负债动态平衡管理考核则应集中在长期来看保险公司资产和负债在期限和结构的匹配管理能力上的考核。

例如：中国人民健康保险股份有限公司 2017 年 6 月 30 日下发《子公司年度经营业绩考核暂行办法》（修订稿）征求意见，对于公司年度经营业绩考核指标进一步突出价值创造、内部管理以及风险管控指标，同时侧重于业务发展质量指标。

本章小结

1. 健康保险公司财务管理的定义是通过对各类财务资源的整合，如人力资源、业务资源、资本金资源、固定资产等，将使这些资源真正转化为支持公司业务发展的动力和能源，提高资源的利用效率和配置效率，最终实现风险与收益的均衡，实现企业价值最大化。

2. 健康保险财务管理的内容包括融资活动管理、投资活动管理、营运资金的管理和利润分配四个部分。对于健康保险公司来说，财务管理的目标除了实现一般企业相一致的企业价值最大化目标外，还要实现满足监管要求的偿付能力管理目标。实现这些目标需要结合健康保险公司的业务模式构建偿付能力风险偏好体系，并进而建立与之配套的风险管理工具，包括偿付能力管理工具、全面风险管理、产品定价管理、成本管控与准备金评估、资产负债管理。

3. 对健康保险财务管理的考核应该时刻围绕着财务管理的目标和结果展开，具体来说可细分为精算管理、预算管理、核算管理、资金管理、资源配置管理、投资管理等方面。根据上述细分管理目标，可分为三大类考核指标，分别为价值创造类考核指标、风险控制类考核指标以及资产管理类考评指标。

专业术语

1. 财务管理（Financial Management）：是在一定的整体目标下，关于资产的购置（投资）、资本的融通（筹资）和经营中现金流量（营运资金），以及利润分配的管理。

2. 营运资金管理（Working Capital Management）：是对企业流动资产及流动负债的管理。企业要维持正常的运转就必须要拥有适量的营运资金。营运资金管理是企业财务管理的重要组成部分。

3. 利润分配（Allocation of Profits）：是指企业按照国家规定的政策和比例，对已实现的净利润在企业和投资者之间进行分配。

4. 企业价值最大化（Enterprise Value Maximization）：是指通过财务上的合理运营，采取最优的财务政策，充分利用资金的时间价值和风险与报酬的关系，保证将企业长期稳定发展摆在首位，强调在企业价值增长中应满足各方利益关系，不断增加企业财富，使企业总价值达到最大化。

5. 股东价值最大化（Shareholder Value Maximization）：是指通过企业的合理经营，在考虑货币时间价值和风险报酬的情况下，使企业的净资产价值达到最高，从而使所有者的收益达到最大。

6. 偿付能力（Solvency Margin）：是指公司偿还债务的能力。对于保险公司来说，偿付能力是指保险公司对所承担的风险在发生超出正常年景的赔偿和给付数额时的经济补偿能力。具体体现在不仅资产能够偿还当前的债务，而且资产必须超过负债达到一定额度，即最低偿付能力。

思考题

1. 健康保险与其他保险相比，具有哪些特殊性？
2. 健康保险财务管理的主要内容包括哪些部分？
3. 健康保险财务管理的基本目标是什么？
4. 请列举健康保险财务管理的考核内容和主要的考核指标。

第二章

健康保险公司资本结构决策与管理

资本结构决策是财务管理的主要内容,其对于企业的风险和收益具有重要影响。资本结构通常是指公司的债务融资与权益融资的比率,即关注资金的来源,一般用财务杠杆来衡量和表示。企业的财务杠杆过高,破产风险随之增加;企业的财务杠杆过低,又往往会限制企业利用财务杠杆充分调动经营能力、把握投资机会、为股东寻求利益最大化的能力。因此,资本结构决策显得尤为重要。

现代资本结构理论始于1958年,Modigliani和Miller两位学者以严谨的科学方法建立了模型,在一系列严格假设下对企业价值和资本结构的关系进行了探讨。这一研究奠定了现代西方资本结构理论的基础,也为后续资本结构理论的推进提供了方向。此后,沿着这一思路,学者们对于资本结构理论进行了开拓和创新,提出了诸如权衡理论、信息不对称理论等现代资本结构理论。由于行业特性等原因,不同行业公司的资本结构决策也存在着不同。保险行业作为金融业的一个分支,其业务过程、产品形态以及资产负债的特征与一般的产品制造业,甚至于金融行业中的银行业等都有显著不同。一方面,其业务特征的一大特点就是先付费后服务,即其业务过程中的保单设计、承保等过程本身即具有负债性质;另一方面,不同于一般企业发行债券、银行借款等负债,保险行业所面临的负债,其偿还日期、偿还净额都具有较大的不确定性,这也使得资产结构决策显得尤为重要。因此,本章第一节从基本的资本结构理论开始,结合保险行业以及健康保险公司的特点,系统梳理了关于资本结构决策的相关理论和研究,以期为后续分析提供理论基础。

在理论回顾后,需要进一步关注资本结构决策的源头,即健康保险公司的筹资活动。一般而言,企业获得所需资金主要有两种形式:一种是债务资本融资,即通过长期借款、发行债券、发行中期票据、融资租赁等方式,取得债务性融资;另一种是权益资本融资,即吸收直接投资、发行普通股等。权益资本融资不像债务融资具有固定的偿还日期和偿还金额,对企业产生的财务压力较小,但同时可能会分散企业股权,在公司发展较好时往往会带来更高的融资成本。因此，本章第二节将针对健康保险公司，分析不同融资方式的资本成本、融资渠道，以及在两种融资方式间的比较权衡。

最后，如前所述，保险公司由于其业务性质的特殊，通常定价在前，实际成本在后，表现出了负债驱动经营的特点。而其负债的偿还，即保单的偿付是在未来某一时点或者根据未来某一时间确定的，具有延后性和不确定性。而健康保险公司作为保险业务的一个分支，其既包括短期险业务，也包含长期险业务，这又使得其负债期限结构较为复杂。为了控制企业的风险，需要相应的资产相匹配。这种资产负债的波动性和复杂性，使得健康保险业务对于资产负债的匹配和管理有了更高的要求。因此，本章最后一节关注健康保险公司的资产负债管理，研究其内涵、目标，分析健康保险公司资产负债管理的主要任务，总结健康保险公司资产负债管理的风险特点，进而给出健康保险公司资产负债管理的一般方法。

第一节 健康保险公司资本结构决策

资本结构决策，通俗来说，解决的就是公司的资金从哪里来的问题。企业运营需要资金，而资金的取得需要付出相应的成本。如何安排筹资活动，降低资本成本，优化资本结构，使企业价值最大化，是学术界和实务界共同关注的问题。而健康保险公司的资本结构决策既遵循着资本结构理论的一般原理，又由于其所处行业和业务特点，呈现出自身的一些特性。本节先介绍资本结构理论的一般原理，再结合健康保险公司的行业特点探索其资本结构的影响因素以及最优资本结构的设计问题。

一、资本结构理论

对企业资本结构的探讨由来已久，相关理论最早成型于 1952 年的企业理财研究学术会议，美国经济学家 Durand 结合其经验分析，在其论文《Cost of Debt and Equity Funds for Business: Trends and Problems of Measurement》中提出了早期的三种资本结构理论：净收益理论、净营业收益理论和传统理论。其中，净收益理论认为，公司的债务资本的比例与公司价值成正比，即公司的债务资本比例越大，公司的净收益也就越大，公司价值更高。而净营业收益理论认为，公司的资本结构与公司价值无关。由于公司债务的资本成本率是固定的，而股权的资本成本率是变动的，会随着公司财务风险的增大而增大。当公司债务资本比例增加时，公司财务风险的增加会引起公司股权资本成本率的增加，最终导致加权平均后的公司综合资本成本率不变，对公司价值有影响的是公司的净营业收益，而与公司的资本结构无关。传统理论则介于两者之间，认为在一定范围内增加债务资本比例能够提高公司价值，但并不会随着债务资本比例的增加而无限增加。一般将这三者称为"早期资本结构理论"。

1958 年，Modigliani 和 Miller 两位学者在著名的经济学期刊《American Economic Review》上发表了题为《The Cost of Capital, Corporation Finance, and the Theory of Investment》的文章，开启了现代资本结构理论的开端。文章中首次用严谨的模型推导讨论了在完美市场假设基础上，资本结构对企业价值的影响，在无税收、无破产成本、无代理成本以及市场完全等严格假设下得出了公司价值与资本结构无关的结论，即为著名的"MM 定理"。Modigliani 和 Miller 两位学者也因其突出贡献，分别于 1990 年和 1985 年获得了诺贝尔经济学奖。

MM 定理的企业价值无关论是基于完美资本市场的假设之下，具体来说，当资本市场无交易成本，无税收，市场完全竞争，无破产成本，个人和企业能够以同样的利率借入、贷出资金，没有信息成本，且投资者理性的前提下，企业的债务融资成本是固定不变的，而权益融资成本则随着债务资本占整个资本的比例的增加而增加。Modigliani 和 Miller 用严格的模型推导证明了这部分权益融资成本的增加恰好能够抵销债务融资成本低给企业价值带来的正面效应，最终使得公司价值不受资本结构的影响。

然而，MM 定理中所作出的严格假设与现实生活是有较大差距的。在现实生活中，企业和个人都要面临相应的税负，即便是发达资本市场，也无法达到完全竞争市场的要求。此外，债务融资成本也不是一成不变的，当企业的财务杠杆大到一定程度，面临着较大的财务风险和破产风险时，债权人往往会要求更高的利息，也弥补可能的违约风险。这些都限制了"MM 定理"对客观实践的解释和指导。然而，MM 定理为后人提供了一个基本的参考系，后续的学者在此基础上，根据现实情况逐步放松 MM 定理的某些严格假设，不断推动资本结构理论的发展，并由此形成了一系列资本结构的不同理论。

有税的 MM 理论在 MM 定理的基础上，放松了无税的假设条件，考虑了在存在企业所得税的情况下资本结构如何影响企业价值。由于企业需要缴纳企业所得税，且债务的利息可以在税前作为费用扣除，因此债务在 MM 定理的基础之上，对企业起到了税收抵免的作用，这一"税盾"效应会增加企业的价值。即在考虑企业所得税的前提下，企业债务资本占总资本的比例越高，企业价值越大，企业应当争取更多的债务融资。

然而，从实践来看，显然债务融资并不是越多越好。原因在于债务融资不同于股权融资的主要特点是其有固定的偿还日期和偿还金额，并在本金的基础上要偿付相应的利息。随着债务融资金额的逐步增加，企业的偿债压力也不断增大，一旦企业不能按时偿付本金和利息，即使企业仍拥有较强的生产能力和盈利能力，其同样要陷入财务困境，面临着破产的巨额风险。这不仅会带来一系列的法律费用和诉讼费用，还会影响企业的正常经营盈利。这些都表明，债务融资的增加不仅具有正面的"税盾效应"，也会带来负面的财务困境成本，也由此产生了资本结构理论的另一分支——权衡理论。权衡理论综合考虑了债务融资带来的正面效应和负面效应，认为两者之间存在权衡，企业价值和资本结构的关系不是简单的线性增加或减少，而是存在一个最优资本结构，使得企业在债务融资带来的税盾效应和财务困境成本两者的综合作用下达到最大。

20世纪80年代，Myers在MM定理的基础上，放松了无交易成本的假设，基于信息不对称，从一个新的角度推进了资产结构理论。Myers等学者认为，市场上的投资者和公司内部人对公司价值存在着较大的信息不对称，在这样的情况下，当企业有一个新的投资项目需要融资时，如果选择外部融资，外部投资者由于对企业内部情况以及投资项目信息的不了解，可能会低估公司和项目价值，要求更高的投资回报率，增加公司的融资成本。由于内部融资不需要与投资者签订契约，也无须支付各种费用，所受限制少，因而是首选的融资方式；其次是低风险债券，其信息不对称的成本可以忽略；再次是高风险债券；最后在不得已的情况下才发行股票。这也被称为"优序融资理论"（Pecking Order Theory）。

基于信息不对称的另一个资本结构理论发展分支是"信号理论"。由于投资者和公司内部人之间存在着信息不对称，公司的内部人能够通过资本结构的调整向市场传递公司获利能力和风险的信号。通常来说，如果公司选择债务融资，表明公司内部人对于公司未来的经营状况和获利能力是抱有较高预期的；否则，较高的债务融资会大大增加公司的破产风险，增加财务困境成本。同时，如果公司的内部人了解公司的发展潜力和经营状况，而外部投资者由于信息不对称，倾向于低估公司价值，那么如果公司选择股权融资，其股票市场的股价往往会被大幅低估，造成公司更高的融资成本，因此经营情况较好的公司也倾向于选择债务融资。综上，按照信号理论，当公司价值被低估时，公司会增加债务融资，即债务融资向市场传递了公司内部人对于公司未来的正面信息。

20世纪70年代，以Jensen和Mecking为代表的学者开始关注公司的代理问题，并试图在代理成本的框架下构建资本结构理论。所有权与控制权的分离推动了现代公司组织形式的演进，也相应带来了代理问题。公司的利益相关者，如股东和管理者、股权人和债权人之间可能存在着利益不一致。例如，管理者可能会利用与股东间的信息不对称，盲目进行企业扩张，扩大企业规模，以获得个人在经理人市场上的竞争优势，这显然与股东的利益相违背。此外，股权人和债权人间利益也可能存在不一致。例如，股东可能倾向于投资高风险高收益的项目，因为如果投资成功，股东可以从中获得高额收益；而如果投资失败，风险将由债权人和股东共同承担。而对于债权人来说，其投资的第一目的是保证其本金和利息的安全性，因此会更倾向于不投资此类项目，这些都会引起股东和债权人间的利益冲突，形成代理成本。在代理成本框架下，资本结构理论有了新的拓展。当公司债务融资增加时，一方面会产生"税盾"效应，另一方面会增加股东和债权人之间的代理成本。因此，存在一个最优资本结构，使得两者的效应达到均衡，企业价值最大化。

二、健康保险公司的特点及对公司资本结构决策的影响

健康保险是近年来兴起并迅速发展的朝阳产业。从全球范围看，大健康产业是全球最大的新兴产业。数据显示，美国的健康产业在国民经济中的占比是17.8%，接近20%；加拿大、日本等国超过10%；我国仅占4%~5%，相当于日本的1/2、美国的1/4。从人口总量看，据国家统计年鉴，截至2014年底，65周岁及以上人口为1.38亿人，占总人口10.1%。另据经合组织（OECD）预测，中国人口总量将在2030年左右达到峰值，为14.53亿人，届时65岁以上人口将达2.4亿人左右，将近翻番。在此背景下，健康产业需求迫切地呼唤着人们的关注，一个庞大市场需求的洼地已经形成。如今，随着健康中国战略的落地，健康产业已上升到国家战略，"十三五"期间有权威人士评估健康产业市场规模有望突破10万亿元。在这一背景下，在系统梳理了资本结构理论的起源与发展后，下面进一步结合健康保险公司的特点及实践，探讨其对健康保险公司资本结构决策的影响。

健康保险公司作为保险行业的一个分支，具有保险这一行业的共性特征，亦具有其不同于寿险、财产险等其他险种的个性特征。首先，健康保险公司的最终目标是服务于实体经济，通过提供健康保险产品，为居民提供多方位的保障。随着人口老龄化的加剧以及居民健康意识的不断增强，社会对健康养老等方面的关注日趋增强。而健康保险作为人身保险的重要组成部分，能够并且应当更好地发挥其经济补偿、资金融通以及社会管理的功能，在监管部门的规范下服务实体经济。

其次，健康保险公司的产品，即保险合同，是在未来一段时间内，在触发给付或赔付条件的前提下，以事先约定的价格履行保险责任，其本质上属于期权合同，其隐含了多项选择权，如红利选择权、保费支付选择权、退保选择权、灵活的满期选择权、结算选择权、保单贷款选择权等等。此外，其提供的保险业务，往往是定价在前，赔付在后，即实际发生成本在签订合同后未来的某一个时点才能确定，这种业务形态使得其成本发生具有较大的延后性和不确定性，也使得保险产品定价需要在大数法则原理和精算方法的基础上确定。

最后，不同于一般的制造型行业，健康保险公司的运营资金往往占比较高，保单

金额进入到企业，变成企业的运营资金。为了提高运营资金的管理效率，健康保险公司会更多地运用资本市场投资，因此，其风险和收益受到资本市场的影响也更大。

健康保险公司的这些业务特点，也对其财务管理，尤其是资本结构决策产生了影响。具体来说，影响主要体现在以下几个方面：

（一）健康保险公司对于其偿付能力有着更高的要求，且面临更加严格的行业监管

对于健康保险公司来说，其负债不仅仅来源于常规的债券发行及银行贷款，而是更多来源于其日常经营业务，即保险业务，其消费者同时也是其债权人。这也意味着其偿付能力不仅关系着其财务风险，更影响着其经营风险。同时，由于保险行业在国民经济体系中处于一个特殊地位，其本身是社会经济补偿制度的一个重要组成部分。保险公司的亏损或倒闭不仅会影响股东的利益，还会严重损害被保险人的利益，其对国计民生的重要性不言而喻。这使得国家对于健康保险公司偿付能力的监管更为严格，对资本结构的决策也有更高的要求。

2015年2月，中国保监会发布了中国风险导向偿付能力体系的17项监管规则，被业内人士简称为"偿二代"，其目的是为了科学、全面地计量保险公司面临的风险，使资本要求与风险更相关；确定合理的资本要求，提高我国保险业的竞争力，建立有效的激励机制，促进保险公司提高风险管理水平；并积极探索适合新兴市场经济体的偿付能力监管模式。同以前的保险行业监管相比，"偿二代"将保险公司面临的各种风险类型都反映到资本要求中，包括保险风险、市场风险、信用风险、操作风险等，增强防范风险的全面性。特别是"偿二代"更加注重定性监管，通过监管分析、检查、综合评价等手段，对保险公司风险进行全面评估，从整体上把握行业风险底线，保证保险市场的平稳健康运行。在具体的监管措施层面，中国保监会从定量资本要求、定性监管要求和市场约束机制三个方面对保险公司偿付能力作出了规范，这也要求健康保险公司依据行业规范，对自身的资本结构决策以及偿付能力作出相应的动态调整。

（二）健康保险公司对资产负债的价值评估难度更大，为其资产负债决策带来了更大的挑战

保险公司的一个显著特点是其负债是核心业务，从某种程度来说，可谓是负债驱动经营。但不同于银行等其他金融机构的是，银行的负债主要来源于其存款业务，其存款到期日、偿还金额基本确定，能够据此评估其负债和资产的价值。但对于健康保险行业来说，由于保险业务偿付日期及金额的不确定性，有部分健康险属于长期险的范畴，保险合同期限较长，在未来较长的时间内，健康保险公司要承担的赔付成本受

外部环境因素，投保人或被保险人自身状况以及保险公司自身经营情况等综合因素的影响。这就使得健康保险公司的负债价值具有较强的估计性，其对价值的估计是否准确，还要受到评估基础、评估方法、精算师的经验判断等多重主观和客观因素影响。此外，由于健康险公司保险标的的特殊性，保险公司的负债评估需要基于与人身健康相关的疾病发生率、伤残率以及失能比率等数据进行分析判断。由于国内健康险公司历史普遍较短，在健康数据方面仍严重缺乏，行业对一些疾病的发病率、医疗费用水平等缺乏足够的经验数据，专业健康险的专业技术人才也比较缺乏，这些都为健康保险公司作出资产负债决策带来了更大的挑战。

（三）健康保险公司对资产负债的匹配要求更高，需要更为先进的资产负债匹配技术

健康险公司的产品结构相较于财产险和寿险公司更为复杂。寿险公司的保险产品类型主要为长期险，包括个人及团体的人寿险等；财险公司的产品类型主要为短期险，包括财产损失保险、责任保险等；而健康保险公司的产品类型既包括长期险种，如失能保险、护理保险，也包括短期险种，如医疗保险，这使得其在资产负债决策过程中，既要考虑短期资产与短期负债的匹配，又要考虑长期资产与长期负债的匹配，对公司的资产负债匹配技术提出了更高的要求。如何能够在保证偿付能力的前提下，对公司的资产进行合理的配置，以满足负债成本和负债偿还期限的要求，是健康保险公司管理者在进行资产负债决策时必须考虑的问题。

三、健康保险公司资本结构的影响因素

哪些因素影响健康保险公司资本结构的决策，是学术界和实务界一直重点关注的问题之一。理解了这一问题，能够帮助健康保险公司更完整全面地考虑企业内外部的各种环境，作出更理性的资本结构决策。在本部分中，我们结合以往的文献以及实务，归纳总结出影响健康保险公司资本结构决策的主要因素。

（一）宏观制度环境

资本结构的 MM 定理证明了在资本市场无交易成本，无税收，市场完全竞争，无破产成本，个人和企业能够以同样的利率借入、贷出资金，没有信息成本，且投资者理性的前提下，企业的资本结构与企业价值是无关的。然而，在现实生活中，企业并不是生活在真空中，而是存在于真实的资本市场，而真实的资本市场则必然存在交易成本。Coase（1937）和 Williamson（1985）延续了这一思路，从交易成本的角度研究发现，企业所在的宏观制度环境会对企业的最优资本结构产生影响。对健康保险公

司来看，其本身即为负债驱动经营，且日常的保险业务所收到的资金也必须投入资本市场，以匹配其未来某一时刻保单偿付所需的支出。可以说，健康保险公司每时每刻都在与资本市场产生联系。因而，一国的宏观制度环境，尤其是国家金融市场的发展程度、制度环境下的财务困境成本、宏观经济政策，都会对健康保险公司的资本结构决策产生影响。

具体来说，企业在决定其资本结构决策时，会考虑内外部多方面的风险。如果一个国家金融市场发展较为健全，信息不对称程度较低，交易成本更小，那么健康保险公司能够顺利地从资本市场通过发行股票等方式筹集到充足的资金，其资产负债率也就相应较低。反之，如果国家的金融市场化较低，当健康保险公司面临融资需求时，可能会由于高额的交易成本，或是信息不对称等原因导致其股价过分低估，融资成本过高，从而放弃股权融资，只能选择债券等方式进行融资，资产负债率也就相应提高。

此外，资本结构的"权衡理论"认为，负债对企业价值一方面具有正向的"税盾"效应，能够通过在税前扣除增加企业价值；另一方面，负债的增加会加大企业的财务困境成本，对企业价值产生负面效应。因而，资本结构决策实际上是两者的权衡。由权衡理论我们也可以发现，企业的财务困境成本和破产成本影响着企业的资本结构。而在不同的国家，即不同的制度背景下，健康保险公司面临的财务困境成本也是不同的。这种财务困境成本既有显性成本又有隐形成本。显性成本，即一旦健康保险公司陷入财务困境，需要付出的诉讼、罚款、法律咨询等一系列费用。而相较于这些看得见的，健康保险公司面临的看不见的隐形成本则更为"致命"。由于保险本身即为一种风险规避的行为，健康保险公司面临的大量消费者及潜在消费者是风险厌恶的。健康保险公司如陷入财务困境，其一直以来形成的品牌将陷入危机，会极大地影响消费者对其信任程度，可能会面临大量的客户流失，这种客户流失会进一步加剧财务困境问题，形成恶性循环，最终对企业价值造成更大的损失。因此，如果健康保险公司处在财务困境成本更好的制度环境中，其会相应调整其资本结构，降低资产负债率。

最后，国家的宏观经济政策也会对健康保险公司的资本结构决策产生影响。国家通过货币政策、税收政策以及影响企业发展环境的政策来调控宏观经济，而宏观的货币政策通过传导机制使货币供应量及资金的供求关系发生变化，从而导致利率的上下波动。健康保险公司对于金融市场的变化十分敏感，这种利率波动会对健康保险公司的资本结构产生很大影响。如果一定时期内银行贷款利率较低，资金结构中负债资金的比重相对就会上升；反之，负债资金比重就会下降。税收政策决定了不同行业的税率，对某些所得税税率较低的行业，财务杠杆的作业就不大，则负债资金比重小较好；反之，某些所得税税率高的行业，财务杠杆的作用较大，举债筹资带来的减税好处就多。

(二) 行业政策

健康保险关系着国民健康、养老等影响国计民生的问题，因而无论在哪个国家，都受到监管政策的严格规范和制约。在我国，保险业的行业监管机构即为中国保监会，为了规范行业行为，防范金融风险，中国保监会出台了一系列相关政策指导。2012 年初，中国保监会发布《中国第二代偿付能力监管制度体系建设规划》（简称"偿二代"），提出要用 3~5 年时间，形成一套既与国际接轨、又与我国保险业发展阶段相适应的偿付能力监管制度体系。2015 年 2 月，中国保监会正式发布中国风险导向的偿付能力体系，并自 2016 年 1 月 1 日起全面施行。该体系用来监控保险公司的偿付能力，这是中国保监会对保险公司监管的核心指标，类似中国银监会对银行资本充足率的监管。因此，"偿二代"也经常被类比为是保险业的"巴塞尔协议 III"。相比于以规模为导向的"偿一代"，"偿二代"则以风险为导向，这使得不同风险的业务对资本金的要求出现了显著变化，从而显著地影响了保险公司的资产和负债策略。

在"偿二代"施行以前，对包括健康保险公司在内的保险公司偿债能力的监管直接规定了定价利率、评估利率、费用率、风险损失率等定价标准，抑制了资本监管对保险公司定价和市场行为的约束和导向。同时，在风险度量方面过于粗糙，较多关注承保风险而忽略了资金运用风险。而"偿二代"则将保险公司面临的各种风险类型都反映到资本要求中，包括保险风险、市场风险、信用风险、操作风险等，增强防范风险的全面性。特别是，"偿二代"更加注重定性监管，通过监管分析、检查、综合评价等手段，对保险公司风险进行全面评估，从整体上把握行业风险底线，保证保险市场的平稳健康运行。

"偿二代"用了国际通行的"三支柱"整体框架，即分别从定量资本要求、定性监管要求和市场约束机制三个方面对保险公司的偿付能力进行监督和管理。第一支柱定量监管要求，主要目的是防范能够量化的保险风险、市场风险和信用风险三大类。在科学识别和量化这三类风险的基础上，要求保险公司具备与其风险相适应的资本，具体包括最低资本要求、实际资本评估标准、资本分级、动态偿付能力测试以及相应监管措施。第二支柱定性监管要求是在第一支柱定量监管的基础上，防范难以量化的操作风险、战略风险、声誉风险和流动性风险，具体包括风险综合评级、保险公司风险管理要求与评估、监管检查和分析以及相应监管措施。第三支柱市场约束机制是在以上两者的基础上，通过公开信息披露、提高透明度等手段，发挥失常的监督约束作用，防范依靠常规监管工具难以防范的风险。在"偿二代"下，偿付能力充足率的计量更加全面、科学，对保险公司的全面风险管理也提出了更高的要求。在"偿一代"下，偿付能力充足率只有一个指标，这个指标不能低于100%。"偿二代"下，资本分成核心资本和附属资本，偿付能力充足率分为综合偿付能力充足率与核心偿付能力充足率。此外，还对保险公司偿付能力风险管理能力进行了区分监管。风险管理能力强的公司，资本要求可以减少；风险管理能力差的公司，资本要求会增加。在这一政策下，健康保险公司应当根据规则要求，充分评估自身面临的各项风险，在政策的规范下调整自身资本结构，提高偿付能力。

（三）公司规模

根据信号传递理论，由于资本市场上的潜在投资者与公司的管理层间存在着针对公司的信息不对称，因此，管理层往往会通过其资本结构向潜在投资者传递信号，帮助潜在投资者作出决策。对于规模较大的保险公司来说，一方面，更多采用债务融资能够向市场传达管理者对于公司未来发展的信心，向市场传递正面信号，帮助其进一步开拓市场，提高声誉，因而规模更大的保险公司倾向于采用债务融资；同时，相较于规模较小的保险公司，规模更大的保险公司业务更趋于多样化，在一定程度上降低了公司的破产风险，且规模较大的保险公司往往受到更多媒体和社会关注，其信息透明度相对较高，因而往往能够获得更低的债务融资成本，从而更多地进行债务融资，其资产负债率更高。国内外的以往研究也证明了这一点，例如，Baxternad Crgag（1970）发现，规模越大的企业越倾向于通过发行债券进行融资。张仕英（2008）选取权益保费比率作为资本结构决策的代理变量，发现保险公司规模与资本结构水平正相关。谢晓霞等（2011）和郝臣等（2016）则选取资产负债比率作为资本结构决策的代理变量，均得到保险公司规模与资产负债率正相关的研究结论。

（四）获利能力

根据优序融资理论，健康保险公司在进行融资时，会优先考虑内源融资，再考虑外部融资；在外部融资时，又会优先选择债务融资，再选择股权融资。当公司本身具有较强的获利能力时，其自身的盈余可以更多地保留下来，作为公司内源融资的来源，进而降低对外部融资的需求。因此，健康保险公司的获利能力也对公司的资本结构决策有着重要影响。陆正飞和辛宇（1998）采用实证数据，证实了获利能力与资产负债率具有显著的负相关关系。

（五）成长性

健康保险公司的成长性也是影响其资本结构决策的重要因素。处于成长期的健康保险公司正在飞速发展中，其业务规模和投资规模都在迅速扩张，在这样的情况下，内部的资金很可能无法满足不断增长的投资需求，因而需要更多地采用外部融资的方式满足投资需求。而外部融资中，目前的健康保险公司依然处于更多采用债务融资的方式，因而对于成长性的健康保险公司来说，其资产负债率可能更高。

（六）公司治理

公司治理对于资本结构决策的影响来源于资本结构的代理理论。代理理论认为，由于股东和管理层、股权人和债权人间存在着利益冲突，进而产生代理成本，损害企业价值。而债务的增加能够能在一定程度上增加企业的破产风险，从而增加了经理人员寻租的风险和成本，减少管理层的自由度，使得管理层和股东的利益更趋于一致，使管理人员更有效率，增加企业价值。基于这一思路，学者们进行了更深入的研究和探索，并发现有效的公司治理会增加公司负债。例如，Kumar（2004）研究了新兴市场国家的公司股权结构和资本结构之间的关系发现：具有较弱的公司治理机制、较分散的股权结构，特别是从属于集团的公司倾向于高负债率；高外资股权比率或低机构所有权的公司倾向于低负债率；而董事会的股权比率和公司资本结构的联系不显著。闫庆悦、李娜（2007）采用中国数据，检验了公司治理因素对资本结构选择的影响。研究结果表明，股权集中度、国家股比例、流通股比例、董事会规模、产品要素市场竞争程度、创新战略指标和私人收益指标与资本结构水平负相关；独立董事比例、董事会会议频率和股权制衡度指数与资本结构水平正相关；法人股比例、董事长是否兼任总经理与资本结构水平关系不显著。谢晓霞等（2011）选取中国上市保险公司2007~2010年的年报数据和中期报表数据，对保险公司治理结构与资本结构的关系进行了探索，发现政府持股比例、外资持股比例、董事会成员持股比例增加以及董事长兼任CEO有利于改善保险公司的资本结构；独立董事比例、具有金融从业经验的独立董事与保险公司资本结构无关。

四、健康保险公司最优资本结构

健康保险公司的资本结构影响企业价值，已成为学术界和实务界不争的事实。然而，如何定义最优资本结构，是否存在一个最优资本结构，使得企业价值最大化，这些问题均尚存争议。在本部分中，我们从以往学术研究和实践的视角，对健康保险公司的最优资本结构进行探讨。

最优资本结构，又被称为目标资本结构，一般是指企业在一定时期内，筹措的资本其加权平均资本成本最低，使企业的价值达到最大化的资本结构。对于是否存在最优资本结构，不同的资本结构理论给出了不同的答案。一些理论否认最优资本结构的存在，例如在无税的MM定理下，企业的价值与资本结构无关；而在有税的MM定理下，负债所占的比例越高，企业的价值越大。在这些情况下，不存在一个最优的资本结构，使得企业价值最大化。另一些理论则有不同的意见。例如权衡理论认为，企业的负债一方面会导致企业的财务困境成本提高，对企业价值有负向作用；另一方面负债利息可以在税前扣除，产生"税盾"效应，对企业价值有正向作用。而最优资本结构正是在两者间找到一个平衡点，使得负债对企业价值的综合效用达到最大。代理成本也有类似的观点，认为存在一个最优资本结构，使得代理成本最低，企业价值最大化。

从实践角度来看，我们一般认为最优资本结构是存在的。最优资本结构的存在性可以从以下一些企业实践得到支持。

首先，在现实中，基本上很难看到完全将债权作为融资来源，或是完全将股权作为融资来源的企业。即便是在资产负债率普遍偏高的保险业，也不曾见过资产负债率为100%的保险公司。这说明，既包括债权融资又包括股权融资的混合融资，要优于仅单一选择债权融资或者是股权融资的方式。Berglof & Thadden（1994）认为，具有短期和长期利益的多个投资者资本结构比仅有一种股权的资本结构更优，最优资本结构应为权益和债务，短期和长期债权同时存在。此外，由于企业的资本结构会影响经理人员和投资者之间未来的谈判，所以必然会影响当前的投资决策。一般来说，企业将选择不同类别的投资者，并在不同的时间和自然状态下将利益分配给不同的投资者。既然企业同时选择合适的债权融资和股权融资，就必须要有股权融资和债务融资的比例分配问题，即资本结构的选择。

其次，从实务角度来看，不同行业的企业资本结构呈现较大差异。假设不存在一个最优资本结构，那么从统计学意义上看，不同行业的资本结构应当是随机分布，不具有显著差异的。而之所以与现实不符，正是因为不同行业的行业特性影响了不同行业企业资本结构的选择，这也从一个侧面证实了最优资本结构的存在，即不同的行业企业由于各自的行业特征，拥有针对自身行业的最优资本结构。

最后，如果将此问题简单化，那么公司的资产负债率是否越高越好？或是公司的资产负债率是否越低越好？结合现实，这两个问题并不难回答。资产负债率过高，企业会承担巨大的偿还压力，一旦经营业务受到宏观经济环境或是行业政策的负面影响，即便影响是暂时性的，也会由于资金链断裂、资不抵债，即使拥有较强的生产能力和盈利能力却无奈会面临倒闭；而同时，也有一些企业，在需要融资时过于保守，维持着较低的资产负债率，虽抵御了风险但也错过了企业扩张发展的大好机会。从现实实践可以看出，过多或是过少的债务融资，对于企业而言都并非好事。适度的债务融资，即实现最优的资本结构，才有利于企业的长期发展。

对于保险公司的最优资本结构问题，以往学者也从不同的角度进行了研究和验证。Scott 和 Greg（2002）发现，不同类型的保险公司最优资本结构不同，且其向最优资本结构调整的速度也有所不同；Jiang and Mary（2012）选择了财产保险作为切入点，将权衡理论和优序融资理论运用到保险公司的资本结构理论中，证明了财产保险公司存在着最优资本结构，并发现权衡理论比优序融资理论在解释保险公司的最优资本结构中有更强的解释力；李冰清和谭艺（2013）以股东收益最大化为目标，建立了离散情况下的保险公司股东收益率模型，以单条产品线为基础考虑保险公司每一期的保费收入、赔付支出、投资收益以及偿付能力约束，通过对未来经济情景和保险产品收支的模拟，确定不同初始资本投入的最优投资策略和与之对应的资本投资收益率，进而选择能获得最高收益率的初始资本投入为最优的资本投入，确定保险公司的最优资本结构。李莎等（2009）则选择了中国平安保险股份有限公司作为案例，通过建立保险公司股东收益率的模型，分析保险公司资本结构的特殊之处以及控制保险公司财务杠杆的重要性。蔡颖（2010）将各国对保险公司最优资本结构的理解加以梳理总结，并结合国外先进经验对我国保险公司如何优化资本结构给出了自己的建议。

蔡颖（2010）认为，国际上对于保险公司的最优资本结构也有不同的理解。例如，标准普尔公司确定的作为其内部评级标准使用的保险公司最优资本结构，随着普通股权在资本结构中占比的不断提高和债券占比的下降，保险公司的信用评级也逐步提升；AAA 级保险公司与 BBB 级保险公司资本结构的最大差异就体现在普通股和债券占比的不同上，55%～75%的普通股加小于 15%的债务占比就可以被评为 AAA 级；强制性可转换债券和信托优先证券的比例一直分别保持在 10%～15%和 15%的水平。虽然很难对某一家具体保险公司的资本结构在不同发展阶段给出精确的最佳比例，但国际保险实务界确实存在着所谓的最优资本结构，其主要内容大体包括：一是普通股权相对较大，如普通股权至少占近一半以上的比例。二是一定要有负债，且比例适当。对一家 AAA 级保险公司来说，债券在资本构成中的占比控股在 1/4 以内，对处于成长期的公司来说，债券占比可以略高一些，但不建议超过 35%。三是可以适当发行一些介于股权与债券之间的混合证券。混合证券具有股权和债券的双重属性，不同种类的混合证券在优先级、对资产的索取权、税收优惠、支付期间和计算资本等方面一些区别。公司可以根据自身业务发展特点和监管需要来发行混合证券，完成融资。这种证券往往规定一定的转股条件，对当前股东利益一般不具有摊薄效应，也不影响投票权，有些情况下还可以享受税收上的好处。

无论是在理论还是在实践上，对于健康保险公司而言，都是存在最优资本结构的。然而，这并不意味着最优资本结构是一成不变的，恰恰相反，最优资本结构总是处在动态变化之中，健康保险公司向着最优资本结构的调整也是一个长期的、动态的、不断优化的过程。

第二节　健康保险公司资本成本与筹资

企业财务活动的源头在于筹资，健康保险公司在存在资金需求时，通过不同的融资渠道获得资金，以用于企业的业务经营管理。一般而言，企业获得所需资金主要有两种形式：一种是债务资本融资，即通过长期借款、发行债券、发行中期票据、融资租赁等方式，取得债务性融资；另一种是权益资本融资，即吸收直接投资、发行普通股等。权益资本融资方式不像债务性融资具有固定的偿还日期和偿还金额，对企业产生的财务压力较小，但可能会分散企业股权，在公司发展较好时往往会带来更高的融资成本。本节将针对健康保险公司，分析不同融资方式的资本成本、融资渠道，并就目前健康保险公司筹资活动的现状提出问题和建议。

一、筹资渠道

筹资渠道，是指筹资资金来源的方向与途径，是企业资金的源泉，也是企业财务活动的重要组成部分之一。我国健康保险公司筹集资金的渠道主要分为内部筹资渠道和外部筹资渠道。不同的筹资渠道所涉及的利益相关者不同，风险不同，企业所付出成本不同，对保险公司的经营绩效的影响也有所不同。

（一）内部筹资渠道

内部筹资渠道，是指企业所筹集的资金来源于企业内部。近几年来，健康保险行业飞速发展，仅 2015 年，根据保险蓝皮书统计，健康险的增速为 51.9%，而人身意外险和寿险增速分别为 17.1% 和 21.5%。健康险占人身险保费占比为 14.8%，增长迅速，且存在着巨大的发展空间。飞速发展带来的不仅是更广阔的市场和更好的发展机会，也为健康保险公司积累了一定的自有资金。这些自有资金可以进一步用于公司的业务和投资需求，从而成为企业筹资的内部来源。由于这种内部筹资渠道运用的是保险公司的留存收益，因此其资金成本是非常低的，且不存在偿还压力，融资风险小。从优序融资理论角度来看，是企业优先选择的融资模式。

（二）外部筹资渠道

健康保险公司的内部融资虽然具有灵活、成本低的优点，但通常来说，公司自身的资金积累相比于其发展所需的资金缺口是远远不够的，因此，公司还需要从外部进行筹资，以满足公司需求。企业的外部融资渠道的范围很广，涉及的利益相关者包括且不限于政府、银行、其他非银行金融机构、企业、员工以及资本市场上的潜在投资者等等。一般来说，通过外部融资渠道进行融资，其资金成本较内部融资渠道相比更高，但由于资金来源广泛，可筹集到的资金量更大，对公司也具有非常重要的意义。

健康保险公司的外部融资渠道，从大的方面来说主要可以分为两种，即债权融资和股权融资。其中，债权融资包括银行信贷资金，以及通过资本市场发行债券等；股权融资主要是指其自有资本的增加，包括原股东的增资扩股，以及通过在资本市场上公开发行上市的方式增加新股东等。一般来说，债权融资的优点是债务的利息可以在税前扣除，能在一定程度降低债权融资的资本成本，为企业带来避税效应；同时，债权融资不会对企业的股东结构产生影响，不会分散股东的控制权。但同时，债权融资的缺点是，企业所负担的债务一般有明确的偿还期限和偿还利息，会使企业承担着一定的偿付风险，如果资金周转出现问题，无法按期偿还，则将陷入财务困境甚至破产。此外，在我国，债券的发行需要满足一定条件，这也使得其能够筹集到的资金总额和可得性存在限制。

与此相对应，股权融资主要来源于股东增资或是公司上市发行募资，其优点在于股东的资金是没有硬性偿还金额及偿还时间的，筹资的风险较低，不会给企业的短期经营带来太大压力；同时，公司上市发行募资也有利于提高企业的知名度，提升品牌价值。而其缺点则是可能会改变原有的股东结构，分散原有股东对企业的控制权。

综上所述，不同融资渠道各有优劣，且其可得性受资本市场环境、国家政策及企业自身特征的影响。从实践角度来看，国内保险公司的融资渠道曾一度比较受限，为了进一步从资本的源头促进保险行业的发展，中国保监会也在逐步制订新的政策，拓宽保险公司的融资渠道，使保险公司能够发挥其经济功能和社会功能。目前，保险公司的资本补充渠道有股东注资、IPO上市、发行次级债等；上市保险公司另有定向及公开增发、发行可转债等方式，境外上市的保险公司还可选择永续次级债等融资工具。2014年11月，中国保监会起草了《保险公司资本补充管理办法（征求意见稿）》，规定了普通股、优先股、资本公积、留存收益、债务性资本工具、应急资本、保单责任证券化产品、财务再保险八大类资本补充渠道，打开了保险公司资本工具的创新空间。以2015年为例，在160家保险公司中，共有52家通过股东直接增资1 190亿元，而2014年增资则为500亿元。此外，还有12家保险公司通过发行次级债补充附属资本金，以满足监管关于业务增长所需的资本要求。其中5家保险公司实施了"双项"计划，股东增资与发债并行，这一方面表明了保险公司在资本需求方面的紧迫性，另一方面也表明我国保险公司融资渠道正在逐步打开，为保险公司的发展提供了新的机会。下面对其目前的筹资方式进行分析。

1. 内部利润筹资

如前所述，内部留存收益筹资，通常是企业将之前所获得的利润少量用于分配或暂时不用于利润分配，留存在企业中作为下一步发展和投资的资金来源，因此，企业的盈利能力就成为能否顺利进行内部筹资的关键。然而，对于健康保险公司来说，虽然目前国内健康保险业处于快速发展期，但专业健康保险公司从成立到如今，经营年限还较短，前期大量资金投入所需的回报期长，因此暂时仍处于盈利能力较弱甚至亏损的阶段，难以通过利用留存的内部利润为企业提供足够的资金。

从专业健康险公司的具体情况来看，目前市场上共有人保健康、太保安联健康、平安健康、和谐健康、复星联合健康以及昆仑健康险6家专业健康险公司。2017年前5个月，健康险业务原保险保费收入已经突破2 000亿元，市场规模进一步扩大；但与此相对应的，却是整体仍处于"高赔付、低利润"的状态。一个重要的影响因素是国内的健康保险公司正处于健康管理的布局阶段。"健康管理"是20世纪50年代末美国最先提出的概念，其核心内容是医疗保险机构通过对其医疗保险客户（包括疾病患者或高危人群）开展系统的健康管理，实现有效控制疾病的发生或发展，显著降低出险概率和实际医疗支出，从而减少医疗保险赔付损失。商业保险与医疗的融合一直是保险行业关注的焦点。过去各大保险公司纷纷与公立医院开展了定点合作，但最后效果都不好。医疗机构费用和道德风险难以控制，伴随保险公司长期的赔付率偏高，承保始终处于亏损状态。因此，专业的健康保险公司正纷纷布局，通过线上模式，设立医院以及设立健康管理中心等模式，试图改变这一现状。例如，2017年6月，平安健康险、中国人保、广东省人民医院、深圳市新元素大健康管理集团等10家机构共同发起筹备"南方国际高端医疗与商业保险服务联盟"。该联盟将设计新型医疗服务方式和内容、新型健康保险，提供一体化的健康防、控、诊疗服务以及相应保障。而泰康养老在推出一款新型防癌险的同时，也引入了健康管理的环节，实现从理赔服务向健康管理服务的转变；由专业的健康管理服务机构为客户建立专属健康档案，并安排家庭医生为其提供基因检测、健康问卷咨询等六大健康管理服务，进行肿瘤风险排查。在这三种健康领域布局的主流模式中，以设立医院为例，一所医院大概需要50亿元的成本投入，如果考虑到各个城市的覆盖性，成本则更为惊人。即使是三种模式中看似成本最低的线上模式，如平安布局的线上APP平安好医生，现在也依然处于不断投入资金，尚无盈利的情况。前期的大量投入短期内难以有迅速回报，因此，健康保险公司想要采取内部盈利作为筹资的主要途径，在现阶段来看尚且难以实现，而更多需要采用外部融资方式补充资金。

2. 股东注资

目前，股东直接投资仍是大部分保险公司，包括健康保险公司融资的重要途径。尤其是"偿二代"制度正式实施之后，中国保监会对于保险公司的偿付能力和风险控制有了更高的要求。与此前"偿一代"仅凭借偿付能力充足率一个指标判定保险公司经营状况不同,"偿二代"考核体系下,有两大指标,即核心偿付能力充足率和综合偿付能力充足率,保险公司需要分别保持在50%和100%才算达标。仅以2017年一季度为例,根据中国保监会官网数据,可供对比的151家保险公司中,仅38家公司偿付能力充足率上升,占比两成左右;有110多家出现下滑,占比超过七成。而在偿付能力下滑的情况下,2017年上半年有多家保险公司实施了增资,有8家保险公司共增资95.32亿元,另有5家保险公司发布总共88.98亿元的增资计划。此外,目前保险业内尚存在大量成立时间不长的小型国有保险公司,这类多以地方国企发起设立的地方法人保险公司为主。这类保险公司风险管理水平粗放,业务结构并不"健康",难以通过发行股票或债券等方式进行融资,但由于背靠地方政府支持、股东资金实力雄厚,因此主要通过股东注资缓解融资压力。

3. 发行债券

在内部筹资受限,股东注资也无法满足融资需求时,保险公司可以选择发行债券进行融资。近年来,中国人民银行与中国保监会出台了一系列政策,帮助保险公司扫清债务融资的制度障碍,拓宽保险公司的融资途径。保险公司的债务融资工具主要包括保险公司次级债和保险公司资本补充债券等。

保险公司次级债,是指保险公司经批准定向募集的,期限在5年以上(含5年),本金和利息的清偿顺序列于保单责任和其他负债之后、先于保险公司股权资本的保险公司债务。其特点首先表现为长期性,即债务期限至少在5年以上。其次是次级性,这一特征也可从其定义中看出,其清偿顺序是只有当所有债务都清偿之后,才可以清偿次级债。此外,次级债的债务人只有在确保偿还次级债本息后偿付能力充足率不低于100%的前提下,才能偿付本息;债务人在无法按期支付利息和偿还本金时,债权人无权向法院申请对债务人实施破产清算。2004年,中国保监会允许保险公司发行次级债补充资本。截至2014年末,保险业次级债累计发行规模约在2 000亿元。次级债的优点在于发行过程相对较为便捷,但缺点在于一般倾向于定向私募方式,产品销售范围有限,流动性一般,在一定程度上影响了其适用性。

2015年1月,中国人民银行与中国保监会联合下发《保险公司发行资本补充债券有关事宜》的公告,明确保险公司(或集团)发行资本补充债券的具体要求,也为保险公司的债务融资提供了新的途径。这也是保险公司首次可以通过公开发行债券的方式补充资本金的不足。所谓资本补充债券,是指保险公司发行的用于补充资本,发行期限在5年以上(含5年),清偿顺序列于保单责任和其他普通负债之后,先于保险公司的股权资本的债券。与之前保险公司发行的次级债相比,资本补充债券同属于保险公司利用债务性工具补充资本的方式。与次级债不同的是,资本补充债券可在央行的监督管理下在银行间债券市场发行和交易。这种方式流动性更高,投资者容量更广,保险公司也增加了银行等重要的融资对象。

对保险公司来说,资本补充债券渠道的开启无疑是一个重大的利好消息,且其发债门槛略严于次级债,但总体来看仍相对较低,可得性强。根据央行和中国保监会的文件,只要保险公司符合具有良好的公司治理机制,连续经营超过3年,上年末未经审计和最近一季度财务报告中净资产不低于人民币10亿元,偿付能力充足率不低于100%,最近三年没有重大违法、违规行为等条件,就可申请发行资本补充债券,而以上条件大多数保险公司都可满足。同时,由于次级债无法交易,融资人需要付出流动性溢价,增加了保险公司融资成本,认购的活跃程度不如资本补充债券。资本补充债券在银行间市场发行,保险公司无须付出流动性溢价,再加上可以进行二级市场交易,交易灵活,投资者认购更加活跃,能够进一步降低保险公司外部渠道的融资成本。

从实务角度看,自2015年规定开始实施起,不少保险公司陆续申请发起资本补充债券,如今已成为当下保险公司融资的重要手段之一。2015年6月,平安财险首单50亿元资本补充债券落地。此后,包括华夏人寿、泰康人寿、天安财险、前海人寿、阳光财险等十余家险企申请发行资本补充债券,获批额度886亿元。2016年4月,富德生命人寿和长安责任保险获准发行10年期可赎回资本补充债券,发行规模不超过80亿元和5亿元。这些都表明,在当前的资本市场上,债务融资已成为保险公司,包括健康保险公司,融资的重要途径之一。

4. 国内IPO上市

无论在哪个国家或地区,首次公开募股上市发行都是企业筹资的重要途径。首次公开募股(Initial Public Offerings, IPO),是指一家企业或公司第一次将它的股份向公众出售。其优点是显而易见的。首先,上市后公司能够直接面向资本市场上的潜在投资者,从而从市场上募集到大量资金,补充企业的资本,也增强了其流动性;其次,上市不仅能够为企业补充资金,还能够提高企业的知名度,提升企业声誉,有利于企业进一步扩大市场,增强消费者信任。此外,由于上市对于公司信息披露的要求更为严格,因此首次公开募股有助于帮助企业完善其治理结构和信息披露制度,增强企业竞争力。但同时,首次公开募股也存在一定问题,其中最重要的是我国对于首次公开募股实行的是核准制。不同于美国资本市场的注册制,在我国,想要上市发行的公司除了要满足相关的法律和管理制度公开财务、生产等情况文件外,还需要通过监管部门的核准。这也导致尽管我国有非常多的公司存在着上市的需求和意愿,但仅有小部分公司能够通过中国证监会的审核,从而顺利上市。

对于保险行业来说,这一问题则更加突出。相对于其他行业,目前保险业的上市公司较少。2011年12月,新华保险登陆A股、H股市场。此后,包括中国人寿、中国平安、中国太保和新华保险在内的4只保险股组成的A股保险板块,一直没能有新的突破。港股市场上,自中国人保集团2012年首次公开募股之后,仅有中再保险一家于 2015 年 10 月在我国香港上市。这一方面是由于保险行业寡头垄断现象比较严重，市场份额相对集中，中小保险公司虽然数量上占比较大，但自身盈利能力普遍较弱；另一方面也是由于保险行业盈利周期较长，难以满足 IPO 上市的要求。

综上，由于行业性质以及监管政策，目前还尚未有专业的健康保险公司上市融资，但其相关的集团公司或母公司有部分已经上市。如何充分利用资本市场进行融资，是专业健康保险公司下一步努力的方向。

5. 曲线上市

如前所述，现阶段，保险公司通过首次公开募股直接上市仍存在一定的困难，部分保险公司另辟蹊径，采用曲线上市的方式，试图以间接的方式借力资本市场。国华人寿和天安财险先后分别通过天茂集团和西水股份实现了曲线上市，由于上市公司实际控制人未发生变更，不构成"借壳"，因此审批起来相对容易。

目前来看，借壳上市的保险公司大多为民营背景，其实际控制人旗下同时也有一家甚至多家上市公司。2013 年开始，中国保监会允许社会资本控股保险公司（放宽保险公司单一股东持股比例上限从 20%~51%），这些实际控制人由此有机会从幕后转到前台，不必采用过去比如"代持股"等灰色模式。此外，持股比例的大幅放宽，也为这些民营保险公司借壳上市提供了机会。这些实现曲线上市的保险公司，都有着若干共同的特征。一是上市公司大股东善于资本运作，推动资产置入的意愿强烈，保险公司与上市公司有共同的实际控制人是最佳状态；二是保险公司的股权相对集中，即便分散在不同的公司手中，但是整合起来花费的力气不大；三是公司业务增速强劲，盈利能力尚可，能为上市公司业绩翻身提供良好基础。而曲线上市的好处也是显而易见的：一方面，借壳上市有利于保险公司拓宽资本补充渠道，未来可间接从资本市场上募集资金；另一方面，民营资本擅长资本运作，可迅速通过"利差"这种模式，使保险公司短时间内实现投资盈利，将其并入上市公司可起到抬升股价的作用，一举两得。这也为健康保险公司的融资提供了有益启示。

6. 海外上市

首次公开募股上市途径的阻塞不仅使得部分保险公司曲线上市，也使得一些保险公司将目光投向了海外资本市场。尤其是近年来，中国保监会积极鼓励保险公司海外发行资本工具，进一步打开保险公司资本补充的空间。2014 年 8 月，国务院公布《关于加快发展现代保险服务业的若干意见》（简称"保险国十条"），支持保险公司境外上市。2016 年 6 月，在北京市人民政府主办的"2016 金融街论坛"上，中国保监会相关负责人表示："下一步继续坚持自身条件过硬，服务于国家战略，兼顾区域平衡，坚持区域创新的原则，坚持保险信保、严把市场准入关，支持和鼓励想经营、能经营、善经营的社会资本投资到保险业里来，积极发挥自保相互和互联网等新型的保险组织，以及行业保险、再保险的专业市场，积极支持符合条件的保险公司在境内外上市及在新三板挂牌。"这些都为保险公司海外融资提供了利好信号。

一般来讲，境外发债的手续比较复杂，费用支出也较大，法律上的管制也较严格。但由于境外融资成本较低等特点，海外上市融资对保险公司来说仍不失为一个好的选择。随着保险资金海外投资的放开，已经有不少保险公司走出国门，例如中国人寿落子新加坡。随着保险公司海外市场的开拓，保险企业在海外发债也开始提上日程。这些不仅为保险公司提供了更多融资的途径，在偿付能力近红线时有更多的途径寻找资本，也对保险公司的经营和风控能力提出了新的挑战。

7. 新三板上市

面对主板首次公开募股的严格要求，新三板也成为保险公司融资的一个可行途径。尤其是2016年以来，中国保监会支持并鼓励符合条件的保险公司在新三板挂牌，给予了积极的政策导向。与A股主板相比，企业在新三板上市的条件较为宽松，在时间上，拟上市的公司只需要存续满两年，而在盈利方面也没有硬性指标加以限制。此外，新三板采取备案制，流程大幅压缩，从策划改制到挂牌上市仅需半年左右的时间，再加上"偿二代"的实施对保险公司资本金提出了更高的要求，新三板上市对于有融资需求的保险机构来说，也成为一个较好的选择。

但限于客观条件，目前活跃在新三板保险板块的公司更多的是保险中介机构，而保险公司相对较少，仅永诚保险、众诚保险两家。这可能主要是由于目前新三板融资能力尚有限，交易情况并不乐观。以永诚保险为例，永诚保险是在"新三板"市场挂牌的首家保险公司。公司2015年年报数据显示，实现营收64.93亿元人民币，净利润1.85亿元，净利同比增长346.52%，财务数据非常可观，但其于2015年12月28日正式挂牌新三板，但融资额度至今为零。因此，受限于目前的流动性，其为保险公司所能提供的融资功能尚待开发。

二、资本成本

资本成本，通俗来讲，指的就是资本的价格。它的含义可以从两个角度来理解。从融资者的角度来看，资本成本是指公司取得和使用资本时所付出的代价。通常来讲，当公司从银行、其他金融机构或资本市场等取得资金时，都需付出相应的代价，例如发行债券、股票的费用，向银行或非银行金融机构借款的手续费用等；在此之后，公司持有并使用这些资金的过程中，也需付出相应的代价，如支付给股东的股利、支付给债权人的利息等等。而如果从投资者的角度来看，对资本成本更直观的理解是，资本成本是投资者所要求的回报率，即预期收益率。从这一角度来看，资本成本更多是一种机会成本的概念，而不是公司实际支付的成本。

前文提及，通常企业的外部融资渠道包括股权融资和债权融资。对于债权融资的资本成本比较容易理解，由于企业所借的债务或发行的债券有规定的偿还时间和偿还本息，因此债务的利息及相关的手续费用即为债权融资的资本成本。但对于股权融资，由于不用还本和付息，看似对于企业来说，其付出的代价非常低，但实际上，对投资者来说，股权融资相比于债权融资，风险更高，必然要求更高的报酬率与此对应。如果融资者无法提供相应的期望报酬率，那么投资者将会放弃或转移其投资，因此，股权融资的资本成本相较于债权融资实际上是较高的。

从资本成本的构成来看，一般包括资本筹集成本和资本使用成本两部分。资本筹集成本，是指在资金筹集过程中发生的各项费用，如发行股票或债券的手续费、印刷费、律师费等等；而资本的使用成本则是指占用资金所要支付的费用，如股息、利息等。两者相比较，资本使用成本是企业经常发生的，而资本筹集成本通常在筹集资金时一次性发生，因此在计算成本时，资本筹集成本有时可作为筹资金额的一项抵减项直接进行扣除。

资本成本在健康保险公司经营管理中具有十分重要的作用。首先，资本成本是筹资决策的基本依据。健康保险公司在作出筹资决策时，需要确定筹资的总额、资本的来源以及不同筹资方式的选择，而在这些决策过程中，都离不开对资本成本的分析和把握。例如，通常来说，随着筹资总额的增加，健康保险公司的风险也不断增加，资本成本不断提高。当健康保险公司的筹资总额上升到一定程度时，其运用成本所获得的收益已经不足以弥补高昂的资本成本，那么此时健康保险公司就不适合再增加筹资数额。同时，即便确定了筹资总额，健康保险公司可能面临着多种选择，是股权融资还是债权融资，是发行次级债还是发行资本补充债券。不同的筹资途径面临不同的风险和成本，健康保险公司需依据资本成本进行慎重选择。其次，资本成本是评价投资项目可行性的主要标准。健康保险公司在运营过程中，面临着非常多的投资决策，而评价一个投资项目是否财务可行的一个重要指标就是其内含报酬率是否超过了其资本成本。如果其内含报酬率低于其资本成本，表明这一项目并未达到投资者的期望报酬率，从财务角度看不是一个可行的投资决策。再次，资本成本是衡量资本结构是否合理的依据。当将健康保险公司作为一个整体来看时，要衡量的不是每一笔融资的成本，而是保险公司一个总的综合资本成本，这一参数能够帮助确定最优资本结构。最后，资本成本对于评估健康保险公司的企业价值也有着重要意义。在健康保险公司经营过程中，可能会遇到需要评估其企业价值的情况，例如，健康保险公司的扩张可能需要其进行并购或重组，或者其制定新的公司战略时，需要评估不同战略选择对于企业价值的影响。目前，评估公司价值最常选用的方法之一即为现金流量折现法，而其中重要的参数之一折现率，往往会选用公司的资本成本作为替代。这也是资本成本被广泛运用的一个代表情况。

从资本成本的形式来看，主要可以分为三种：个别资本成本、综合资本成本以及边际资本成本。一般来说，个别资本成本被用于评价不同的筹资方式，如借款资本成本率、债券资本成本率、普通股资本成本率、优先股资本成本率、留存收益资本成本率等；综合资本成本被用于资本结构决策；而边际资本成本则用于追加筹资结构决策。

（一）个别资本成本

个别资本成本，是指健康保险公司使用各种筹资方式的成本，主要包括负债资本成本和权益资本成本。其中，负债资本成本主要包括债券成本和银行借款成本；权益资本成本主要包括优先股成本、普通股成本和留存收益成本。

1. 银行借款成本

银行借款成本，包括借款时发生的筹资费用和以后要支付的借款利息两部分。由于长期借款利息一般计入财务费用，可以抵税，因此计算时，实际借款成本应从利息中扣除所得税，其计算公式为：

银行借款成本＝每年利息×（1－所得税率）/银行借款总额×（1－借款费用率）

从计算公式中我们也可以看出，由于银行借款的利息可以在税前扣除，能够在一定程度上起到抵税的作用。但在实际操作中，由于保险公司属于负债经营，资本负债率比较高，同时政策监管也较为严格，因此，健康保险公司通过银行借款进行融资的可得性相对较低，在一定程度上提高了这一融资途径的资本成本。

2. 债券成本

债券成本，主要指债券应付的利息和筹资费用。同银行借款类似，债券的利息支出也可以在税前扣除，有一定的抵税作用。债券的筹资费用一般较高，包括申请发行债券的手续费、注册费、印刷费、上市费及推销费等，不可以忽略。其计算公式为：

债券成本＝每年利息×（1－所得税率）/债券筹资总额×（1－筹资费用率）

在我国，目前保险公司的债券融资工具主要为次级债和资本补充债券。次级债是在资本补充债券出现前保险公司融资的常规渠道。在过去10年间，保险公司在2011年及2012年大规模发次级债，规模达1 300亿元，其中2012年次级债的发行票面利率为4.6%~6%，2013年及其后的次级债年利率普遍超过5%，大部分在6%左右。由于根据次级债的相关规定，保险公司次级债在发行时确定了发行的票面年利率，在前五个计息年度内固定不变，如公司不行使赎回条款，则从第六个计息年度开始到本期债务到期为止，后五个计息年度的票面利率在初始发行利率的基础上提高2%。这也就意味着，保险公司2012年次级债的发行票面利率为4.6%~6%，如其选择不赎回，则后五个计息年度的票面利率范围为6.6%~8%，导致保险公司未来支付的债券利息骤增。由此可见，如果次级债在发行5年后保险公司仍不赎回，其将面临相当高的资本成本。而从实际来看，大部分保险公司也意识到了这一点，均选择在第五年末赎回之前发行的次级债。例如,2015 年,平安财险、华安财险等保险企业选择赎回 2010 年次级债 133 亿元;2016 年,中国人寿、太保人寿等保险企业均对 2011 年次级债进行赎回,规模 500 亿元左右。

自 2015 年,央行、中国保监会下发保险公司发行资本补充债券细则后,资本补充债券逐步替代次级债,成为健康保险公司债务融资的首选,这也与其资本成本较低有着密切的关系。2015 年 7 月,平安产险成为第一家发行资本补充债券的保险公司,发行规模 50 亿元,票面利率为 4.79%。此后,陆续有保险公司完成资本补充债券的发行工作,保险公司在 2015~2016 年发行的资本补充债券票面利率为 3.58%~6.5%,其资本成本相较于次级债更低。

3. 优先股成本

优先股,是指公司在筹集资本时,给予投资人某种优先条件的股票,所以也称特别股。优先股的持有者有优先分配股利和优先受偿的权利,但管理权限有限制。优先股最大的特点是定期支付固定股利,无到期日,股利从税后利润中支付,而且每年支付都相同,所以可以看作是一项永续年金。优先股成本属于权益成本。其成本主要是发行优先股支付的发行费用和优先股股利。由于优先股是税后支付,所以不具有减税的作用。优先股的资本成本计算公式是:

优先股成本 = 优先股每年支付的股利/优先股筹资总额 × (1 - 筹资费用率)

对于保险行业来说,优先股是完善资本补充机制的有效手段。保险公司以优先股的方式补充资本金,其资本成本和发债差不多,财务费用则低于股市融资。对于发行方来说,优先股归属于核心资本,对于购买方来说则类似于固定收益投资。因此,与股市融资相比,保险公司发行优先股,不失为一种成本相对较低的资本补充渠道。

4. 普通股成本

普通股是典型的权益融资,其特点是无到期日,股利从企业的税后利润中支付,但每年支付的股利不固定,且与企业当年的经营状况有关。普通股成本的计算比较复杂,有不同的评估模型,例如资本资产定价模型(CAPM)、套利定价理论(APT)、Fama - French 三因素模型、贴现现金流模型以及剩余收益折现模型等。以下采用资本资产定价模型对普通股的资本成本进行简要介绍。

资本资产定价模型是以风险大小作为计算普通股成本依据的一种方法。根据资本资产定价模型,股权的资本成本是由公司的系统风险所决定的,投资者要求的报酬率包含无风险报酬率和风险报酬率两部分,以公式来表示即为:

普通股的资本成本 = 无风险报酬率 + 股票的 β 系数 × (平均风险股票必要报酬率 - 无风险报酬率)

因此,在实际采用这一模型进行计算时,需要确定无风险利率、市场组合的必要报酬率以及 β 系数,带入公式中,得到普通股的资本成本值。无风险利率体现了资金的时间价值,在实际中通常选择国债收益率、国债回购利率、银行间拆借利率或是银行存款利率作为替代;市场组合的必要报酬率可以用上证 A 股指数作为近似代替;贝塔系数则通常采用过去市场收益与单个股票的收益率来进行回归估算。

5. 留存收益成本

留存收益,是由公司税后利润形成的,其所有权属于股东,实质上相当于股东对公司的追加投资,属于健康保险公司的内部融资。虽然内部融资不存在利息支出,但公司使用这部分资金必要考虑其存在的机会成本,因而也存在着相应的资本成本。留存收益资本成本的确定方法与普通股资本成本的确定基本相同,只是不考虑筹资费用,其成本可近似等同于普通股的资本成本。

(二) 综合资本成本

综合资本成本,也称为加权平均资本成本 (Weighted Average Cost of Capital, WACC),是以各种不同筹资方式的资本成本为基数,以占资本总额的比重为权数计算的加权平均数,代表是以一个企业为整体的总的资本成本。用公式来表示,即为:

加权平均资本成本 = $\sum$ 单项资本成本 × (单项融资额/总融资额)

由于企业的融资成本分为股权资本成本和债权资本成本两大类,在计算加权平均资本成本时,又可以将计算公式写为:

加权平均资本成本 = 股本占融资总额的百分比 × 股权资本成本 + 债务占融资总额的百分比 × 债务资本成本 × (1 – 所得税率)

由公式也可见,综合资本成本受两个因素的影响——个别资本成本和资本结构。公司的个别资本成本,即股权资本成本和债务资本成本的变动会引起综合资本成本的变化程度;而资本结构则影响了股本占融资总额的百分比和债务占融资总额的百分比,进而引起综合资本成本的变化程度。综合资本成本衡量的是公司筹资的总体代价,也是进行资本结构决策,确定不同资金来源的重要参考指标。

(三) 边际资本成本

边际资本成本,是指企业追加筹集资本的成本,反映的是企业资本每新增加一个单位而增加的成本。从概念中可以看出,边际资本成本关注的是资本的动态变化过程。当公司筹资规模扩大和筹资条件发生变化时,公司需要通过计算边际资本成本进行追加筹资决策。

边际资本成本也要按加权平均法计算。它取决于两个因素:一是追加资本的结构;二是追加资本的个别成本水平。如果追加筹资时资本结构和个别资本成本保持不变,那么边际资本成本与公司原加权平均资本成本相同;如果追加筹资时资本结构改变,个别资本成本保持不变,那么边际资本成本也会随之发生变化;如果追加筹资时资本结构保持不变，个别资本成本有可能保持不变，也有可能发生改变，这主要取决于增资后投资人的期望。通常来说，公司的筹资总额越高，公司的风险可能会相应增大，对于资金的提供者来说，尤其是债权人来说，需要更高的期望报酬率以补偿增加的风险，因而企业的边际资本成本也随之升高。在计算确定边际资金成本时，应当首先确定公司最优资本结构，继而确定各种筹资方式的资金成本，再计算筹资总额分界点。筹资总额分界点是某种筹资方式的成本分界点与目标资本结构中该种筹资方式所占比重的比值，反映了在保持某资金成本的条件下，可以筹集到的资金总限度。一旦筹资额超过筹资分界点，即使维持现有的资本结构，其资金成本也会增加。最后，根据计算出的分界点，可得出若干组新的筹资范围，对各筹资范围分别计算加权平均资金成本，即可得到各种筹资范围的边际资金成本。

保险公司在选择各种不同的筹资方式（例如股票、债券、银行贷款等）时，往往会使用个别资本成本进行选择，从融资规模和资本成本等多方面进行权衡。而在进行资本结构决策时，则需要选择加权平均资本成本，以期通过对不同来源资本占比的调整，最终使得企业的总的筹资代价最低。

三、健康保险公司目前筹资的现状及建议

在我国，健康保险行业正处于飞速发展期。随着民众健康意识的逐步苏醒，以及重疾发病率的逐年攀升，健康保险的需求日趋增加。据统计，2012~2016年，健康险保费收入同比分别增长24.73%、30.22%、41.27%、51.87%和67.71%，连续5年大幅超过寿险、产险等其他险种，且在2016年首次突破4000亿元大关。而与此相对应的是，我国对于包括健康保险行业在内的保险业的监管也在不断加强。尤其是在"偿二代"新规出台之后，从以往的规模导向转换为风险导向，在一定程度上加大了对保险公司的资本金要求，这些都为健康保险公司的筹资带来了更大的挑战。

近年来，中国保监会也陆续出台了一系列政策，旨在为保险行业融资提供保障。然而，如果对目前的健康保险公司的筹资现状加以分析，会发现仍存在制约着健康保险公司发展的问题。首先，虽然中国保监会逐渐打开多种针对保险行业的融资途径，如优先股、次级债、资本补充债券等，但我国的健康保险公司均为非上市公司，融资途径还非常单一，主要依靠股东增资提高本身的资本金，以应对政策及公司发展要求。根据各保险公司披露的年度报告，2016年6月，人保健康获人保财险增资25亿元，增资后的注册资本变更为85.6841亿元。增资后，其综合偿付能力充足率上升至215%，核心偿付能力充足率上升至200%，较2015年末分别上升10个百分点和25个百分点。2016年9月，平安集团、平安健康保险股份有限公司、平安人寿及DIS-COVERYLIMITED签订增资认购协议，平安健康险增加注册资本金2.5亿元，按照原

持股比例71.26%，平安集团认缴1.78亿元；平安健康险原有股东平安财险、平安信托及平安创投放弃参与增资的部分，由平安集团出资，认缴562.575万元。通过本轮增资，平安健康险注册资本及实收资本由人民币6.665亿元变更为9.165亿元。2016年3月16日，和谐健康保险公司分别接受安邦集团、中乒投资集团有限公司及安邦财险增资17.37亿元、500万元及32.585亿元，增资后本公司总股本为139亿元。可以看出，健康保险公司大规模扩张的背后，主要依靠股东的雄厚实力。虽然人保健康等公司也曾采用过发行次级债的方式，但总体来说，融资形式较为单一，工具较少，不利于健康保险公司的发展。

　　要解决这一问题，需要政府、健康保险公司等多方面的力量支持。首先，对于健康保险公司来说，应当进一步提高对于融资尤其是再融资的认识。欧美国家的保险公司往往会通过多途径进行融资，尤其是金融危机过后，美国的股市逐步好转，保险公司往往和资本市场维持着紧密的联系，通过发行股票、债券等形式募集到了大量资金，满足自身的融资需求。即便是在国内，中国保监会也在不断出台新的政策，推出了一系列新的资本工具，力图促进健康保险公司优化资本结构。2015年底，中国保监会对《保险公司资本补充管理办法（征求意见稿）》公开征求意见，保险公司的资本补充渠道从过去较为单一的股东增资、公开市场发行股票和多发性次级债，增加至包括"普通股、优先股、资本公积、留存收益、债务性资本工具、应急资本、保单责任证券化产品、非传统再保险和符合本办法规定的其他资本工具"在内的九项工具，保险公司融资渠道极大拓宽。健康保险公司应抓住政策的"东风"，充分利用这些资本工具，合理作出筹资决策。其次，对于政府等相关监管部门来说，应该进一步完善健康保险公司融资的途径，尤其是首次公开募集上市途径。股票融资相比于债权融资，有其不可替代的优势。一方面，股票融资不必还本，股息不固定且可灵活掌握，股票发行的交易成本也相对较低，这对于目前处于前期投入期，投资回报期较长的健康保险业无疑是有利的。另一方面，公司首次公开募集上市后，其信息披露制度也会进一步完善，信息更加透明，也有助于市场对其进行监督，真正发挥健康保险业的经济功能和社会功能。最后，还应当注重融资人才的培养，培育锻造出一批既了解健康保险行业，又了解资本市场的复合型人才，熟悉筹资与资本市场的相关运作，以从人才角度满足行业发展的需求。

第三节　健康保险公司长期资本战略管理

一、健康保险公司长期资本的特征

公司的资本通常指的是公司的权益资金，是企业依法筹集并长期持有、自主支配的资本。从会计学的角度来看，公司资本也可以称为"所有者权益"，其包含实收资本、资本公积、盈余公积和未分配利润四个部分。在某些情况下，狭义的公司资本仅包含实收资本，即由股东出资直接形成企业的资金。

而保险公司的资本，和一般公司的资本概念也有所不同，这与其业务特性密不可分。保险产品的消费具有滞后性和风险性。对于一般商品来说，消费者与销售者间的交易一旦完成，消费者即拥有这一产品，并同时享有对产品的使用权。换句话说，其对于产品的评估是即时性的。对于保险产品来说，消费者在缴纳保费，与保险公司签订合约时，由于偿付条件尚未触发，并不会立刻享受到相应的保险服务，而是在实际发生时才能对保险产品进行使用和评估。这种滞后性一方面给消费者带来了风险，另一方面也对保险公司风险的把控以及资本负债的管理带来了挑战。尤其是对于很多长期险而言，保险公司是先行拿到消费者的保费，其偿还责任却要在十几年甚至几十年后才会发生。如果其不能将资产负债很好地进行管理导致资产缩水，甚至遇到极端情况导致公司破产，那么就不能够依据合约完成其偿还责任，造成消费者的损失。

保险业务的这一特征，反映在其资本上，也使得其资本，尤其是长期资本，呈现出和其他行业公司不同的特性。对于一般公司来说，其资本是公司自己拥有的，为未来生产经营服务的初始投资，通常政府对于大部分行业的资本也不会进行过多的干涉和管控。而对保险公司来说，其资本更重要的功能是保证其偿付能力，以应对可能的风险损失。保险公司和银行一样，是对广大公众承担未来给付责任的金融机构，保证对投保人刚性履约是保险公司持续经营的根基。一旦经营中发生风险和损失，保险公司必须首先动用自身资本来弥补损失，才可能保证对投保人的赔偿和给付。吸收风险损失是保险资本最为重要的功能。也正因为如此，无论在哪个国家，政府对于保险业的资本都会进行一定的规定和限制，以保证社会公众利益。通常，各国保险监管会将资本充足作为审慎监管的核心，要求保险公司实际资本达到最低资本要求，将二者的比率，即偿付能力充足率，作为刚性的监管指标，划出保险公司资本约束的底线。资本监管、社会责任和风险管理，这三大特点决定了保险资本是保险经营的基石，确保资本充足成为保险公司资本管理的基本目标。而从另一个角度来看，保险资本在为社会公众利益提供保障的同时，也需要为其投资者，即股东，带来相应的期望回报。尤其是健康保险行业，其业务范围涵盖商业养老保险、护理保险等长期险，积累了大量的长期资金，如果不能对这些资金进行有效的管理，提高资本利用效率，那么股东的权益就得不到保障，从长期来看，反而影响了健康保险行业的发展。因此，保险公司的资本管理需要在满足资本充足的约束条件下，优化承保和投资等经营，管控各种风险，减少资本消耗，降低资本成本，增加利润价值，争取更大资本回报。

二、健康保险公司长期资本战略管理的意义

健康保险公司长期资本战略管理，对于保险公司自身、消费者、政府以及社会都具有十分重要的意义。

首先，对于健康保险公司来说，其长期资本战略管理水平的高低，关系着企业的生存和发展。目前健康保险业正处于迅速扩张期，在行业欣欣向荣的背后，健康保险公司更需要资本的助推才能跟得上行业发展的脚步。尤其是对于健康保险行业，政府对于其资本与规模都有着较为严格的把控，因此，保证资本的充足性是健康保险公司扩大经营规模，提高自身竞争力的基础。此外，由于健康保险行业的一大特征是其与医疗等相关行业的关联性，如果不能在医疗健康等方面开拓自身资源，很容易会由于保费的逆向选择等问题造成自身的损失。因此，国内外的健康保险公司都在力图通过设立医院、设立健康中心等形式进行战略布局，而这些战略布局需要大量的前期资本投入。因此，如何做好长期资本战略管理，对于推进健康保险公司的战略布局也起到了至关重要的作用。做好长期资本战略管理对于健康保险公司更为重要的意义是，信誉是保险行业的根基，做好长期资本战略管理，提高健康保险公司抵御风险的能力，能够使健康保险公司进一步赢得消费者的信任，为其长期发展提供条件。

对于消费者来说，健康保险公司长期资本战略管理水平的高低，对其健康、养老等切身利益能够得到保障有着重要的影响。与其他行业不同，消费者购买健康保险产品，无论是商业养老保险、疾病险还是长期护理保险等，最终的目标都是为了尽可能地规避未来风险。一旦消费者出现重大疾病、失能等情形，无疑对其生活是有巨大影响的，而健康保险正是为了将此类情况对于消费者的负面影响降到最低，从多方面保障被保险人的权益。如果健康保险公司无法对其长期资本进行合理有效的管理，导致无法按照合同中规定的情形予以赔付，那么对于被保险人来说，相当于丧失了面对意外的最重要保障，对于其负面影响可想而知。甚至可以说，健康保险公司能否管理好其长期资本，影响着千千万万被保险人的切身利益。

对于政府和社会来说，健康保险行业长期资本战略管理也有其重要意义。以健康

保险中的商业养老保险为例。2017年6月，中国保监会相关负责人表示，党的十八届三中全会决定、"十三五"规划纲要、《国务院关于加快发展现代保险服务业的若干意见》等文件都对发展商业养老保险提出了明确要求。加快发展商业养老保险，目的就是要发挥商业保险机构在风险保障、长期资金管理等方面的专业优势以及市场化运作的机制优势，扩大商业养老保险产品供给、拓宽服务领域、提升保障能力，满足不同年龄段、不同就业形式的人民群众在基本保障之上更高水平的、更多样化的养老保障需求，健全多层次养老保险体系建设，对基本养老保险形成有效补充，适应人口老龄化和就业形态新变化，进一步保障和改善民生，促进社会和谐稳定，支持实体经济发展。此外，保险资金，尤其是其长期资本，是实体经济发展重要的资金池。健康保险行业通过提供长期寿险、长期养老、长期健康和风险管理的产品，有效积累了长期资金，通过各种渠道的投资，能够有效推动实体经济发展，解决当前资本市场长期资金来源不足、缺乏有效的投资者、普通民众不能把钱有效地投入到实体经济等问题，真正实现金融为实体经济服务。因此，提高健康保险行业长期资本战略管理水平，是关系国泰民安、实现资源有效调配、促进中国经济发展的重要保障。

三、"偿二代"背景下健康保险公司的长期资本战略管理

2016年，风险导向的偿付能力监管制度体系"偿二代"正式实施，人身险系列监管新规实施，寿险业务结构优化，万能险逐渐收缩；同时，中国保监会对保险公司举牌上市公司、投资非上市公司股权和不动产等实施了更为严格的信息披露制度。这些监管政策在规范健康保险市场的同时，也对健康保险公司的长期资本战略管理提出了新的挑战。资本管理既是保险经营最基本的要求，也是保险经营的价值体现，对健康保险公司长期健康的发展有着重要意义。而长期资本战略水平直接决定了承保和投资的规模、结构、风险、效益，保险公司只有具备专业的资本管理能力，才能培育出强大的投资管理能力和业务发展能力，才能在激烈的市场竞争中站稳脚跟。

长期资本战略管理的最终目标是为了实现公司价值最大化，而在这一总的目标之下，需要健康保险公司依据负债现金流和成本预测，进行战略资产配置和动态调整，避免公司的非理性决策。要实现公司价值最大化，首先要求健康保险公司的长期资本满足充足性。中国保监会等监管方对于保险公司的最低资本量有着明确的要求，在"偿二代"出台前，最低资本要求主要与保费规模相关，既不能全面反映风险，也不能体现管理价值，导致保险公司往往重规模、轻管理，依赖于股东补充资本维持规模增长，资本管理对保险经营的重要性并不显著；而在"偿二代"出台后，全面确立了最低资本要求，形成有效的资本约束机制。"偿二代"以风险为导向，全面覆盖了保险风险、市场风险、信用风险、操作风险、流动性风险、战略风险、声誉风险，将

所有的主要风险明确为资本要求，并将风险管理能力与量化最低资本要求直接关联，并设定了综合充足率、核心充足率、分类监管、流动性等各个指标，不达标都能触发刚性、严格的监管措施。这种将保险经营风险转化为最低资本要求的方式也使得健康保险公司的资本要求更加具体化，要求保险公司将外部的资本约束与公司的发展战略相结合，在自身资本不足以支撑业务发展时，拓宽融资途径，合理运用外部融资，通过长期资本战略管理保证资本的充足性。

要实现公司的价值最大化，另一个对于长期资本战略管理的要求是实现资本的合理配置和高效利用。对于健康保险公司来说，其业务范围既包括一部分短期险，也包括长期险，这就使得其资产负债的期限结构较寿险、财产险等公司更加复杂，更强调资产负债的匹配以及对于资产的合理配置。资本的充足性必须要保证。但如果资本过于充足，对资本的利用效率会降低，从而影响资本的收益率，也会大大降低公司价值。尤其是我国经济正面临从数量时代向质量时代的关键转型阶段，宏观经济数据虽有所回暖，但经济的深层次结构性问题并未完全解决，资本市场仍会面临波动，预计低利率和资产荒的局面将维持较长时间。当利率下行时，传统的资产负债管理模式会受到极大程度的冲击。如果片面强调资产负债匹配，则很有可能在减少波动性的同时，锁定较低甚至负收益。健康保险公司应在认清形势的基础上，注重资产的多元化配置，提高资本的盈利能力，在规避风险的同时达到公司价值最大化的最终目标。

从长期资本战略管理的内容来看，主要关注对于战略资产的配置。既要保证资产价值的稳健性，又要使得资产配置获得足够的收益以满足其负债成本的要求。这既包括对于风险容忍度的把控以及对资产端的利率风险管理，也包括对资产负债匹配风险的管理。其管理的主要原则分为一般原则和匹配原则，既要注重长期资产的安全性、收益性、多样性和流动性，又要注重资产端和负债端的期限匹配、规模匹配、成本收益匹配以及币种匹配。中国保监会相关负责人提到，在资产配置时应当坚持以下原则：

第一，要始终坚持保险资金运用服务保险主业的方向。保险业要始终坚持"保险姓保"发展理念，保险资金运用要始终坚持服务保险主业的根本方向。对于保险业发展及保险资金运用健康发展，应坚守三点原则：首先，保险应该以风险保障和长期储蓄类业务为主、短期理财类业务为辅；其次，保险资金运用应以固定收益类或类固定收益类业务为主，股权、股票、基金等非固定收益业务为辅；最后，股权投资应以财务投资为主，以战略投资为辅。这才是保险行业和保险资金安身立命和健康稳健发展的根基。

第二，要切实强化资产负债管理的理念。只有真正把资产负债匹配管理落到实处，管控风险才有保证。目前，我国大部分保险公司经营仍以负债为主导，保险产品定价策略往往是以市场需求及同业水平为基础，一定程度上与投资市场客观情况脱节。因此，高成本短期理财型保险产品不能是无节制的，承保业务的发展不能仅考虑市场竞争的需求，必须在综合全面考虑当前和未来市场投资环境的基础上，切实强化资产负债管理，制定审慎稳健的产品定价策略，降低对投资收益的高预期。

第三，要不断推进创新发展的战略。把握保险资金运用发展机遇，关键在于深化改革和实现创新发展。创新，既包括行业层面创新，也包括监管创新。从行业创新看，保险机构还是要增强创新意识。本质上，保险行业相对传统、保守、理性，与其他金融行业相比，创新意识需要不断增强。近年来，受益于市场化改革，保险行业创新意识相比以前有了明显提升，但与其他金融机构相比，与适应新形势、抓住新机遇的需要相比，仍需进一步加强。从监管创新看，就是要创新监管理念，丰富监管工具，把"放开前端"和"管住后端"有机结合起来。比如，协调处理好"一般监管"和"重点监管"的关系，既能为行业发展创造较为宽松的发展环境，又能管控好个别激进公司风险。灵活运用"技术监管"和"监管干预"，对经营稳健、风险水平较低的公司，更多采取风险监测、压力测试、偿付能力监管等"技术监管"方式，既关注风险，又不过多干预公司经营。对于经营激进、风险很高、治理不健全的公司或高风险业务，直接采取叫停业务、叫停投资等"监管干预"方式，及时防止风险的扩大和蔓延。

第四，要持续提升投资和风控能力的建设。投资研究能力、风险管理能力是防风险的基础屏障，也是抓住改革红利和市场机遇的先决条件。近几年，持续的资金运用市场化改革和强化能力评估，显著提升了行业的投资能力、投资团队、风控团队以及决策机制等。但是，行业整体的投研能力、风险管理技术水平还处于初级阶段，有些机构还比较落后。在未来一段时间，保险机构要切实在投研能力和风控水平上加大投入，特别是对新形势、新风险、新趋势努力做到先知先觉、心中有数、应变有度、措施得力。需要强调的是，能力评估备案不是一劳永逸的，有准入就要有退出，要持续加强能力评估，对于出现重大风险事件、不符合有关资质条件以及违规投资的，应当撤销其能力备案。

第五，要牢牢守住规则红线和风险底线。要持续加强制度、规则建设，真正做到用制度、用规则来管人、管事、管投资、管风险，从体制机制上做好风险防范工作，才是防范风险的根本所在。用完善科学的制度和规则，把风险的篱笆扎紧，对于防范公司治理风险也有着重要意义。对保险资产管理公司而言，公司治理和激进投资风险，要从源头抓起、从母公司抓起，这并不是说母公司治理问题没有解决，资产管理公司就无能为力。严格的制度、规则和责任追究机制就是突破口，从责任人追责机制倒逼资产管理公司依法依规开展投资业务，防范公司治理风险的传导。

对于健康保险公司来说，建立一个完善的长期资本战略管理体系是一个长期而重要的任务，需要健康保险公司将资本成本纳入业务经营和投资管理模式，重视资产负债管理，并将偿付能力管理的理念和资本管理的意识融入公司的日常经营管理中。具体来说，健康保险公司应当注重以下几个方面：

第一，将长期资本管理作为公司战略的重要组成部分，从公司理念层面对其予以重视。注重打造资本管理方面的核心竞争力。保险公司应将监管要求逐步转化为推进资本管理的自觉，不只是满足监管要求，更是应立足自身实际和发展需要，建立完善资本管理体系，将资本管理与业务经营紧密结合，真正体现资本管理的价值。

第二，建立有效可行的资本规划机制。资本规划是资本管理的关键抓手。保险公司应根据自身风险容忍度，科学预测资本需求，合理计划资本补充，形成有效的资本预算。按照资本规划开展承保业务和资产管理，才能建立有效的资本约束机制，切实减少资本占用。资本规划也是保险监管推进资本管理的着力点。保监会副主席在保险业资本管理和行业发展论坛上就曾明确指出，监管部门将提高对资本规划的监管要求，不仅要求公司制定3年资本规划，还要将规划真正落实，将规划执行作为相关行政许可的依据。

第三，构建科学的资本补充和资本分配体系。保险公司应积极拓宽资本补充渠道，优化资本结构，降低资本成本，提升资本融通能力；结合资本需求和资本回报，建立科学的资本分配体系，提升资本使用效率；建立对股东分红的管理机制，实现公司可持续发展和股东利益的平衡；制订应急资本管理预案，设计风险处置和恢复计划，提升抵御重大风险的能力。

第四，强化资产负债管理（Asset–Liability Management，ALM）机制。在资本管理的框架下，统筹管理业务发展和战略资产配置，形成资产与负债科学化的互动管理机制，协调资产与负债在资本、风险和价值"管理三角"上的平衡。

第五，完善资本管理考核体系。将资本占用、资本成本、资本回报等资本管理指标以及风险管理指标全面纳入考核体系，分解到对机构和个人的考核上，实现资本管理意图在组织体系内有效传递和全面落实。

第六，建设高效的资本管理信息系统，将偿付能力管理要求固化信息系统，形成规范化的公司管理操作流程，提升资本管理的运行效率。

本章小结

本章从基本的资本结构理论出发，先对学术界目前对于资本结构理论的构建进行系统性梳理，进而结合健康保险公司的特点，探讨了影响健康保险公司资本结构的影响因素，探讨健康保险公司的资本结构决策，为后续分析提供理论基础。在此基础上，进一步关注资本结构决策的源头，即健康保险公司的筹资活动，对健康保险公司的融资方式进行了介绍和比较，提出了不同融资方式的资本成本、融资渠道以及融资方式间的比较权衡。最后，本章结合健康保险公司长期资本的特征，介绍了长期资本战略管理的意义及手段，并尝试提出应对"偿二代"的新背景下健康保险公司的长期资本战略管理。

专业术语

1. 资本结构（Capital Structure）：企业各种资本的价值构成及其比例关系。
2. MM 定理（Modigliani – Miller Theorem）：1958 年，Modigliani 和 Miller 两位学者在著名的经济学期刊《American Economic Review》上发表了题为"The Cost of Capital, Corporation Finance, and the Theory of Investment"的文章，开启了现代资本结构理论的开端。文章中首次用严谨的模型推导讨论了在完美市场假设基础上，资本结构对企业价值的影响，在无税收、无破产成本、无代理成本以及市场完全等严格假设下得出了公司价值与资本结构无关的结论，即为"MM 定理"。
3. 资本成本（Capital Cost）：企业为筹集和使用资金而付出的代价。

思考题

1. 健康保险公司在进行资本结构决策时应当考虑哪些因素？
2. 健康保险公司都有哪些筹资渠道？各有什么样的优缺点？
3. 如何理解健康保险公司的综合资本成本？
4. 面对中国保监会出台的一系列新要求，健康保险公司如何进行长期资本战略管理？

第三章

健康保险公司投资决策与管理

本章总共分为四小节。第一节主要讲述了健康保险公司可投资资产的种类、特征与监管要求。第二节主要讲述了健康保险公司的投资决策准则和流程,以及对应的现金流分析模型。第三节主要讲述了健康保险公司的资产和负债,以及资产负债管理的模型和技术工具。第四章讲述了健康保险公司投资主要面临的各类风险以及现有的风险管理技术。

第一节 健康保险公司主要投资方式

健康保险公司通过出售保险产品获得保险资金,保险资金以责任准备金的形式体现在资产负债表的负债部分,是保险公司重要的负债构成,再加上保险公司的权益资本,大致构成了健康保险公司的主要资产。从监管的角度,为了保证偿付能力,预收的保险资金只能运用于补偿被保险人未来可能发生的经济损失,不能用于其他方面的投资。然而保险资金的负债性、长期性和不定性三大特性赋予了保险公司极其有利的投资条件。保险公司可以通过运用保险资金,获取收益,使保险资金保值增值,从而增强保险公司的偿付能力。对保险资金进行保值增值的过程主要通过保险投资实现,也即保险公司利用提前收入保费与赔偿支付延后的时间差,为了使保险资金增值,对保险资金进行投资的经营活动。

在保险业发达的国家,保险公司的主要投资工具丰富多样,包括股票、债券、基金、贷款、不动产投资等,证券市场是保险公司投资的主要场所。由于我国保险行业发展较晚,相应的资本市场也不够健全,我国的保险行业受监管的程度较高,保险公司的投资必须以稳健、安全为主要投资原则。根据《保险法》第一百零六条,我国保险公司的资金运用限于银行存款、债券、股票、证券投资基金等有价证券、不动产以及国务院规定的其他资金运用形式,并对不同类型的投资做了更具体的投资比例等要求。健康保险公司,按照我国中国保监会的分类,作为寿险公司的一个分支,也受到同样的监管要求。

一、健康保险公司主要投资种类

(一) 货币市场投资

货币市场是短期资金的市场,主要指融资期限在 1 年以下的金融市场。货币市场主要由短期借贷市场和短期证券市场组成。其中,短期借贷市场主要是指同业拆借市场,短期证券市场的交易对象是短期信用工具,以国库券为主,具体分为大额可转让定期存单市场、短期国库券市场、回购协议市场、商业票据市场、银行承兑票据市场等。

1. 同业拆借市场

同业拆借市场是各金融机构间以货币借贷的方式进行短期投融资活动的市场,是金融机构用来管理短期资金头寸、解决临时性资金短缺不足的市场。同业拆借市场最早出现于美国,形成的根本原因在于对金融机构实施的法定存款准备金制度,最早主要应用在银行类金融机构,后来慢慢扩展到银行与其他金融机构。

同业拆借市场的资金借贷期限一般比较短,最短的为同日拆解,也有 7 天、14 天、28 天以及几个月,最长不超过 1 年。参与同业拆借的机构都在中央银行开设存款账户,同业拆借交易的资金则主要为该央行存款账户的多余资金。同业拆借基本都是信用借贷。同业拆借市场的存在,可以使得商业银行、保险公司这些金融机构在不用持有大量超额准备金的前提下,能够随时满足支付提现、保险理赔的需要。同业拆借已成为金融机构资产负债管理的有效工具。由于同业拆借期限较短、风险小,金融机构可以把短期闲置资金投放于该市场,用于短期调整资产负债结构,保持资产的流动性和支付能力。

我国同业拆借市场早期主要是银行间同业拆借,对同业拆解的市场主体有严格的准入限制。早在 1998 年,中国人民银行就颁布了批准保险公司进入全国拆借市场的通知,允许部分保险公司从事债券的买卖和回购业务。2003 年,中国保监会和国家外汇管理局发布《关于保险公司开办境内外同业拆借业务有关问题的通知》,允许国家外汇管理局核准具有外汇同业拆借业务资格的境内中外资保险公司可以通过中国外汇交易中心进行境内外汇同业拆借,但对拆借额度占外汇资本金的比例有严格限制。

2007 年,我国正式实行《同业拆借管理办法》,放宽了市场准入条件,除银行类金融机构外，主要非银行金融机构首次获准进入拆借市场，包括信托公司、金融资产管理公司、金融租赁公司、汽车金融公司、保险公司、保险资产公司共6类。根据该办法，保险资产管理公司须在申请进入同业拆借市场前最近两个年度连续盈利，保险公司则应在申请进入同业拆借市场前最近四个季度连续的偿付能力充足率在120%以上。保险公司的最高拆入和拆出限额均不超过其实收资本的100%，保险资产管理公司则不超过其净资产的20%。在拆借期限上，规定保险公司、保险资产管理公司拆入资金的最长期限分别为3个月和7天，拆出资金最长期限由交易对手方的拆入资金最长期限控制，到期后不得展期。

同业拆借办法的出台使得保险公司有了与银行等机构讨价还价的能力，在利率浮动空间上更加弹性化，拆出资金时可以获取更高的收益。此外，由于同业拆借是在金融机构之间进行，与股票等其他渠道比起来，保险资金面临的投资风险相对会小。

2. 票据贴现市场

票据贴现指将未到期的票据进行贴现，为客户提供短期资金融资的市场。当前，贴现市场的交易大致可分为两类：一是票据持有人向商业银行或贴现公司贴现来换取现金的交易，这类交易占贴现市场业务的大部分份额；另一类是中央银行对商业银行或贴现公司已贴现过的票据再次贴现，为银行和贴现公司提供短期的融通资金。

商业票据安全性较高，其发行者往往是实力雄厚、信用评级较高的大公司、事业单位等，在票据发行前都需要评级公司依据发行者的管理水平、经营业绩、债务与风险、未来发展前景等方面进行评级。商业票据的流通期限短，一般少于270天，常见的是30~50天的商业票据，流动性好，违约风险低，收益稳定，是较好的货币市场投资品种。

2003年，中国保监会发布《关于保险公司投资中央银行票据的通知》，允许保险公司在银行间债券市场投资中央银行票据，并明确支出中央银行票据符合认可资产的定义，对保险公司投资中央银行票据视同投资金融债券管理。

3. 银行存款

银行存款是指企事业单位和居民个人存放在银行的货币资金。银行存款的特点在于安全性高、期限短、流动性较好，但收益率较低，尤其是活期存款利率，2016年人民银行的活期利率仅为0.35%，相对于保险公司来说，不是很好的投资品种。在保险业发达的国家，银行存款的投资比例非常低，仅满足一般流动性的需求，故一般很少将银行存款列为投资方式重点讨论。我国保险公司由于受到高度的投资监管，资本市场发展缓慢，可投资的金融产品种类较少，因此银行存款比重一直占据我国保险公司短期投资的较大比重。

协议存款是保险公司在商业存款的主要形式之一。协议存款是商业银行根据中国人民银行或中国银行业监督管理委员会的规定针对部分特殊性质的中资资金如保险资金、社保资金、养老保险基金等设立的特殊性存款。协议存款期限较长、起存金额较大，利率、期限、结息付息方式、违约处罚标准等皆可由双方商定。其中，保险公司办理协议存款，须由其总公司与银行总行签订《协议存款合同书》，约定利率的水平、存款期限、结息和付息方式、违约处罚标准、提前支取条件等事项，最低起存金额为人民币3 000万元（含）。协议存款一直是我国保险公司重要的投资工具。

根据中国人保健康2016年年报数据显示，人保健康2016年底持有的银行存款29.3亿元人民币，相较于2015年末的16.74亿元人民币，上涨了75%，但占总资产的比重由2015年的10%左右下降到6.5%左右。

根据中国保险年鉴2016的统计，2015年末保险行业银行存款2.4万亿元，占投资资产的21.8%，相比较于2006年末占比30.35%，已经明显下降，但比重仍然很高（见图3.1）。在人保集团的细分子公司，可以看到人保健康作为健康保险公司的行业代表，定期存款比重相对于人保财险和人保寿险来说，相对较低，而货币资金占比较高，这意味着健康保险公司在货币资金的投资更灵活，比重更高。

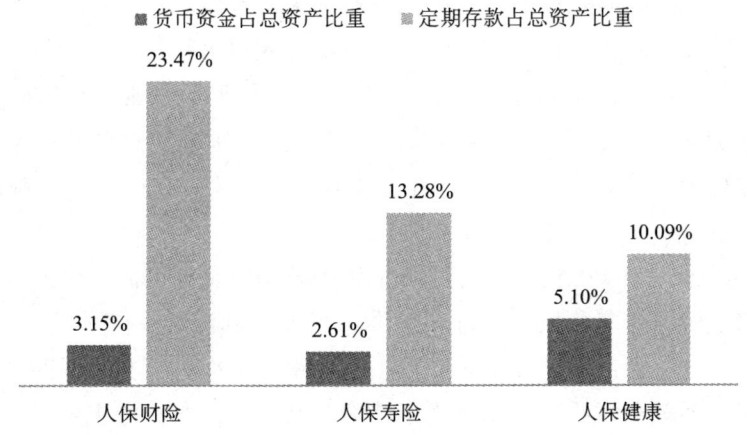

表3.1　2015年末货币资金和定期存款占比

数据来源：中国保险年鉴2016。

（二）债券

债券（Bonds）是政府、金融、企业等机构直接向社会募集资金时，向投资者发行的，承诺按一定利率支付利息并按约定条件偿还本金的债权债务凭证。

债券具有偿还性，债券的发行人必须按约定条件在规定的时间和期限内偿还本金并支付利息；债券也有流通性，可以在二级市场自由转让。相对于股票，债券具有更高的安全性，债券通常按固定利率获得利息，在企业没有破产的情况下，与企业绩效的高低关联度较低，受市场利率的影响较大，整体而言，投资债券的收益较为稳定。

债券的收益主要分为两部分：一部分是利息收入（不包括无息债券）；另一部分是二

级市场上通过债券价格的变动，买卖债券赚取差额。

按照发行主体划分，债券可以分为政府债券、金融债券、公司（企业）债券。由于不同发行机构的信誉和承担风险的能力各不相同，从发行主体对债券进行区分，有助于保险公司进行风险管理。

政府债券是政府机构为募集资金而发行的债券，主要包括中央政府债券（国债）、地方政府债券等。除政府直接发行的债券，有些国家把政府担保的债券也归类于政府债券体系，称为政府保证债券。这种债券往往由一些与政府有直接关系的公司或金融机构发行，或者政府机构单独成立融资平台，由政府提供担保。《中华人民共和国预算法》第28条明确规定，"除法律和国务院另有规定外，地方政府不得发行地方政府债券。"因此，我国地方政府实际上主要通过各类地方政府融资平台进行发债筹集资金，用于本地的基础建设经费投资。地方政府融资平台是指各级地方政府成立的以融资为主要经营目的的公司，包括不同类型的城市建设投资、城建开发、城建资产公司等企业（事）业法人机构，主要以经营收入、公共设施收费和财政资金等作为还款来源。地方政府融资平台是中国特有的经济现象。作为投融资平台的这些地方公司具有的特殊政府背景，一方面使其比较容易获得银行贷款和发行城投债；另一方面，相当一部分城投公司具有政府担保性质，实质上成为地方政府的隐形财政债务。2010年1月19日，在国务院第四次全体会议上，国务院总理温家宝提出"尽快制定规范地方融资平台的措施，防范潜在财政风险"列入2010年宏观政策重点的工作。

金融债券是银行等金融机构作为筹资主体为筹措资金而面向个人发行的一种有价证券。我国的金融债券多数只在银行间债券市场发行和流通，随着债券市场的发展，种类也日益增多，主要包括证券公司债券、商业银行的次级债券、保险公司的次级债券、证券公司短期融资债券以及混合资本债券。其中，次级债券主要是指银行等金融机构发行的本金和利息的清偿顺序在金融机构的其他负债之后，先于股权资本的债券。

公司债券是指公司依照法定程序发行的，约定在一定期限内还本付息的有价证券。公司债券又称企业债券。如果严格进行区分，公司债券指的是公司制企业发行的债券，如股份有限公司、有限责任公司，都具有公司的有限责任这一特征。而其他类型的企业，如独资企业、合伙制企业、合作制企业都不具备发行公司债券的产权基础，因而都不能发行公司债券。国有企业属于独资企业，从理论上讲不能发行公司债券。按照中国有关法律法规，中国的国有企业有其不同于其他国家的国有企业的特别的产权特征，也可以发行债券——企业债券（不是法律上的公司债券）。

公司债券的风险往往高于国债和金融债券，健康保险公司在进行公司债的投资时，应着重关注发债企业的信用风险等级，如果市场上信用评级公司不够权威和公允,则企业债的风险往往不能准确评估,投资风险较大。

从发达国家的保险行业投资来看,债券市场一直保险机构投资的重要领域。很多国家甚至专门为寿险公司和养老保险基金发行期限较长的特种债券,有些长达30年,以满足保险行业资产和负债匹配的需求。美国保险业在1994~2004年飞速发展,固定收益债券始终是保险资金最重要的投资领域,尤其是寿险公司,这一比重始终保持70%左右。欧洲主要发达国家,如法国、德国等,固定收益证券的投资比重也达到60%左右。

我国1995年颁布的《保险法》规定,保险公司可投资于政府债券、金融债券。2003年,允许保险公司投资于信用评级在AA级以上的企业债券。2012年,中国保监会制定了《保险资金投资债券暂行办法》,对保险公司投资政府债券和准政府债券、企业(公司)债券、金融企业(公司)债券、证券公司债券、国际开发机构人民币债券等列明了较为详细的投资规范、投资要求、风险控制和监督管理。

第四章第九条规定,保险资金投资金融企业(公司)债券应当符合下列条件:

1. 商业银行发行的金融企业(公司)债券,应当具有国内信用评级机构评定的A级或者相当于A级以上的长期信用级别;其发行人除符合中国人民银行、中国银行业监督管理委员会的有关规定外,还应当符合下列条件:(1)最新经审计的净资产,不低于100亿元人民币;(2)核心资本充足率不低于6%;(3)国内信用评级机构评定的A级或者相当于A级以上的长期信用级别;(4)境外上市并免于国内信用评级的,国际信用评级机构评定的BB级或者相当于BB级以上的长期信用级别。保险资金投资的商业银行混合资本债券,除符合上述规定外,应当具有国内信用评级机构评定的AA级或者相当于AA级以上的长期信用级别,其发行人总资产不低于2 000亿元人民币。商业银行混合资本债券纳入无担保非金融企业(公司)债券管理。

2. 证券公司债券,应当公开发行,且具有国内信用评级机构评定的AA级或者相当于AA级以上的长期信用级别;其发行人除符合中国证券监督管理委员会的有关规定外,还应当符合下列条件:(1)最新经审计的净资本,不低于20亿元人民币;(2)国内信用评级评定的AA级或者相当于AA级以上的长期信用级别;(3)境外上市并免于国内信用评级的,国际信用评级机构评定的BBB级或者相当于BBB级以上的长期信用级别。

3. 保险公司可转换债券、混合资本债券、次级定期债券和公司债券,应当是保险公司按照相关规定,经中国保监会和有关部门批准发行的债券。

4. 国际开发机构人民币债券,其发行人除符合国家有关规定外,还应当符合下列条件:(1)最新经审计的净资产,不低于50亿美元。(2)国内信用评级机构评定的AA级或者相当于AA级以上的长期信用级别;免于国内信用评级的,国际信用评级机构评定的BBB级或者相当于BBB级以上的长期信用级别。

第四章第十条规定，非金融企业（公司）债券包括非金融机构发行的企业债券，公司债券，中期票据、短期融资券、超短期融资券等非金融企业债务融资工具，可转换公司债券，以及中国保监会规定的其他投资品种。保险资金投资的非金融企业（公司）债券，应当符合下列条件：

1. 其发行人除符合有关部门的规定外，还应当符合下列条件：（1）最新经审计的净资产，不低于20亿元人民币；（2）国内信用评级机构评定的A级或者相当于A级以上的长期信用级别；（3）境外上市并免于国内信用评级的，国际信用评级机构评定的BB级或者相当于BB级以上的长期信用级别。

2. 有担保非金融企业（公司）债券，具有国内信用评级机构评定的AA级或者相当于AA级以上的长期信用级别，其担保符合下列条件：（1）以保证方式提供担保的，应当为本息全额无条件不可撤销连带责任保证担保，且担保人资信不低于发行人的信用级别。（2）以抵押或质押方式提供担保的，担保财产应当权属清晰。未被设定其他担保或者采取保全措施的，经有资格的资产评估机构评估的担保财产，其价值不低于担保金额，且担保行为已经履行必要的法律程序。（3）担保金额应当持续不低于债券待偿还本息总额。

3. 无担保非金融企业（公司）债券，具有国内信用评级机构评定的AA级或者相当于AA级以上的长期信用级别。其中，短期融资券具有国内信用评级机构评定的A-1级。有担保非金融企业（公司）债券的担保，不完全符合本条规定的，纳入无担保非金融企业（公司）债券管理。

4. 保险资金投资的无担保非金融企业（公司）债券，应当采用公开招标发行方式或者簿记建档发行方式。其中，簿记建档发行方式应当满足下列条件：

（1）发行前，发行人应当详细披露建档规则。（2）簿记建档应当具有符合安全保密要求的簿记场所。（3）簿记建档期间，簿记管理人应当指派专门人员值守并维持秩序；现场人员不得对外泄露相关信息。（4）簿记管理人应当妥善保管有关资料，不得泄露或者对外披露。

5. 保险资金投资的企业（公司）债券，按照规定免于信用评级要求的，其发行人应当具有不低于该债券评级规定的信用级别。

第五章投资规范第十二条规定，保险公司投资中央政府债券、准政府债券，可以按照资产配置要求，自主确定投资总额。第十三条规定，保险公司投资有担保的企业（公司）债券，可以按照资产配置要求，自主确定投资总额；投资无担保非金融企业（公司）债券的余额，不超过该保险公司上季末总资产的50%。第十四条规定，保险公司投资同一期单品种中央政府债券和准政府债券，可以自主确定投资比例。保险公司投资同一期单品种金融企业（公司）债券和有担保非金融企业（公司）债券的份额，不超过该期单品种发行额的40%；投资同一期单品种无担保非金融企业（公司）

债券的份额，不超过该期单品种发行额的20%。同一保险集团的保险公司，投资同一期单品种企业（公司）债券的份额，合计不超过该期单品种发行额的60%，保险公司及其投资控股的保险机构比照执行。债券发行采取一次核准（备案或注册）、分期募集方式的，其同一期是指该债券分期发行中的每一期。第十五条规定，保险公司投资同一发行人发行的企业（公司）债券的余额，不超过该发行人上一会计年度净资产的20%；投资关联方发行的企业（公司）债券的余额，不超过该保险公司上季末净资产的20%。第十六条规定，保险公司委托多个专业投资管理机构投资的债券，其投资余额应当合并计算，且不超过中国保监会规定的投资比例。第十七条规定，保险公司的投资连结保险产品、非寿险非预定收益型保险产品等独立账户或产品，其投资债券的余额，不超过相关合同约定的比例。

随着我国保险行业的快速发展，保险资金已成长为债券市场上的重要机构投资者。根据中国保险年鉴2016的统计，保险行业在2015年在国债企业债等债券投资3.8万亿元，占比34.4%，超过银行存款占比，成为保险资金的最大的投资品种。但由于我国债券市场发展相对不够成熟，债券种类不够丰富，债券的评级市场缺少权威的评级公司，债券投资在我国保险资金的比重与发达国家相比仍然较低，低利率的银行存款仍然是当前保险资金投资的重要渠道。根据人保健康的年报数据显示，2015年末债券投资比重占总资产的26.3%，其中企业债占比16.95%，金融债占比8.62%。2016年末略有下降，为23.54%。

（三）股票

股票是一种有价证券，是股份公司在筹集资本时向出资人发行的股份凭证，代表着其持有者（即股东）对股份公司的所有权。

股票的几个基本特点：期限的永久性、权利和责任流动性、收益性、风险性。期限的永久性意味着股票没有到期日，投资股票以后投资者不能向公司要求退还股本，但可以在二级市场上出售股票，获得资本利得收益。对于公司来说，二级市场只是股东之间的股权转让，并不减少公司的资本。权利和责任意味着股东作为公司的所有者，在公司经营中享有一定权利，如参加股东大会、对公司重大决策进行投票表决、领取股息、股东享有公司的剩余索取权和剩余控制权等。股东承担的责任则以其持有的股票为限的连带清偿责任，股东获得收益的次序排在公司员工收入、各类债权人的最后，但对于公司的债务不承担连带责任。风险性意味着股票投资的期望收益较高但也需要承担较高的风险，股东的市场价格会随公司的盈利情况而变动，也会受宏观经济、政治局势等系统性风险的因素影响，相对于银行存款、债券、基金等，股票存在着更大的风险性。但股票也具有良好的流动性，股票持有人可以通过股票交易市场随时变现获取现金，因此股票也是流动性很强的投资工具。

按照股东的权益分类，股票一般分为普通股和优先股。普通股是上市公司在盈利和分配上享有普通权利的股份，它构成公司资本的基础，是股票的一种基本形式，也是发行量最大、最重要的股票。目前，我国 A 股市场上交易的股票均为普通股。普通股股票持有者按其所持有股份比例享有的基本权利有：参与股东大会，并有建议权、表决权和选举权、利润分配权、优先认股权、剩余资产分配权。优先股是相对于普通股而言的，主要指在利润分配及剩余财产分配的权利方面优先于普通股。优先股通常预先设定股息收益率，按期收取利息，但同普通股一样，具有不可返还性。优先股股东一般没有选举权和被选举权，对股份公司的重大经营无投票权。优先股是介于股票和债券中间的一种形式。优先股在我国一直没有发行，直到 2013 年 12 月 9 日中国证券监督管理委员会第 16 次主席办公会会议审议通过《优先股试点管理办法》，2014 年 3 月 21 日中国证券监督管理委员会令第 97 号公布。该办法分总则、优先股股东权利的行使、上市公司发行优先股、非上市公众公司非公开发行优先股、交易转让及登记结算、信息披露、回购与并购重组、监管措施和法律责任、附则 9 章 70 条，自公布之日起施行。

按发行对象和上市地区的不同，又可以将股票分为 A 股、B 股、H 股和 N 股等。A 股是供我国大陆地区个人或法人买卖、以人民币标明票面金额以人民币认购和交易的股票。B 股、H 股和 N 股是国外和我国港澳台地区投资者买卖的，以人民币标明票面金额但以外币认购和交易的股票。其中，B 股在上海、深圳上市，H 股在香港上市，N 股在纽约上市。

在国外保险行业的发展历程中，股票投资以其较高的投资收益率一直在保险投资中占有重要地位。以美国寿险公司为例，股票投资的比重 1991 年在 5% 左右，到了 2001 年则快速上升到 30% 左右。国外保险资金在股票投资比重的快速上升，一方面得益于监管政策的放松，另一方面也是现代保险金融属性增强的表现之一。

在我国，受限于资本市场的滞后发展，保险资金的投资渠道十分狭窄，仅限于银行存款、债券、证券基金等。一直到 2004 年 10 月，中国保监会和证监会联合发布了《保险机构投资者股票投资管理办法》，允许保险机构投资者从事或者委托符合规定的机构从事股票、可转换公司债券等股票市场产品交易。该办法规定，保险机构投资者的股票投资仅限于人民币普通股、可转换公司债券以及中国保监会规定的其他投资品种。保险机构投资者的股票投资有一级市场申购和二级市场交易两种方式。2006 年，为进一步拓宽保险资金投资渠道，改善资产配置状况，提高投资管理效益，国务院批准发布《关于保险机构投资商业银行股权的通知》，保险集团（控股）公司、保险公司、保险资产管理公司可以投资境内国有商业银行、股份制商业银行和城市商业银行等未上市银行的股权，并对投资范围和投资原则、投资方式和资金来源、投资比例和核算基数、选择条件和主要指标、报备程序和审批事项、退出机制和应急处理、风险管理和监督检查八个方面做了详细规定。

2015年，中国保监会发布关于提高保险资金投资蓝筹股票监管比例有关事项的通知，将投资单一蓝筹股票的余额占上季度末总资产的监管比例上限由5%调整为10%；投资权益类资产的余额占上季度末总资产比例达到30%的，可进一步增持蓝筹股票，增持后权益类资产余额不高于上季度末总资产的40%；上季度末偿付能力充足率不低于120%；投资蓝筹股票的余额不低于股票投资余额的60%。

2017年，中国保监会发布关于进一步加强保险资金股票投资监管有关事项的通知，要求保险机构开展一般股票投资的，上季末综合偿付能力充足率应当不低于100%；开展重大股票投资和上市公司收购的，上季末综合偿付能力充足率应当不低于150%，且已完成股票投资管理能力备案，符合有关保险资金运用内部控制的监管要求。

受限于监管要求，我国保险公司目前对股票的直接投资比例相对较低。2015年末保险公司股票投资8 112.5亿元，占比7.3%，长期股权投资8 909.1亿元，占比8%，合计占比15.3%。从人保健康年报披露的数据来看，2015年末股票投资占比3.43%，长期股权投资占比5.73%，二者合计9.16%，低于保险行业的平均值。2016年末，股票投资占比3.34%，长期股权投资占比6.05%，二者合计9.35%，与2015年相比，变化不大。

（四）证券投资基金

证券投资基金（Securities Investment Fund）是指通过发售基金份额募集资金，由基金托管人托管，由基金管理人管理和运作资金，为基金份额持有人的利益，以资产组合方式进行证券投资的一种利益共享、风险共担的集合投资方式。

基金主要具有三个特征：(1) 集合投资。基金将零散的资金巧妙汇集起来，交给专业机构投资于各种金融工具，以获取资产的增值。(2) 组合投资、分散风险。通过构建投资组合实现分散风险、提高收益是基金的主要特点。中小投资者由于资金有限，很难做到分散投资，但是通过购买基金，就相当于用很少的钱买了一揽子股票组合，能够有效分散风险。(3) 专业理财。基金实行专家管理制度，基金管理人一般是某一行业具有丰富经验的专业投资研究人员，能够最大程度降低信息不对称导致的投资风险。

按投资标的分类，证券投资基金通常分为债券基金、股票基金、货币市场基金和混合型基金。债券基金以债券为主要投资对象，债券比例须在80%以上，这类基金的风险较低，适合于稳健型投资者；股票基金以股票为主要投资对象，股票比例须在60%以上。股票基金的投资目标侧重于追求资本利得和长期资本增值，相对债券基金，收益更高，风险也更大。货币市场基金是以货币市场工具为投资对象的一种基金,通常被认为是无风险或低风险的投资。其投资对象一般期限在一年内,包括银行短期存款、国库券、公司债券、银行承兑票据及商业票据等。混合基金主要从资产配置的角度看,股票、债券和货币的投资比例没有固定的范围。

证券投资基金是一种集中资金、专家管理、分散投资、降低风险的投资工具,但投资者投资于基金仍有可能面临风险。证券投资基金存在的风险主要有:(1)市场风险。基金主要投资于证券市场,投资者购买基金,相对于购买股票而言,由于能有效地分散投资和利用专家优势可能对控制风险有利。分散投资虽能在一定程度上消除来自个别公司的非系统性风险,但无法消除市场的系统性风险。因此,证券市场价格因经济因素、政治因素等各种因素的影响而产生波动时,将导致基金收益水平和净值发生变化,从而给基金投资者带来风险。(2)管理能力风险。基金管理人作为专业投资机构,虽然比普通投资者在风险管理方面确实有某些优势,如能较好地认识风险的性质、来源和种类,能较准确地度量风险,并通常能够按照自己的投资目标和风险承受能力构造有效的证券组合,在市场变动的情况下,及时地对投资组合进行更新,从而将基金资产风险控制在预定的范围内等,但是不同的基金管理人的基金投资管理水平、管理手段和管理技术存在差异,从而对基金收益水平产生影响。(3)技术风险。当计算机、通讯系统、交易网络等技术保障系统或信息网络支持出现异常情况时,可能导致基金日常的申购或赎回无法按正常时限完成、注册登记系统瘫痪、核算系统无法按正常时限显示基金净值、基金的投资交易指令无法即时传输等风险。(4)巨额赎回风险。这是开放式基金所特有的风险。若因市场剧烈波动或其他原因而连续出现巨额赎回,并导致基金管理人出现现金支付困难时,基金投资者申请巨额赎回基金份额,可能会遇到部分顺延赎回或暂停赎回等风险。

我国《证券投资基金法》规定,基金财产应当用于下列投资:第一,上市交易的股票、债券;第二,国务院证券监督管理机构规定的其他证券品种。因此,证券投资基金的投资范围为股票、债券等金融工具。目前我国的基金主要投资与国内依法公开发行上市的股票、非公开发行股票、国债、企业债券和金融债券、公司债券、货币市场工具、资产支持证券、权证等。

证券投资基金是保险公司的重要投资工具,尤其是股票型基金。这是因为一是保险公司投资基金产生的风险相对于直接投资股票风险更小,而收益又高于债券投资,并且能够做到有效分散化投资。二是保险公司通过证券投资基金参与证券市场的投资,不用受到保险监管机构对保险资金直接投资股票比例的限制。三是保险公司投资于基金可以享受基金的专业管理团队的理财服务,一定程度上可以在控制风险的同时,降低保险公司的内部成本。

1999年10月,国务院批准我国保险公司可以通过购买证券投资基金进入股票二级市场,保险公司持有的证券投资基金投资比例最高为总资产的5%。随后逐渐对这一比例放开。2005年，重新修订的《保险公司投资证券投资基金管理暂行办法》，规定：

（1）投资证券投资基金的账面余额，不超过该保险公司上季末总资产的15%；

（2）投资单一证券投资基金的账面余额，不超过该保险公司上季末总资产的3%；

（3）投资单一封闭式基金的份额，不超过该基金发行份额的10%。

第九条规定，保险公司不得以任何理由超过规定的比例投资基金。保险公司经批准开办的投资连结保险可以设立投资基金比例为100%的投资账户，万能寿险可以设立投资基金比例最高为80%的投资账户。投资账户的设立、合并、撤销、变更应符合我会的有关规定。

2010年8月，中国保监会发布《关于调整保险资金投资政策有关问题的通知》，明确保险公司投资证券投资基金的余额，不超过该保险公司上季末总资产的15%，且投资证券投资基金和股票的余额，合计不超过该保险公司上季末总资产的25%。

在权益类投资方面，该通知明确，保险公司应当根据权益类投资计划，在上季末总资产20%的比例内，自主投资股票和股票型基金，并符合下列规定：

（1）投资同一上市公司的股票，不超过该公司总股本的10%；超过10%的仅限于实现控股的重大投资，适用《保险资金运用管理暂行办法》有关重大股权投资的规定。

（2）保险公司投资证券投资基金的余额，不超过该保险公司上季末总资产的15%，且投资证券投资基金和股票的余额，合计不超过该保险公司上季末总资产的25%。

（3）投资单一证券投资基金的余额，不超过该保险公司上季末总资产的3%；投资单一封闭式基金的份额，不超过该基金发行份额的10%。

通知明确，保险公司应当加强流动性管理，配置银行活期存款、中央银行票据、政府债券、政策性银行债券和货币市场基金等资产的余额，不低于该保险公司上季末总资产的5%。

在固定收益类资产投资方面，将可投资有担保债券的品种，调整为有担保的企业债券、有担保的公司债券、有担保的可转换公司债券和有担保的公开发行的证券公司债券。将投资有担保企业（公司）类债券的信用等级，调整为具有国内信用评级机构评定的A级或者相当于A级以上的长期信用级别。投资商业银行金融债券、商业银行次级债券、商业银行次级定期债务、国际开发机构人民币债券以及有担保的企业（公司）类债券，可自主确定投资总额；投资上述债券同一期单品种的份额，不超过该期单品种发行额的20%。

将可投资无担保债券的品种，调整为无担保企业债券、非金融企业债务融资工具和商业银行发行的无担保可转换公司债券。将投资中国境内发行的无担保企业（公司）类债券的信用等级，调整为具有国内信用评级机构评定的 AA 级或者相当于 AA 级以上的长期信用级别。

投资无担保企业（公司）类债券的余额，不超过该保险公司上季末总资产的 20%；投资上述债券同一期单品种的份额，不超过该期单品种发行额的 10%。

随着我国股票市场的快速发展，股票投资在保险资金投资中将越来越重要。根据中国保险年鉴 2016 的统计，2015 年末保险公司权益类资产的投资持续增长，其中证券投资基金 8 856.5 亿元，占比 7.9%；股票 8112.5 亿元，占比 7.3%；长期股权投资 8 909.1 亿元，占比 8%，合计占比 23.2%，较 2014 年末的 17.9% 增长了 5.3 个百分点。

从人保健康年报披露的数据来看，2015 年末，权益类资产占总资产比重的 23.88%，其中证券投资基金占比 14.72%，股票占比 3.43%，长期股权投资占比 5.73%。与保险行业平均对比来看，权益类投资占比重相当，但在细分种类投资上略有区分。以 2015 年的数据来看，人保健康在权益类的投资方面，更侧重于证券投资基金，股票和长期股权投资则低于行业平均水平。2016 年末，权益类资产占总资产比重的 32.53%，其中证券投资基金占比 23.14%，股票占比 3.34%，长期股权投资占比 6.05%。2016 年的数据显示，人保健康继续加大了在证券投资基金方面的投资比重，相对于 2015 年增加了 1.2 倍，占整体权益投资的 71%。

从 2015 年人保集团的三个子公司投资分布来看，人保健康在持有到期的投资比重相对较低，这凸显了健康保险行业对短期偿付方面的高要求，甚至低于人保财险，而可供出售金融资产的投资方面，人保健康比重最高。通过分析人保健康的报表附注显示，权益类的证券投资基金占据了可供出售金融资产比重的较大比例。

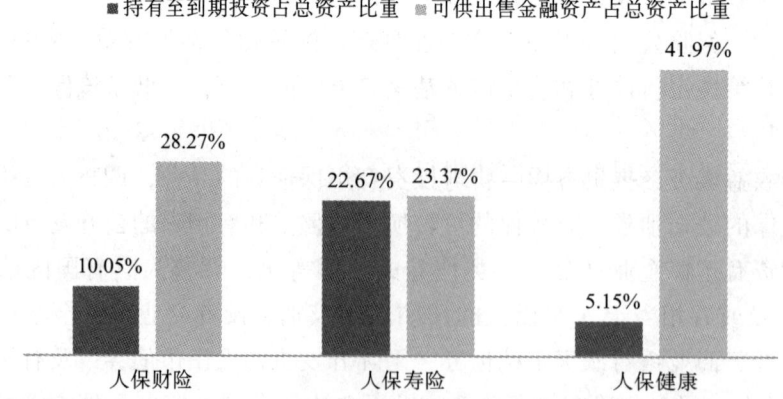

图 3.2　2015 年末持有至到期和可供出售的投资占比

数据来源：《中国保险年鉴》（2016 年）。

(五) 另类投资

十二五规划对保险业提出"适时调整保险资金投资政策",中国保监会随之制定了一系列拓宽保险资金投资渠道的新规定,如修订保险资金境外投资管理办法细则,扩大保险投资在香港资本市场的投资范围,从过去单一的股票、债券和基金延伸到衍生品。探索保险资金参与保障房建设等。随着中国保监会不断拓宽保险资金的运用渠道和范围,保险行业的另类投资种类越来越丰富,在各个投资领域的影响力也越来越大。未来将进一步支持保险资金投资养老实体、医疗机构、汽车服务等相关机构的股权。

根据《中国保险年鉴》(2016年)的统计,2015年末,保险行业另类投资发展较快,基础设施类等各类债券、股权投资计划8 534.6亿元,同比增长16.6%;不动产投资921.6亿元,占比0.82%,同比增长17.5%;组合类资管产品2 491亿元,占比2.23%,同比增长208%;保单质押贷款2 298.1亿元,占比2.1%,同比增长27.7%;信托、银行理财等金融产品投资5 502.3亿元,占比4.9%,同比增长18.6%。

2010年,中国保监会印发《保险资金投资不动产暂行办法》,指出保险资金可以投资基础设施类不动产、非基础设施类不动产及不动产相关金融产品。其中第八条规定,保险公司投资不动产,应当符合下列条件:

(1) 具有完善的公司治理、管理制度、决策流程和内控机制;
(2) 实行资产托管机制,资产运作规范透明;
(3) 资产管理部门拥有不少于8名具有不动产投资和相关经验的专业人员,其中具有5年以上相关经验的不少于3名,具有3年以上相关经验的不少于3名;
(4) 上一会计年度末偿付能力充足率不低于150%,且投资时上季度末偿付能力充足率不低于150%;
(5) 上一会计年度盈利,净资产不低于1亿元人民币(货币单位下同);
(6) 具有与所投资不动产及不动产相关金融产品匹配的资金,且来源充足稳定;
(7) 最近三年未发现重大违法违规行为;
(8) 中国保监会规定的其他审慎性条件。

第十四条规定,保险公司投资不动产(不含自用性不动产),应当符合以下比例规定:

(1) 投资不动产的账面余额,不高于本公司上季度末总资产的10%;投资不动产相关金融产品的账面余额,不高于本公司上季度末总资产的3%;投资不动产及不动产相关金融产品的账面余额,合计不高于本公司上季度末总资产的10%。
(2) 投资单一不动产投资计划的账面余额,不高于该计划发行规模的50%;投资其他不动产相关金融产品的，不高于该产品发行规模的 20%。

二、保险公司投资现状

根据《中国保险年鉴（2016 年）》披露的信息，截至 2015 年 12 月 31 日，我国保险业总资产 12.4 万亿元，保险资金运用余额 11.2 万亿元。当前我国保险公司的资产配置主要以固定收益类资产投资为主，其中银行存款占可投资资产的 21.8%，国债企业债等占比 34.4%，证券投资基金占比 7.9%，股票投资占比 7.3%，长期股权投资占比 8%。除此以外，另类投资发展较快，主要体现在各类基础设施等各类债权、股权的投资、不动产的投资等。随着保险投资资产配置多元化新格局的到来，保险资金投资收益的稳定性显著增强和提高。

美国保险公司的资产总量自 20 世纪 90 年代以来迅速增长，保险业投资仅次于商业银行、联邦放款机构之后。美国保险业的保险资金主要投向四个方面：债券、股票、抵押贷款和不动产投资。无论是寿险还是财险，债券都是主要投资品种。股票投资比例居次，由于股票投资风险较大，因此寿险业和产险业有较大差异。以寿险为例，在寿险保险资产分布中，债券资产均占总资产的 50% 以上，各项贷款和不动产在不断下降，股票资产稳步上升，2007 年达 32.8%，成为寿险资金第二大投资项目，仅次于公司债券（见表 3.1）。

表 3.1　　美国寿险保险资金运用结构（合并账户）：1980~2008 年

年度	债券	股票	抵押贷款	不动产	保单贷款	其他#
1980	44.40	9.88	27.35	3.14	8.64	6.62
1985	51.00	9.38	20.80	3.49	6.58	8.71
1990	56.30	9.12	19.18	3.08	4.45	7.83
1991	57.60	10.61	17.10	3.01	4.28	7.44
1992	59.50	11.56	14.82	3.04	4.33	6.76
1993	60.60	13.70	12.45	2.95	4.23	6.11
1994	61.10	14.51	11.09	2.77	4.40	6.16
1995	59.60	17.35	9.88	2.45	4.48	6.21
1996	59.00	19.50	9.10	2.17	4.37	5.90
1997	56.30	23.20	8.14	1.79	4.05	6.55
1998	53.70	26.82	7.65	1.46	3.70	6.63
1999	50.50	32.23	7.48	1.24	3.22	5.29
2000	50.50	31.35	7.44	1.13	3.21	6.43
2001	53.00	27.81	7.45	0.99	3.19	7.59
2002	57.90	23.42	7.41	0.97	3.11	7.20
2003	56.10	26.30	6.92	0.79	2.75	7.11

续表

年度	债券	股票	抵押贷款	不动产	保单贷款	其他#
2004	55.20	27.70	6.64	0.73	2.55	7.14
2005	54.40	28.70	6.57	0.73	2.44	7.12
2006	51.00	31.70	6.50	0.69	2.34	7.69
2007	49.50	32.80	6.60	0.69	2.29	8.14
2008	56.00	24.40	7.60	0.70	2.60	8.60

注：其他投资主要包括现金资产（含现金等价物及短期投资）和其他投资性资产两项。根据 Insurance Institution Information：Insurance Fact Book 2009 的数据，2006 年、2007 年和 2008 年这三项资产的占比分别为 2.8%、3.5%、4.6%和 2.7%、4.2%、4.0%。

资料来源：American Council of Life Insurer, Life Insurers Fact Book, 2008、2009 年。2008 年数据来自 ACLI tabulations of National Association of Insurance Commissioners (NAIC) data。

保险资金运用的收益率是由该国的资本市场、监管体系、运用管理水平等很多方面的因素决定的。中美两国相比，美国保险资金运用收益一直稳定地维持在比较高的水平，平均收益率 6%以上；我国的保险资金的投资收益率整体偏低，而且波动较大，原因在于我国的资本市场不够成熟、保险资金的投资配置难以多元化。中美两国保险资金运用收益见表 3.2。

表 3.2　　　　　　　　　　中美保险资金运用收益比较表　　　　　　　　（单位:%）

年份	中国	美国
2001	4.30	7.13
2002	3.14	6.64
2003	2.68	6.17
2004	2.87	5.93
2005	3.60	5.88
2006	5.80	5.95
2007	12.17	6.01
2008	1.91	
2009	6.41	5.14
2010	4.85	5.24
2011	3.57	5.10
2012	3.39	4.93
2013	5.04	4.88
2014	6.30	
2015	5.77	
2016	5.66	

资料来源：中国保监会披露数据、《中国保险年鉴》各期；Insurance Institution Information：Insurance Fact Book 2008，其中美国 2009～2015 年为寿险和健康险投资净收益率，其他为综合收益率。

三、健康保险行业的投资现状

随着健康保险行业的快速发展，健康保险行业的投资结构和投资比重也随着业务模式的拓展和创新在不断发生变化。以人保健康近4年的投资数据来看，定期存款比重在2016年快速下降，债券比重相对稳定，而权益工具的基金、股票和股权投资计划等则快速增加。

表3.3 　　　　　2013~2016年中国人保健康资金运用分布　　　　（单位：亿元）

	2016	2015	2014	2013
定期存款	19.12	33.12	33.12	33.12
债券				
企业债	74.40	55.64	71.67	88.09
金融债	27.85	28.29	30.82	36.10
交易所和银行间债券	4.19	2.41	0.50	5.28
权益工具				
基金	104.65	48.32	27.70	21.59
股票	15.11	11.27	4.71	10.27
股权投资计划及其他	27.36	18.81	10.51	—
分类为贷款及应收款的投资				
长期债权投资计划	55.45	31.74		
信托计划	17.20	18.00		
资产管理产品	14.68	4.50		
次级债	2.00	2.00		

数据来源：中国人保健康的年报披露数据。

健康保险行业的投资分布一定程度上反映了健康保险公司多元化的盈利模式需求。健康保险公司长期险和短期险并重的业务结构，兼具财产险与寿险的双重特点，短期险承保利润、费差和利差均是公司盈利的重要来源。因此，与寿险企业不同，健康险的短期险需要依赖于承保利润，因此对收益率高的权益工具需求较大。与财产险以短期险为主的结构也不相同，健康险还需要布局与其长期健康险相匹配的长期投资，如债券类产品。

此外，我国人口老龄化的加速催生了大健康产业的快速发展，也为健康保险公司提供了新的投资机遇。人口老龄化和城镇化进程的推进，使得居民对健康和养老的需求日益增大，未来健康和养老将成为保险公司重要的盈利来源。因此，健康保险公司投资于健康产业链对于整合资源，提高健康保险在保险行业内的地位具有较大的意义。

尽管健康产业起步较晚，2013年国务院相继印发《关于加快发展养老服务业的若干意见》《关于促进健康服务业的若干意见》，2014年又相继印发《关于加快发展商业健康保险的若干意见》等重要文件。2017年，中国保监会发布的《健康保险管理办法》第六章指出，保险公司可以将健康保险产品与健康管理服务相结合，提供健康风险评估和干预，提供疾病预防、健康体检、健康咨询、健康维护、慢性病管理、养生保健等服务，降低健康风险，减少疾病损失。上述这些为健康保险公司拓宽发展领域、丰富发展模式提供了有效的政策支持。

目前各大保险公司纷纷开始涉及健康产业链的投资，但仍处于探索阶段。中国人寿以医院等医疗服务机构为核心，打造"保险+医院"模式。平安与健康险公司联手打造平安好医生APP。太平洋保险旗下太保安联健康保险公司与阿里健康开展战略合作，开发基于互联网的健康保险产品与服务生态圈。阳光保险发起设立了行业内的首支健康产业基金——阳光融汇医疗健康产业成长基金。

从国外的经验来看，美国联合健康集团（United Health Group）是美国目前最大的卫生保健企业，拥有美国最大的专业健康险公司。它通过旗下多家子公司建立了的强大的健康管理服务能力，包括互联网基础设施建设、电子技术支援、健康数据分析及应用、资讯服务、专科健康管理服务等。2012年集团收入结构中，78%来源于健康保险业务，22%来源于健康管理服务业务。英国最大的健康保险集团保柏集团，利用政策机遇成功注资养老院、疗养院等医疗机构，即使在金融危机中收入仍然得到稳定增长，主要由于其均衡的收入模式和架构。

第二节　健康保险公司投资决策与资产现金流模型

一、健康保险公司的投资决策

保险公司的投资决策整体上来说是从现有的负债结构出发，根据负债特点在可选择的资产范围内寻找最佳的投资组合策略。关于投资决策的分析大致可以从投资决策制定的准则、决策制定的基本流程以及决策的风险与收益分析三个角度展开。

（一）保险投资决策的基本准则

制定健康保险投资决策大致可以依据三个基本准则：均值—方差投资组合准则、

最大化效用准则以及最小化破产概率准则。

1. 均值—方差投资组合准则

Markowitz（1952）的投资组合理论不仅是现代金融理论的重要组成部分，也对保险公司投资决策产生了重大影响。该理论将风险定义为期望收益率的波动率，首次将数理统计的方法应用到投资组合的选择理论。由该理论引申而出的均值—方差准则直观地体现了收益与风险的均衡。

根据均值—方差模型，制定投资决策时需要遵循两个判断标准：同等风险下尽可能高的期望收益率或者一定的期望收益率下尽可能最低的风险。投资决策的目标就是二者之间达到某种平衡。Lawrence（1968）较早地将投资组合理论应用在保险投资决策领域，主要集中在寿险公司投资决策的影响因素。Babbel 和 Hogan（1992）建立了一个根据保险公司资产和负债收益差异性的最优投资决策模型，该模型主要从股东权益最大化和投保人利益两个方面展开。Elton 和 Gruber（1992）则从股东角度看，将保险公司最优资产组合中分成两部分："基于负债的投资组合"和"基于盈余的资产组合"。其中"基于负债的投资组合"主要由现金投资构成的无风险组合；"基于盈余的资产组合"则由风险资产组成。

对于健康保险公司来说，在确定组合投资时，要仔细权衡风险与收益之间的平衡。资产组合投资回报率越高，往往也伴随着该风险，监管成本和财务风险也会增长，在使用均值—方差模型时还要兼顾投资收益与监管、偿付违约风险之间的关系。

2. 最大化效用准则

最大化投资者的投资效用是经济学领域的常用投资准则。经济学家伯努利最早提出"效用值"的概念，也即随着财富的增加，效用值也会增加，但效用值的增长速度是边际递减的。

Lambert 和 Hofflander（1966）、Kahane（1975）和 Krous（1970）等学者在 Markowitz 组合投资理论的基础上，假设保险人的期望效用函数为二次函数，对有关财产保险的投资进行了研究。Petterson（1984）指出了在保证赔付情况下的寿险投资策略，即确定保险盈余部分的投资比例，对于保险公司的安全性具有很重要的作用。Browne（1995）研究了 CARA（Constant Absolute Risk Aversion）将保险投资对象看作是一个整体的风险资产，其价格满足几何布朗运动，将保险投资决策建立在随机过程模型的基础上，提出了效用最大化目标下的最优投资策略选择问题。Wu 和 Cai（2008）在 Browne（1995）等学者的基础上，应用效用最大化准则研究了投资—再保策略的选择问题。

3. 最小化破产概率准则

效用最大化准则无法体现出保险公司风险的大小。对风险的识别和分析一直是保险公司制定投资策略面临的重要问题。破产概率成为衡量保险公司风险的重要指标。

最小化破产概率准则强调保险投资中的风险因素。具体计算方法是由保险精算学引申而来。针对保险公司给定的一个保费率以及对应的保险项目计算保险公司承包过程中的破产概率。这个概率最小越好。

此外，在最小化破产概率的基础上，还提出了一个终极破产概率的概念，也即保险公司的最终理赔损失减去保费收入后超过初始保险准备金的概率。当最终理赔损失超过了保费收入初始准备金的综合，保险公司便因无力支付投保人的损失而走向破产。

整体而言，投资组合策略是一种动态的投资决策过程，一方面需要确定保险投资的种类，另一方面需要确定各种投资产品的投资比重。确定各投资产品的种类和比重，实施多元化的投资组合分布，对保险公司来说具有重要意义，是避免风险过于集中的重要手段之一。健康保险公司选择合适的投资策略及资产负债计量方法，并且有工具进行正确的计算，将投资风险被控制在可以接受的范围内。

随着 2005 年我国监管政策对保险资金进入资本市场投资的逐步放开，如何选择最佳投资策略成为保险公司面临的重要难题，也是保险公司财务管理的重要目标和重要内容。

（二）健康保险公司的投资决策流程

保险公司的投资决策需要与其承保业务的现金流特点统筹结合，通过合理安排投资品种、投资期限和方式等，实现现金流流入和流出在时间、金额和结构上的匹配。如果现金存量过低，有可能会影响保险公司的偿付能力，导致财务风险；而现金存量过高，又会导致资金的浪费，丧失投资收益。例如寿险公司由于承保的业务结构以中长期为主，应该建立以中长期投资为主、短期投资为辅的投资策略，同时还要研究寿命、医疗、经济条件等因素，运用动态利率敏感现金流分析、久期免疫、动态财务分析等现金流分析技术，尽可能提高现金流预测的准确性，提高现金流管理策略。健康保险公司的产品结构更复杂，涉及长中短期，且各部分比重还会随着健康保险业务范围的快速拓展而不断变化，对投资决策的要求更高，需要在行业发展阶段、企业发展战略与方向导致的现金流量变化的基础上，建立一种动态的投资决策机制。

在确定基本的投资准则后，保险公司的投资决策流程需要考虑五个因素：

第一，资产与负债的匹配，对于保险公司来说，资产负债匹配是投资决策的第一步。资产负债匹配管理包括资产负债在期限上的匹配、总量上的匹配、结构匹配、性质匹配等。具体来说，又可细分为两个目标：（1）确定风险资产的匹配上限。风险资产（Risk Capital）主要是指资产结构中未来收益率不确定且可能招致损失的那部分高风险资产，如股票和衍生金融产品。相对于高风险高收益的资产，对应的配置则是银行存款、债券、基金等风险相对较低的低风险资产。对于保险公司来说，为了保证当前和未来的保险赔付能力，满足监管要求，首先需要根据保险公司未来的业务发展趋势确定基本的风险资产限额。风险限额，是指不同层次的资金运用部门可用于抵御风险损失的最大资本额，是根据风险调整后资本收益率（Risk Adjusted Return On Capital，RAROC）的最大化原则，应用资产组合分析模型设定的风险敞口（EAD）或风险价值（VaR）的最高上限。风险限额代表了保险公司在某一项业务中所能容忍的最大风险，凡在限额以内发生的损失，都可以通过保险公司的自有资本金和准备金来抵御，超出限额则意味着损失会超过承受能力，保险公司必须采取减少风险暴露、分散资产组合、增强抵押品以及运用衍生工具等方式进行风险缓释。（2）资产和负债在现金流流入和流出的匹配。根据负债久期和现金流入设置资产的久期和现金流，这部分在资产负债匹配章节还会进一步展开分析。

第二，风险与收益的匹配，风险与收益的匹配是投资决策非常重要的环节，这一环节建立在前面的投资决策准则和资产与负债特征的基础上，将不同风险、收益特征的资产组合在一起，降低系统性风险的同时，获得最高的投资回报率。根据投资组合内各类资产的历史收益率，如银行存款、债券、基金、股票等，对组合的风险和收益进行测算。这部分的计算不仅需要建立在历史数据的基础上，还需要对未来一段时间的宏观经济形势和资本市场波动进行深入分析，对不同类别的投资资产所对应的风险进行测算，进而对未来不同的经济情况下的资产负债配置比例进行调整。

第三，资产与负债的再平衡和动态调整。由于保险公司不同的保单覆盖时间长短不一，且随着行业和市场的变化而不断变化，保险公司在投资策略的制定过程中，也需要根据经济情况的变化，对资产比例进行再平衡和不断调整，尤其是对于健康保险公司来说。健康保险在我国处于刚刚起步发展的阶段，保险的品种和结构也随着经济的发展而不断变化。健康保险公司尤其需要重视投资决策的再平衡过程，结合健康保险的盈利模式以及业务结构不断进行动态调整。

第四，投资决策的抉择与评价。在确定好资产与负债、风险与收益的上下限以后，对投资项目和组合的评价和分析。一般分为三个步骤：首先确定投资（投资组合）的资本成本；其次预测投资（投资组合）净现金流并进行折现；最后结合现金流的不确定性，分析折现现值，是否接受投资方案。对项目的评价指标一般可以分为两类：一类是折现指标，考虑时间价值的指标，包括净现值、现值指数、内部报酬率等；另一类是非折现指标，不考虑时间价值的方法，如回收期、会计收益等。

1. 净现值法

净现值（Net Present Value）是一项投资所产生的未来现金流的折现值与项目投资成本之间的差值。净现值法是评价投资方案的一种方法。该方法利用净现金效益量的总现值与净现金投资量算出净现值，然后根据净现值的大小来评价投资方案。净现值为正值，投资方案是可以接受的；净现值是负值，从理论上来讲，投资方案是不可接受的,但是从实际操纵层面来说这也许会跟公司的战略性的决策有关,比如说是为了支持其他的项目,开发新的市场和产品,寻找更多的机会获得更大的利润。此外,回避税收也有可能是另外一个原因。当然净现值越大,投资方案越好。净现值法是一种比较科学也比较简便的投资方案评价方法。净现值的计算公式如下:

$$NPV = \sum_{t=1}^{n} \frac{C_t}{(1+r)^t} - C_0$$

其中:NPV——净现值;Co—初始投资额;Ct—t 年现金流量;r—贴现率;n—投资项目的寿命周期。

2. 现值指数法

现值指数法简称 PVI 法,是指某一投资方案未来现金流入的现值,同其现金流出的现值之比。具体来说,就是把某投资项目投产后的现金流量,按照预定的投资报酬率折算到该项目开始建设的当年,以确定折现后的现金流入和现金流出的数值,然后相除。计算公式:

现值指数 PVI = 未来现金流入量的总现值÷原始投资额

$$= \frac{A_1(1+i)^{-1} + A_2(1+i)^{-2} + \cdots + A_n(1+i)^{-n}}{PV} = \frac{\sum_{t=1}^{n} A_t(1+i)^{-t}}{PV}$$

若现金流入的现值对现金流出的现值之比大于 1,表明投资在取得预定报酬率所要求的期望利益之外,还要获得超额的现值利益,这在经济上是有利的。与此相反,若二者之间的比值小于 1,则意味着投资回收水平低于预定报酬率,投资者将无利可图。

3. 内含报酬率法

内含报酬率,是指能够使未来现金流入现值等于未来现金流出现值的贴现率,或者说是使投资方案净现值为零的贴现率。内含报酬率法是根据方案本身内含报酬率来评价方案优劣的一种方法。内含报酬率大于资金成本率则方案可行,内含报酬率越高方案越优。

现值指数是一个相对指标,反映投资效率;而净现值指标是绝对指标,反映投资效益。净现值法和现值指数法虽然考虑了货币的时间价值,但没有揭示方案自身可以达到的具体报酬率是多少。内含报酬率是根据方案的现金流量计算的,是方案本身的投资报酬率。如果两个方案是相互排斥的,那么应根据净现值法来决定取舍;如果两个方案是相互独立的则应采用现值指数或内含报酬率作为决策指标。

4. 回收期法

回收期法亦称偿还期法,或还本期法,将投资项目的预计投资回收期与要求的投资回收期进行比较,确定投资项目是否可行的方法。回收期是指通过投资项目所带来的年现金净流入量回收该项目初始投资所需的时间(年限)。回收期法的计算公式如下：

a. 当每年现金净流入量相等时回收期 = 初始投资/年现金净流入量

b. 当每年现金净流入量不相等时回收期 = 短于回收期最高年限 + （初始投资 − 短于回收期最高年限累计现金净流入量）/（长于回收期最低年限累计现金净流入量 + 短于回收期最高年限累计现金净流入量）

5. 会计收益率法

会计收益率是指项目的原始投资所获得的年平均净收益率。会计收益率法是将投资项目的年平均净收益率与该项投资的资金成本加以比较，判断投资是否可取，然后在可取投资方案中选择会计收益率大的投资方案的一种投资决策方法。会计收益率的计算公式如下：

$$会计收益率 = \frac{年平均净收益}{平均投资额}$$

二、保险投资资产现金流模型

（一）保险投资资产的现金流概要

现金流反映了收付实现制原则下企业在一定时期内现金流入和流出的资金活动。对现金流的分析，不仅是保险公司偿付能力分析的重要内容，也是保险公司产品定价、企业估值、财务管理工作的重要基础。正常情况下，净现金流金额越大，说明保险公司偿付能力越强，违约风险越低。但现金流净增加额并非越多越好，现金流的收益性往往较差，太高的现金流净额一方面有可能意味着保险公司不能充分利用现有资产，将资产过高配置在盈利能力较低的现金资产上；另一方面，保险公司现金流的增加主要依靠负债的增加，保险公司现金流的快速增加，也往往意味着未来现金流出的可能性增加（现金赔付支出），还需要注意净现金流量的稳定性与再生性，以及业务扩张带来的潜在赔付成本的上升。保险公司在进行现金流管理时，需格外警惕现金流的异常增长，这有可能意味着管理层的偏好风险，为保险公司未来陷入财务困境埋下伏笔。如 2005 年~2007 年间的中华联合、天安、华安等保险企业就是这种情况，过于偏好风险和现金流流入，不计成本的过度扩张，是后来陷入经营困境的根源。

健康保险行业刚刚处于起步阶段，随着我国教育、医疗、人民收入水平的提高，正在经历快速发展阶段，也是经营活动现金流最丰富的时期。不同于寿险和财产险，健康保险公司的业务结构相对复杂，涉及长中短期各类险种，且各部分比重也会随着市场的发展而不断变化。在健康保险业务发展初期，如果保险产品定价策略出现重大失误，丰沛现金流的背后往往会造成长期利差损，对未来经营带来较大压力。

对健康保险公司来说，其投资活动引起的现金流主要分为现金流入、现金流出和净额三部分。

（1）投资活动的现金流入主要包括收回投资收到的现金，取得投资收益收到的现金，处置固定资产、无形资产和其他长期资产收绘的现金净额。其中主要由收回投资收到的现金构成。以人保健康为例，2015年和2016年收回投资收到的现金占投资活动现金流入的90%以上。

（2）投资活动的现金流出主要包括投资支付的现金，质押贷款净增加额，购置固定资产、无形资产和其他长期资产所支付的现金，支付其他与投资活动有关的现金。其中，投资支付的现金占现金流出的主要比重。以人保健康为例，2015年和2016年收回投资收到的现金占投资活动现金流入的99%以上。

（3）投资活动的现金净流量则是一年内保险公司投资活动的现金流入和现金流出的差额。由于保险公司的投资活动还受到经营活动现金流量净额和筹资活动现金流量净额的影响，因此投资活动现金流净额若为负值，则意味着保险公司很有可能处在业务快速发展的阶段，一方面保险业务带来大量正的经营活动净现金流量，另一方面通过吸收大量的投资获得正的筹资活动现金流量净额。

从图3.3可以看出，2016年对于中国人保是快速发展的一年。公司经营活动产生的现金流量净额由2015年的亏损（-23.45亿元）迅速扭亏为盈，实现61.56亿元的净现金流。而投资支出则由2015年的222.17亿元迅速上升为2016年的407.26亿元，2016年的投资活动现金流量净额为负值-73.88亿元。保险收益的快速提高和投资活动的快速，对中国人保健康公司的现金流管理形成了较大的现金管理压力，可以看到2016年的现金流净额为正值，且达到33.98亿元之高。

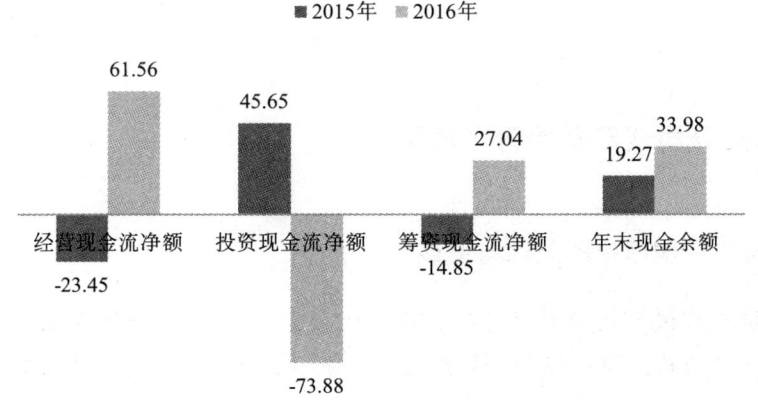

图3.3　中国人民健康保险股份有限公司现金流净额情况（单位：亿元）

数据来源：2016年年报。

(二) 保险投资的现金流模型

健康保险公司投资项目的现金流模型需要综合考量各投资项目的预期现金流和对应的资本成本,以及所对应的综合赔付率,得到一个综合的现金流管理模型。具体来说需要经过以下几个步骤:

第一,预算和估测投资资产的现金流;由于保险公司的投资组合包含着各类不同风险与收益的资产类别,需要首先对每类资产的现金流进行分析预测,进而按照投资权重得到整体组合的现金流预测值。实务中一般按照:资产出售获得的资金、可预测的现金流(息票本息、贷款支出、租金收入、股票红利分红、保单抵押贷款利息、到期支付与投资费用等)、提前支付的现金流(看涨看跌期权、额外偿债基金给付以及贷款提前支付)、资产违约等进行分类。

第二,确定净现金流,即投资资产现金流+保险业务收入现金流减去可分配利益。

第三,如果净现金流为正,则根据投资策略购买对应的资产;如果净现金流为负,则需要根据调整资产组合内的资产,将流动性差的长期投资者转为流动性强的现金存款等,以保证赔付的正常支付。

第四,在期末时确定所投资资产的市场价值与账面价值,进而确定当期的投资收入、资本利得与资本亏损。

第三节 健康保险公司资产负债模型及管理

一、保险公司资产负债管理理论

(一) 资产负债理论的起源与发展

资产负债管理最早起源于20世纪60年代的美国。随着1979年美国放松了对利率的管制,金融机构的资产负债开始产生较大波动,美国和日本一些金融机构没有适当管理利率风险,导致破产。随后一些监管机构开始要求公司提供有关利率风险的评估。资产负债管理(Asset and Liability Management,ALM)最初是商业银行等金融机构为了控制利率风险而产生的。随着资产负债管理方法的发展,非利率风险如市场风险等也被纳入到该方法中来,使资产负债管理成为金融机构管理风险的重要工具之一。

资产负债管理是商业银行、基金公司和保险公司等金融机构中常用的概念,有广义和狭义之分。广义的资产负债管理,是指金融机构按一定的投资策略进行资金配置来保证资金的流动性、安全性和盈利性。狭义的资产负债管理,主要指在利率波动的经济环境中,通过构建投资策略和调整资产负债的持续期以改变利率敏感资金的配置状况,维持金融机构正净值。北美精算协会将资产负债管理定义为:是管理企业的一种活动,用来协调企业对资产与负债所作出的决策;它是在给定的风险承受能力和约束下,为实现企业财务目标而制定、实施、监督和修正企业资产和负债的有关决策的过程。

资产负债管理有几个必要的组成部分:(1)具体的评价目标,如最大法定盈余、最小剩余风险、最大的股东回报等。(2)限制条件,如状态模拟时的状态、随机模拟时给定的分布等。这些条件以各种形式表达,如时序模型、随机差分方程等。(3)解决方法与计算结果。这些方法包括决定性分析、随机规划、随机控制等。

资产负债管理建立在资产负债表各科目之间"对称原则"基础上,目的是缓解资金的流动性、盈利性和安全性之间的矛盾,达到三者协调平衡。对称原则主要是指资产与负债科目之间的期限和利率要对称。其基本原则有四个方面:(1)规模对称原则,资产规模与负债规模要相互对称,动态平衡。(2)结构对称原则,称偿还期对称原则。银行资金的分配应该依据资金来源的流通速度来决定,即银行资产和负债的偿还期应该保持一定程度的对称关系,其相应的计算方法是平均流动率法。也就是说,用资产的平均到期日和负债的平均到期日相比,得出平均流动率。如果平均流动率大于1,则说明资产运用过度;相反,如果平均流动率小于1,则说明资产运用不足。(3)目标互补原则。资金的安全性、流动性和盈利性的均衡不是绝对的,可以相互补充。比如,在一定的经济条件和经营环境中,流动性和安全性的降低,可通过盈利性的提高来补偿。在实际工作中,不能固守某一目标,单纯根据某一个目标来决定资产分配。(4)资产分散化原则。资产的运用要适当分散,避免风险,减少坏账损失。

(二) 保险业资产负债管理理论的发展

保险业资产负债管理理论相对于商业银行起步较晚。随着保险公司经营环境的不断改变,资本市场的频繁波动,保险公司业务模式的复杂性,资产和负债在数量、结构和期限的不匹配逐渐成为保险公司资产管理面临的主要风险,对保险公司的资产负债管理能力要求越来越高。良好的资产负债管理是保险业可持续发展的基石,也是支持保险业在日益复杂的风险环境中保持稳健发展、防范系统性风险的重要保障。因此,资产负债管理理论作为保险行业的一种新兴风险管理工具越来越被用于保险的投资管理活动中。

自 2003 年开始，中国保监会就开始重视并推行资产负债管理的工作。但目前仍存在一些较为突出的问题，如保险公司成本收益倒挂的问题、长期资金短用和短期资金长配的矛盾并存问题、低收益高波动特征的资产收益问题等，这些问题都迫切需要加强资产负债管理。从理念上来看，我国大部分保险公司还缺乏资产负债管理的理念，没有将这些理念落实到实际工作当中。

随着我国利率逐步市场化，资产负债管理在保险行业全面实施的条件准备已经具备，中国保监会对资产负债管理的监管也越来越重视。根据 2008 年第 1 号《保险公司偿付能力管理规定》第二十二条，保险公司偿付能力管理体系包括：资产管理、负债管理、资产负债匹配管理和资本管理。资产与负债的管理是影响公司偿付能力的重要因素。2017 年 7 月，中国保监会发布《关于征求对保险资产负债管理监管规则的意见及开展行业测试的通知》，旨在进一步防范保险业资产负债错配风险，提升保险公司防范化解风险的能力，强化保险监管的专业性和有效性。

从我国当前保险公司存在的问题来看，未来推进资产负债管理的切入点主要体现在四个方面：

第一，树立资产负债管理的理念先导和协调机制，推动保险公司建立符合资产负债管理要求的组织架构和运行机制。第二，产品结构分账户管理。根据保险产品结构实行资产负债的分账户管理，如将保险资金分类两类账户，一个是普通账户，一个是独立账户。普通账户是按照资产负债管理的原则，按照一定的比例要求来投资。对于独立账户原则上是按照合同的约定，决定投资范围和投资比例。第三，推动保险公司内部建立符合资产负债管理为核心的资产配置政策。第四，建立符合资产负债管理要求的技术体系，监测资产负债匹配错配的风险。

二、健康保险公司的资产与负债

保险公司的资产反映了某一特定日期保险公司所拥有的或者能够控制的能以货币计量的经济利益。

根据美国会计制度，保险公司的资产按照流动性一般分为认可资产和非认可资产两大类。认可资产主要是指监管部门允许保险公司在资产负债率上列示的资产，主要特指那些流动性较高、能够在不损害收益和价值的前提下快速变现的资产，如债券、股票、抵押贷款等。非认可资产主要是指流动性差、其价值不能全部反映在资产负债表上的资产，如办公设备、建筑物、运输设备、一定期限以上的无担保应收保费、预支贷款等。对保险公司的资产按照认可和非认可的划分，最大的优点在于能够确保保险公司的偿付能力与资产负债表中的资产一致，便于偿付能力的管理和计算。

2003年中国保监会发布《保险公司偿付能力额度及监管指标规定》引入"认可资产"的概念。2008年，中国保监会公布第1号《保险公司偿付能力管理规定》，明确指出"认可资产是保险公司在评估偿付能力时依据中国保监会的规定所确认的资产。认可资产适用列举法。认可负债是保险公司在评估偿付能力时依据中国保监会的规定所确认的负债。"保险公司的实际资本，是指认可资产与认可负债的差额。

我国现行会计制度和监管政策下，健康保险公司的资产一般按照流动性从强到弱依次为货币资金、交易性金融资产、买入返售金融资产、应收利息、应收保费、应收分保账款和准备金、保户质押贷款、定期存款、可供出售金融资产、持有至到期投资、存出资本保证金、固定资产、无形资产、其他资产。表3.4是健康保险公司资产负债表。

表3.4　　　　　　　　健康保险公司资产负债——资产部分

	本年金额	上年金额
货币资金		
以公允价值计量且其变动计入当期损益的金融资产		
买入返售金融资产		
应收利息		
应收保费		
应收分保账款		
应收分保未到期责任准备金		
应收分保未决赔款准备金		
应收分保长期健康险责任准备金		
保户质押贷款		
存出保证金		
定期存款		
可供出售金融资产		
持有至到期投资		
分类为贷款及应收款的投资		
存出资本保证金		
固定资产		
无形资产		
其他资产		
资产总计		

注：此处的资产负债科目主要参考了中国人民健康保险股份有限公司的财务报表披露信息。

(1) 健康保险公司的货币资产，主要包括现金、银行存款和结算备付金。其中，结算备付金是指结算参与人根据规定，存放在其资金交收账户中用于证券交易及非交易结算的资金。资金交收账户即结算备付金账户。

(2) 以公允价值计量且其变动计入当期损益的金融资产，主要包括交易性金融资产和指定为以公允价值计量且其变动计入当期损益的金融资产。对于健康保险公司来说，以公允价值计量且其变动计入当期损益的金融资产主要包括债券和权益工具两大类，其中债券又细分为企业债和金融债，权益工具则主要为风险相对于较低、流动性较高的证券投资基金。

(3) 买入返售金融资产。买入返售金融资产是指公司按返售协议约定先买入再按固定价格返售的证券等金融资产所融出的资金。对于健康保险公司来说，买入返售金融资产主要为在交易所和银行间市场购入的债券。

(4) 可供出售金融资产，包括初始确认时即被指定为可供出售的非衍生金融资产，以及除了以公允价值计量且其变动计入当期损益的金融资产、贷款和应收款项、持有至到期投资以外的金融资产。

(5) 持有至到期投资。持有至到期投资是指到期日固定、回收金额固定或可确定，且本公司有明确意图和能力持有至到期的非衍生金融资产。当前，对于健康保险公司来说持有至到期投资资产主要为企业债和金融债的债券类资产。

(6) 贷款和应收款的投资。贷款和应收款项是指在活跃市场中没有报价、回收金额固定或可确定的非衍生金融资产。以中国人民健康保险公司2016年报披露的数据显示，划分为贷款和应收款的金融资产主要包括长期债权投资计划、信托计划、资产管理产品以及次级债等。其中，长期债权投资计划（简称"债权计划"）及信托计划，是向其投资者提供固定或可变利息的结构化主体。该类债权计划及信托计划设立的目的为向投资者募集资金，再将募集资金出借给不同的借款人[1]。资产管理产品是多种未在活跃市场有报价的，向其投资者提供固定或预定回报的金融产品。该类金融产品包括证券化资产以及资产支持计划[2]。次级债的合同期限为10年，发行人享有在第5个计息年度的最后一日按面值提前赎回次级债的权利[3]。

(7) 固定资产，是指为生产商品、提供劳务、出租或经营管理而持有的，使用寿命超过一个会计年度的有形资产。健康保险公司的固定资产一般包括房屋建筑物、办公通讯设备、运输设备等。

(8) 无形资产，按成本进行初始计量。使用寿命有限的无形资产自可供使用时起，

---

[1] 中国人保健康投资该类债权计划及信托计划其实质为借贷交易，2016年上述债权计划及信托计划的年利率为4.50%~8.00%（2015年：5.70%~8.20%）。

[2] 2016年，中国人保健康投资该类金融产品的年利率为3.48%~6.60%（2015年：6.38%~7.80%）。

[3] 2016年，中国人保健康所持次级债的年利率为5.50%（2015年为5.50%）。

对其原值减去预计净残值和已计提的减值准备累计金额在其预计使用寿命内采用直线法分期平均摊销。健康保险公司的无形资产一般主要是电脑软件系统为主的软件使用权。

健康保险公司的负债反映了公司在一特定日期所承担的以货币计量的债务总额。美国保险公司的负债一般分类两大类：一类是保险公司经营业务的特殊性导致的负债项目，如预收保费、未到期责任准备金、未决赔款准备金等；另一类是保单持有者盈余，包括资本股本、股本溢价和缴纳盈余。一旦保险公司的未到期责任准备金和赔款准备金不足以对保险报销金额进行偿付时，保单持有者盈余可以具有替补性，也即保单持有者盈余代表着保险公司的最低偿付能力。

我国健康保险公司的负债结构，按照流动性从强到弱依次划分为流动负债、长期负债和所有者权益（见表3.5）。其中，流动负债包括各类应付账款、预收保费、保户储金及投资款、未到期责任准备金、未决赔款准备金等。长期负债包括长期责任准备金、长期健康险责任准备金等。所有权权益包括股本、资本公积、未分配利润等。

表3.5　　　　　　　　　健康保险公司资产负债——负债部分

负债	本年度	上年度
卖出回购金融资产款		
预收保费		
应付手续费及佣金		
应付分保账款		
应付职工薪酬		
应交税费		
付赔付款		
应付保单红利		
保户储金及投资款		
未到期责任准备金		
未决赔款准备金		
寿险责任准备金		
长期健康险责任准备金		
应付债券		
其他负债		
负债合计		
股东权益		
股本		
资本公积		
其他综合收益		
未分配利润		
股东权益合计		
负债及股东权益合计		

（1）卖出回购金融资产款，即按照回购协议先卖出再按固定价格买入的票据、证券、贷款等金融资产所融入的资金。

（2）保户储金及投资款。保户储金业务，是健康保险公司收到保户缴存的储金，以用以支付风险成本的风险保障费作为保费，并在合同期满时向保户返回储金本金并支付合同确定的增值金（非保费部分）的业务。保户投资款主要为本公司的保险混合合同中经分拆能够单独计量的承担其他风险的合同部分以及未通过重大保险风险测试的保单对应的负债等。

（3）保险合同准备金。健康保险公司的保险合同准备金一般分为未到期责任准备金、未决赔款准备金、寿险责任准备金和长期健康险责任准备金四部分。非寿险的未到期责任准备金和未决赔款准备金在未到期责任准备金和未决赔款准备金报表项目中列示，寿险责任准备金和长期健康险责任准备金报表项目分别包括寿险和长期健康险各自的未到期责任准备金和未决赔款准备金。

非寿险未到期责任准备金是指本公司作为保险人为尚未终止的非寿险业务保险责任提取的准备金。未到期责任准备金为对未来负债合理估计加风险边际并以未赚保费法计算的校验标准进行充足性测试。未来负债的合理估计未来赔付和费用，风险边际为合理估计负债乘以边际率①。非寿险的未决赔款准备金②是指作为保险人为非寿险保险事故已发生尚未结案的赔案提取的准备金，包括已发生已报案未决赔款准备金、已发生未报案未决赔款准备金及理赔费用准备金。已发生已报案未决赔款准备金，是指健康保险公司为非寿险保险事故已发生并已向公司提出索赔但尚未结案的赔案提取的准备金。已发生未报案未决赔款准备金，是指健康保险公司为非寿险保险事故已发生、尚未向本公司提出索赔的赔案提取的准备金。理赔费用准备金，是指本公司为非寿险保险事故已发生尚未结案的赔案可能发生的律师费、诉讼费、损失检验费、相关理赔人员薪酬等费用提取的准备金。

寿险和长期健康险责任准备金，是指本公司作为保险人为承担尚未终止的人寿和长期健康保险责任而提取的准备金。寿险和长期健康险责任准备金由最优估计准备金、风险边际和剩余边际构成。最优估计准备金即未来净现金流出的现值，反映预期未来为履行保险合同义务相关的现金流入和流出。风险边际是为了反映未来现金流的不确定性而提取的准备金。保险公司可以采用情景对比法计算风险边际。不利情景根据预期未来净现金流出的不确定性和影响程度选择确定。需要在每一评估日重新计量，以反映未来现金流的不确定性。剩余边际是在已考虑风险边际的基础上为达到不

---

① 根据 2016 年报显示，中国人保健康直接采用行业边际率确定评估非寿险未到期责任准备金的风险边际，即未来现金流的合理估计的 3.0%。

② 根据 2016 年报显示，中国人保健康公司采用行业边际率确定评估非寿险未决赔款准备金的风险边际，即未来现金流的无偏估计的 2.5%。

确认首日利得的目的而存在的边际，于保险合同初始确认日确定，在整个保险期间内摊销。

（4）其他综合收益主要包括以后会计期间将重分类进损益的其他综合收益项目，如可供出售金融资产公允价值变动损益、减值损失等。

由于保险行业的特殊性，健康保险公司往往具有高度负债经营的特殊性。健康保险公司的保费收入同其他保险公司一样，大多以责任准备金的形式存在。根据保险精算原理，责任准备金不是保险公司的资产，而是对被保险人的负债。健康保险公司的保单相对于寿险和财产险来说更加复杂，既有短期险也有长期险，对资产与负债的匹配也提出了更高的要求。中长期负债要求对应着中长期资产，而短期负债则需要对应更多的短期高变现的资产，一旦资产与负债在数量、期限等方面不匹配，就会出现偿付能力危机。因此，健康保险公司的资产负债管理成为保险公司乃至保险行业越来越重视的一种管理能力和技术。

三、健康保险公司的资产负债管理

（一）资产负债管理的定义

资产负债管理是一种管理实践，通过这种管理，保证决策建立于资产和负债两个方面。最早是银行业为了应对利率风险于20世纪50年代开始涉足资产负债管理。随后20世纪70年代末到80年代初，北美的寿险公司率先涉足资产负债管理。利率市场化导致的利率波动性加大是资产负债管理得以推行的最重要因素。

关于资产负债管理的定义，从狭义的角度来看，是保险公司针对自己的负债结构，寻求与之匹配的资产端结构。从广义的角度看，资产负债管理属于风险管理的范畴，它从保险公司的整体目标和战略出发，以偿付能力、流动性和法律约束等外部条件为前提，通过建立一整套完善的组织体系和技术，动态地解决资产和负债的期限和价值匹配问题，以保证保险公司运行的安全性、盈利性及流动性。

由于健康保险的产品险种与传统的寿险和财产险相比，差异性大，覆盖面广，健康保险公司资产负债管理涵盖的问题更加广泛。一方面，负债端需要考虑险种差异、定价利率假设以及市场利率变化时保险客户执行嵌入选择权对偿付现金流量所造成的影响。另一方面，资产端需要考虑市场利率、经济环境变化对金融产品价格和收益的影响等，核心内容则是管理由利率风险导致的资产与负债现金流的不匹配。

（二）资产负债管理的重要性

保险风险发生时点的不确定性和损失金额的不确定性，导致保险公司负债发生时间的不确定性和支付金额的不确定性,这就要求保险公司通过资产负债管理,合理进行资产负债配置,以化解这些不确定性带来的偿付违约风险。随着保险公司面临的市场环境越来越复杂,可投资的资产种类越来越丰富,当前资产负债管理的好坏直接决定了保险公司质量的好坏。只有做好资产负债管理,保险公司才能保护股东及投保人的利益,才能保证国家的金融安全和社会稳定。因此,保险公司的资产负债管理对公司、行业和社会均具有深远意义。各国的监管部门也越来越重视对保险公司资产负债管理的监督和指导。

(三) 资产负债管理的目标

资产负债匹配管理是资产负债管理的核心内容,具体来说是指保险公司恰当运用各种投资渠道使其资产和负债在数量、期限、币种以及成本收益上保持匹配,并随着偿付要求和投资收益不断动态调整资产负债结构的管理行为。资产负债匹配管理包括资产负债在期限上的匹配、总量上的匹配、结构匹配、性质匹配和币种匹配(主要针对跨国保险公司)方面的匹配。

期限匹配是资产和负债匹配管理的重要内容,保险投资的期限结构(资产端)需要与负债结构相符,具体里说可以细分为长期资产匹配长期负债、短期资产匹配短期负债,尽可能避免重大错配的出现。借鉴美国的实践,根据针对长期性的健康险,应匹配投资中长期投资项目,如:大额协议存款、长期债券及收益稳定的基础建设投资等。针对非寿险准备金等具有短期性特点的险种,可以选择选择流动性较强的基金和企业债券、短期存款及中短期国债等。期限匹配技术通常使用平均流动率来衡量。平均流动率是资产的平均到期日和负债的平均到期日的比率。一般情况下,如果平均流动率小于1,意味着保险投资结构不足;平均流动率大于1,意味着保险投资过度。

资产与负债的资产来源结构匹配,保险资金投资的结构应该与其来源结构相匹配。具体来讲,将保险资金按照来源分成自有资本金、非寿险责任准备金和长期健康险责任准备金三部分。不同的资金来源匹配不同的投资渠道,形成与之相适应的投资结构。

资产负债总量匹配,即资产规模和负债规模相匹配,也即投资总量与负债总量大体平衡,资金来源总额匹配资金运用总额,各会计年度资产端的现金流入能平衡当年负债端偿付的现金流出。既要避免由于资金来源不足影响偿付能力,又要避免因为大量资金闲置而承担过高的资金机会成本,间接导致资金贬值而无法满足未来保险金的偿付。资产负债的总量匹配需充分考虑承保风险的不确定性和经济金融环境变化所导致的资产和负债价值的变化情况,保持动态平衡。对于健康保险公司来说,由于业务结构相对复杂,负债由长中短期的保险业务构成,且随着业务的发展不断变化,时刻保持动态的资产负债动态匹配是日常财务管理的重要活动之一。

资产和负债币种匹配，即保持本币资产与本币负债匹配、外币资产与外币负债匹配，以防范汇率风险，尤其是跨国性的保险公司，以及随着投资渠道的扩展，保险资金可以在香港投资，资产和负债币种的匹配也越来越重要。

资产和负债在成本收益上保持匹配。资产和负债从成本收益的角度进行匹配，对于健康保险公司来说尤其重要。具体来说，要考虑固定收益的资产与定额保险的负债匹配，万能险、分红险等变额保险品种的负债可以与股票投资、基金投资和实业投资等资产匹配。健康保险公司在满足偿付能力的同时，也应主动利用市场时机，从成本收益角度来优化资产结构，避免保险资产遭受损失。

（四）资产负债管理的组织体系

资产负债管理不仅在技术上具有复杂性，它还贯穿于保险公司各职能部门，因此资产负债管理顺利实施的前提是要拥有良好的组织结构和制度支持。

1. 需要搭建资产负债管理组织架构

构建资产负债管理组织结构首先应了解资产负债管理程序。资产负债管理必须从高层决策出发，由专门独立的核心部门来负责。通常可在产品部门和投资部门之间设置风险控制环节。风险管理和控制环节一般由资产负债管理委员会和资产负债管理工作小组负责。每个寿险公司具有它自身最优的策略、财务目标和为达到这些目标可承受的风险，最优组织结构因公司而异，因此，结构服从策略是设计有效组织架构的基础。

2. 需要制定资产负债管理决策流程

资产负债管理决策流程主要是通过整合公司内外部各类信息，实现企业对风险的有效防范，使企业在稳健经营的同时能够增强综合竞争力。实际上，这是一个计划、执行和控制的循环过程。首先，制定资产负债管理政策；其次，以资产负债管理政策为基础，资产负债管理委员会综合相关信息，制定和完善资产负债管理战略计划和具体的战术计划，公司各个部门共同参与执行；最后，资产负债管理工作小组对资产负债管理的结果作具体分析、形成报告，并对整个公司资产负债管理运作过程做出评价。如有必要，还可以根据公司战略和外部环境变化以及资产负债管理目标的完成情况，对资产负债管理政策做出相应调整。

3. 形成有效沟通资产负债管理信息

对信息需求的详细程度随着管理层的升高而降低。但资产负债管理则不然，公司决策层必须随时掌握充分的信息，尽可能了解资产负债管理的各项事宜，并对工作的潜在不足有足够认识。由于信息间有着错综复杂的关系，随着保险业的合并趋势和投资管理日益集中化，资产负债管理过程中的沟通和理解难度也相应增加。因此，资产负债管理人员必须尽量将信息表达得简单易懂。

4. 形成资产负债管理激励约束机制

资产负债管理最终要通过企业各个层次的管理及执行人员来共同完成。一个良好的资产负债管理激励及约束机制，能够引导执行者的行为朝着完成资产负债管理目标的方向努力。因此，业绩评价的量化标准和业绩考察期间是激励和约束机制中需要考虑的主要问题。

四、健康保险公司的资产负债技术模型

资产负债管理匹配的技术手段有很多种，比较具有代表性的有现金流量匹配、现金流量测试、动态财务分析等（见图3.4），这些技术的运用需要建立在长期有效的数据收集和精算的基础上，而健康险由于在我国起步晚，发展时间不长，因此传统资产负债管理技术在应用过程中，受数据不健全、不规范等问题的影响，受到较大的限制。

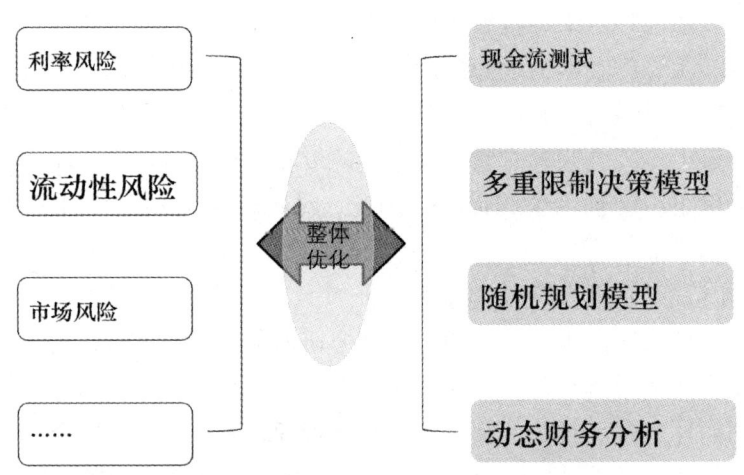

图3.4　资产负债技术的综合匹配

从风险的角度来看，过去的资产负债管理技术主要针对的是利率风险。随着保险资金投资渠道的扩展、资本市场的发展，逐渐扩展为利率风险、流动性风险、市场风险等多种风险交织在一起的综合性风险。针对利率风险，主要的技术有免疫法；针对流动性风险，主要的技术有现金流匹配法；针对市场风险，主要的技术有缺口分析（到期+久期）等。实际中各类风险很多时候是同时存在，针对各类风险的资产负债管理技术也往往需要综合性考虑，现金流测试、多重限制决策模型、随机规划模型、动态财务分析等。

大多数早期的资产负债管理模型只能解决短期问题或能以公式明确表示多阶段问题。随着实际的需要，多阶段模型的应用也越来越广泛。Kusy 和 Ziemba（1986）将

5年规划的多阶段随机规划线性模型应用于银行的资产负债管理。当前关于ALM最主要的常用方法包括效率前沿模拟、久期匹配（或称免疫）、现金流量匹配、期限缺口分析（关注流动性风险）、久期匹配、凸性匹配、关键点久期匹配、免疫策略、随机模型方法、动态财务分析（DFA）。其中用到的数学方法主要集中于优化、随机控制等。

（一）效率前沿模型（The Efficient Frontier）

效率前沿最初是由马可维茨提出，作为资产组合选择的方法而发展起来的，它以期望代表收益，以对应的方差（或标准差）表示风险程度，因此又称期望—方差模型。该模型产生一系列效率前沿而非一个。这些效率前沿只包括了所有可能的资产组合中的一小部分。ALM最常用的手段之一即利用模拟的方法发现一个基于期望—方差的效率前沿策略。假定有两个投资策略，可以很容易计算它们的期望与方差，如果随机地增加路径和策略，期望—方差散点图的上界将达到所谓的效率前沿线，这就意味着识别出了最优的风险/回报投资策略。

（二）久期匹配模型（Duration Matching）

如果给定一组现金流，就可以计算出某种证券的久期。从概念上看，久期可以理解为现金流量的时间加权现值。久期匹配（或称免疫）法就是在资产组合中将资产与负债的利率风险相匹配。该方法在最初的模型中假定利率期限结构平缓且平行变动。随着模型的不断扩展，将由利率期限结构曲线形状变动等引起的现金流波动风险、流动性风险及信用风险引入进来。由于久期随利率波动而变化，即使最初资产与负债的久期是匹配的，随着利率的变化，二者的久期可能变得不再匹配，"有效久期"概念因此被提出。有效久期依赖于资产价格相对于利率变化的变动率，这个变动率由其凸性衡量。也就是说，金融机构为确保资产负债的匹配，不仅要求资产负债的久期匹配，还要通过控制资产和负债的凸性，通过资产和负债的久期和凸性的匹配，来更精确地规避风险。

（三）现金流量匹配模型（Cash Flow Matching）

Elton和Gruber（1992）重新检验了各公司在负债不同情况下的资产组合管理问题，发现"如果所有的资产都是均衡定价的，则没有投资者愿意采用免疫（即久期匹配）策略，除非是现金流量匹配的资产组合。另一方面，如果有一些资产不是均衡定价的，那么以现金流量匹配法匹配一部分资产与负债，同时以免疫法投资一部分资产组合但现金流量并不匹配，这种方法总是有利的。"据此他们提出建议，认为最优ALM策略应该是在现金流量匹配限制下的最优化。现金流量匹配是久期匹配的充分条件，现金流量匹配的资产组合一定是久期匹配的，但很多久期匹配的资产组合期现金流量并不匹配。

在保险行业中，现金流匹配技术的应用主要体现在保险公司通过维持负债的现金流量与资产的现金流量相同以规避利率风险。具体而言，保险公司在保险投资中可以购买到期日与负债到期日相一致的债券。从理论上看，该技术能有效规避利率风险，但并不具有可操作性。Elton 和 Gruber（1992）也并没有在理论上提出如何才能达到现金流匹配的方法。实际中由于众多的限制，现金流量匹配和久期匹配都难以实行。这些限制因素包括：首先，现金流量很多时候存在不确实性，当资产和负债进行现金流量匹配时就变得很难实现，计算某项资产的久期也很困难。现金流量的不确定性在保险公司里是常见的。例如在寿险业，期付性保单的持有人随时可能退保，这种不确定性会改变公司预期的未来现金流量，而死亡率因素也会使未来债务的支出时间和数量存在不确定性。健康险的不确定性更大，承保业绩、医疗保健成本、自然环境的变化都会影响公司未来现金流量。其次，即使现金流量有可能可以匹配，也会给公司带来太多的限制，从而削弱公司的竞争力，从而使公司不愿意采取这种策略。例如，要使资产和负债的现金流量精确匹配，公司的收益可能会低于有轻微不匹配情况下的收益。还有一些其他因素可能限制现金流量匹配和久期匹配策略的应用。

（四）多重限制决策模型（Multicriteria Decision Models）

以上模型都是单一目标模型，但在实际管理中可能会出现一些互相冲突的目标同时存在的问题。比如银行的目标可能会考虑到期望收益、风险、流动性、资本充足率、增长性、市场份额等。如果一一考虑这些目标并寻求最终解决的办法，模型将极为复杂而且解决的方法可能会有很多，决策者要进行有效分析将非常麻烦，因此就发展出多限制决策模型。以目标规划模型为例。该模型是最常用的多限制决策模型之一，其主要优点在于它的灵活性，允许决策者同时考虑众多的限制和目标。

（五）随机规划与随机控制 ALM 模型（Stochastic Programming or Stochastic Control ALM Model）

目前的 ALM 模型越来越多地运用到随机规划或随机控制的方法。随机规划 ALM 模型实际上是一类模型，它提供了模拟一般目标的方法。这些目标可以包括交易费用、税费、法律政策限制等方面的要求。由于考虑了众多因素，模型的变量越来越多，从而导致大量的优化问题，其计算成本相当高，因而实用性并不高。

（六）动态财务分析模型（Dynamic Financial Analysis）

动态财务分析作为 ALM 的一种方法是最近才发展起来的，将它单独归为一类也许不是很合理，因为它可以用到前述若干类的各种方法，诸如随机规划、随机控制等。但其思想有所变化。前述各种方法都是采取各类办法，将未来的不确定性以离散的状态假定（或者是确定性假定或者是随机产生）来代表。而动态财务分析希望能以连续的状态描述未来的不确定性。这种分析方法目前已被非寿险公司所接受，寿险业也发展了适合于寿险公司的 DFA 模型。一般来说，DFA 模型主要包括三个部分：随机的情景生成器、历史数据的输入（如每年各项业务可能的历史损失平均值）、模型参数的假设（利率均值）以及公司的战略假设（长期投资策略）。通过对模型和参数的设定以及历史数据的分析，DFA 模型可以模拟不同情境下的健康险公司的投资收益、损失赔付、保费收入和公司费用支出的现金流，进而获得相对应的盈利情况。

然而我国健康保险行业的发展历程较短，健康险的经营管理模式尚未完全规范化，因此 DFA 模型的运用还受到诸多限制。如 DFA 分析需要一支富有经验的精算师队伍，需要建立在一个有效的信息化平台基础上，而这些都是我国健康险行业当前所缺乏的。除此以外，目前主流的 DFA 模型都是在国外成熟市场获得实践检验的，模型和各类参数的假设是否能够直接应用于我国的特殊国情，尚需修正和进一步检验。

然而在日益多变的资本市场环境下，很多传统公式和模型已无法实现资产负债管理的匹配问题，尤其是外部环境和自身面临负面情况时，健康险公司往往需要建立复杂多变的财务模型来应对这些变化。而 DFA 模型的"情景分析""随机模拟"技术正好能够解决类似的问题。在动态财务分析框架下，健康保险公司既可以通过设立预先确定的情景来测试和分析将会面对的潜在风险，又可以通过 DFA 的随机模拟技术构建随机模型，将众多影响变量纳入模型，综合评估公司所面临的各类风险，以确定合适的投资结构和资本金持有量。因此，未来对 DFA 理论的学习和实践探索符合健康保险的发展特点，更是提高风险管理技术的必备工具。

第四节 健康保险公司投资策略风险管理

一、健康保险公司投资所面临的风险

相比于其他金融行业，保险业面临的风险更加多样、复杂，对于风险的评估计量难度更大。保险公司面临的各种风险主要包括流动性风险、保险风险、市场风险、信用风险、操作风险、战略风险、声誉风险等。

(一) 流动性风险

流动性风险，是指保险公司无法及时获得充足资金或无法及时以合理成本获得充足资金，以支付到期债务或履行其他支付义务的风险。它分为融资流动性风险和市场流动性风险。融资流动性风险，是指保险机构缺乏足够现金流且没有能力筹集资金满足资金需求而产生未来损失的可能性。市场流动性风险，是指由于市场深度不足或市场动荡，保险公司无法以合理的市场价格出售资产以获得资金的风险。流动性风险与其他风险关联性较强，信用风险、市场风险、保险风险等风险可能导致流动性不足。因而，流动性风险常被视为一种间接性和综合性风险。

从健康保险公司的资产端看，随着保险资金投资范围的不断扩展，保险资金可投资的范围越来越宽，包括：存款、债券、基金、权益、另类投资资产等。各项资产的可变现能力不同，既有变现能力较强的资产，如现金、存款和货币基金等；也有变现能力较强但要折价处理的，如债券、权益和基金等；还有变现能力较弱，短期难以变现的资产，如不动产、股权和债权计划等。与此相适应，资产端的流动性风险与债券市场、股票市场、房地产市场、外币市场等紧密相连。

从健康保险公司的负债端看，主要存在由保险风险引发的流动性问题，如产品预定死亡率与实际死亡率的差额（死差）导致的流动性不足；产品预定费用率与实际费用率的差额（费差）导致的流动性不足；利率波动预定利率与实际投资收益率的差额（利差）导致业务现金流波动的风险；大规模退保造成短期内健康险公司流动性出现严重问题；销售误导给未来经营、资产负债匹配、现金流管理带来的风险等。

(二) 保险风险

保险风险，是指尚未发生的、能使保险对象遭受损害的危险或事故，如自然灾害、意外事故或事件等。被视为保险风险的事件具有可能性和偶然性。保险中的风险是指损失发生的不确定性，即损失发生时间、地点及其后果在主观认识上的难以确定和预料。

保险风险主要来源于承保风险、管理风险、投资风险和道德风险。承保风险是由保险公司的粗放性经营带来的风险。如在产险承保上，只注重保费收入，而忽视承保质量，对标的物缺乏充分的分析、预测、评估、论证而导致风险；在寿险营销上，对被保险人缺乏必要的调查、了解，简化必要的手续，致使被保险人状况失真，一旦与保险人签订保险合同，就易形成风险。对于健康险来说，与寿险类似，体现在被保险人的信息隐瞒和道德风险。管理风险是由于保险公司管理不善，内控机制不严密，或缺乏必要的制约监督机制而导致的风险。如在理赔过程中，没有严格执行理赔管理规定、履行有关手续，或由于审查把关不严，而盲目暗付、随意赔付，导致保险暗付率过大，造成保险公司资产流失，甚至入不敷出，加大了保险公司的经营成本和经营风险。道德风险主要体现在受利益驱动，人们的主观心理行为、道德观念发生扭曲，形成道德风险。反映在保险公司方面，不断发生的骗保骗赔案件，投保后有意疏于防范酿成的各类事故等屡见不鲜；保险代理过程中的恶意代理、恶意串通；内部员工的违法违纪、内外勾结等等。这种由于人的因素引发的道德风险，往往给保险公司经营造成较大的损失。

（三）市场风险

市场风险，是指由于利率、汇率、权益价格和商品价格等市场价格的不利变动而造成的损失，以及由于重大危机造成业务收入无法弥补费用的可能性。

市场风险可以进一步分为：a. 利率或资产负债匹配风险，由于利率的变动给公司造成损失的风险；b. 权益风险，由于股价的变动给公司造成损失的风险；c. 汇率风险，由于汇率的变动给公司造成损失的风险；d. 商品风险，由于商品价格变动给公司造成损失的风险；e. 流动性风险，由于面临到期支付时持有的资产流动性差和对外融资枯竭而造成损失或破产的可能性。

（四）信用风险

信用风险，是指由于债务人或者交易对手不能履行合同义务，或者信用状况的不利变动而造成损失的可能性。保险公司投资活动中面临的信用风险主要是投资对象发生违约的风险，尤其是长期股权投资以及公司企业债券等。具体可分为两类信用风险：一类是证券的发行人或者借款人无法偿还债务的风险；另一类是有价证券或发行人信用评价下降的风险。当前健康保险公司的投资资产中，保险资金主要投资于国库券、股票、债券、基金、贷款等，其中国库券的信用风险比较小，而股票、债券、贷款的投资主要面向是公司或企业，这种信用风险的发生将给保险公司带来致命的伤害，这也是当前保险公司投资面临的主要信用风险。

（五）操作风险

2004年巴塞尔协议将操作风险定义为由于不正确的内部操作流程、人为因素、系统或外部事件而造成的直接或间接损失的风险，包括法律风险，但不包括策略风险和声誉风险。

操作风险具有内生性、风险覆盖面大、风险与收益无相关性、风险与业务规模和复杂度成正比、设计部门广等特征。我国保险公司操作风险的主要原因有：公司治理结构不健全，内控制度建设不完备，员工队伍管理不到位，不当的考核激励政策，环境变化以及监管变革等。随着系统技术和网络的不断发展，针对保险产品和保险公司的网络电话诈骗时有发生,保险业监管要求的不断变化,都容易导致操作风险的风险。

(六) 战略风险

战略风险可理解为企业整体损失的不确定性。战略风险是影响整个企业的发展方向、企业文化、信息和生存能力或企业效益的因素。我国保险业尤其是健康保险行业仍处于发展的初级阶段,发展模式粗放的问题仍然存在。尽管随着中国保监会"偿二代"指引的颁布,保险公司的偿付能力和风险管理能力整体有所提高,但行业风险管理能力仍处于初级阶段,尤其是大量小型公司和新成立公司,还有很多风险管理的空白领域,战略风险仍是保险公司面临的重大风险之一。

(七) 声誉风险[①]

声誉风险是指由保险公司的经营管理或外部事件等原因导致利益相关方对保险公司负面评价,从而造成损失的风险。中国保监会2014年颁布《保险公司声誉风险管理指引》指出:"保险公司应将声誉风险管理纳入全面风险管理体系,建立相关制度和机制,防范和识别声誉风险,应对和处置声誉事件。"

二、保险公司的风险管理技术

(一) 全面风险管理

SARMRA 评估是对保险公司偿付能力风险管理能力进行监管评估。我国中国保监会2016年发布《保险公司偿付能力监管规则第11号:偿付能力风险管理要求与评估》(简称"11号规则"),并在该准则的基础上,对保险公司的偿付能力风险管理能力进行评估,具体内容包括:偿付能力风险管理的基础与环境、偿付能力风险管理的目标与工具、保险风险管理能力、市场风险管理能力、信用风险管理能力、操作风险管理能力、战略风险管理能力、声誉风险管理能力、流动性风险管理能力。

SAMARA 评估得分一般以80分作为平衡点。若保险公司得分高于80分,意味着需要提高保险公司最低资本要求;若若保险公司得分低于80分,意味着需要降低保险公司最低资本要求。

例3.1:若某保险公司的 SAMARA 评估得分79.54分。首先得出调整系数 $Q = -0.005 \times 79.54 + 0.4 = 0.0023$;需增加控制风险最低资本 $= 0.0023 \times$ 量化最低资

---

① 2014年中国保监会制定了《保险公司声誉风险管理指引》。

本 = 0.0023×31亿元 = 约713万元；即由于 SAMARA 得分结果 79.54 分，还要追加 713万元的资本要求。其中，调整系数 Q 由公式 "MC 控制风险 = Q×MC 量化风险"得出，Q = -0.005×S + 0.4，S 为保险公司偿付能力风险管理评估的得分。

SAMARA 风险评估，是对保险公司全面风险管理能力的检查，几乎涵盖公司日常经营的各个方面，涉及总公司各部门和各分支机构，需要系统上下共同努力完成该项工作。

早在 2012 年，中国保监会就发布《人身保险公司年度全面风险管理报告框架》及风险监测指标，制定了保险风险、市场风险、信用风险、流动性风险、操作风险、战略风险六大类 33 个风险监测指标，要求寿险和健康险公司根据风险指标波动性的大小，分别按季度和年度进行监测。2016 年，中国保监会开始按照《保险公司偿付能力监管规则第 11 号：偿付能力风险管理要求与评估》等规定，对保险公司偿付能力风险管理能力进行监管评估。

（二）VaR 法

VaR 方法（Valueat at Risk，VaR），称为风险价值模型，也称受险价值方法、在险价值方法，是近年来被银行、证券、保险等金融机构广泛采用的一种衡量市场风险的方法。其含义是指在市场正常波动下，某一金融资产或证券组合的最大可能损失。更为确切地是指，在一定概率水平（置信度）下，某一金融资产或证券组合价值在未来特定时期内的最大可能损失。可用公式表示为：

$$P(L \leqslant VaR) = \alpha$$

式中，L—资产组合在一定持有期内的损失额；α—给定的置信度；VaR——给定置信水平 a 下的在险价值，即可能的损失上限；P（VaR）——给定置信度下，损失额度小于等于 VaR 的概率。

举例来说，某一保险公司持有的证券组合在未来 24 小时内，置信度为 95%，在证券市场正常波动的情况下，VaR 值为 300 万元。其含义是指该公司的证券组合在一天内（24 小时），由于市场价格变化而带来的最大损失超过 300 万元的概率为 5%，平均 20 个交易日才可能出现一次这种情况。或者说有 95% 的把握判断该投资公司在下一个交易日内的损失在 300 万元以内。5% 的概率反映了金融资产管理者的风险厌恶程度，可根据不同的投资者对风险的偏好程度和承受能力来确定。

对于保险公司来说，要确定一个资产组合的 VaR 值或建立 VaR 的模型，必须首先确定以下三个系数：一是持有期 △t 的长短；二是置信区间的大小；三是观察期间。

1. 持有期 △t，即确定计算在哪一段时间内的持有资产的最大损失值，也就是明确风险管理者关心资产在一天内、一周内还是一个月内的风险价值。持有期的选择应依据所持有资产的特点来确定。比如对于一些流动性很强的交易头寸往往需以每日为周期来计算风险收益和 VaR 值。如 G30 小组在 1993 年衍生产品实践和规则中就建议对场外 OTC 衍生工具以每日为周期计算其 VaR，而对一些期限较长的头寸如养老基金和其他投资基金则可以以每月为周期。从保险公司总体的风险管理看，持有期长短的选择取决于资产组合调整的频度及进行相应头寸清算的可能速率。

2. 置信水平 α。一般来说，对置信区间的选择在一定程度上反映了保险机构对风险的不同偏好。选择较大的置信水平意味着其对风险比较厌恶，希望能得到把握性较大的预测结果，希望模型对于极端事件的预测准确性较高。根据各自的风险偏好不同，选择的置信区间也各不相同。关于保险公司偿付能力风险的估算，欧盟偿付能力 II 提供了标准法和内部模型法两个方案。其中，标准法从不同产品、不同公司、不同业务线、不同国家层面将偿付能力资本要求分解为若干模块，分别对应不同风险，先计算各风险模块的资本要求，然后汇总成总资本要求，各风险模块的资本要求以一年内置信水平为 99.5% 的在险价值（VaR）为准。使用内部模型法时，保险公司要向监管机构证明使用内部模型能更好地反映其所面临的风险，并得到监管机构的许可。

3. 第三个系数是观察期间（Observation Period）。观察期间是对给定持有期限回报的波动性和关联性考察的整体时间长度，是整个数据选取的时间范围，有时又称数据窗口（Data Window）。例如选择对某资产组合在未来 6 个月或是 1 年的观察期间内，考察其每周回报率的波动性（风险）。这种选择要在历史数据的可能性和市场发生结构性变化的危险之间进行权衡。为克服商业循环等周期性变化的影响，历史数据越长越好，但是时间越长，收购兼并等市场结构性变化的可能性越大，历史数据因而越难以反映现实和未来的情况。巴塞尔银行监管委员会目前要求的观察期间为 1 年。对于保险公司来说，则需要结合投资产品的期限设定相对应的观察期间。

2015 年，中国保监会印发了《保险资金运用内部控制指引》及《保险资金运用内部控制应用指引》，对于保险资金投资股票和股票型基金，要求保险机构应当加强权益投资的市场风险管理，运用在险价值（VAR）等量化分析手段，分析权益投资的价值波动及风险暴露，并定期开展压力测试与情景分析，根据测试结果对偿付能力、资产负债管理影响适度调整投资策略。

本章小结

健康保险公司的投资方式主要包括银行存款、同业拆借、票据贴现、债券、基金、股票、贷款、不动产投资等方面。在当前我国资本市场不够成熟、健康保险行业起步较晚的情况下，我国健康保险公司的投资结构仍然主要以低风险的银行存款和债券投资为主，保险投资的回报率因此也相对较低。

健康保险公司的投资决策是基于负债特点选择最佳投资组合的过程，一般基于三个基本准则，分别是均值—方差投资组合准则、最大化效用准则以及最小化破产概率准则。健康保险公司的投资决策流程就是准则基础上，对资产和负债进行匹配，以及随着业务模式的改变和市场环境的变化，不断对二者进行再平衡和动态调整的过程。对于如何匹配，目前存在大量的资产负债管理技术和模型，如效率前沿模拟、久期匹配、现金流量匹配、动态财务分析（DFA）等。对于健康保险公司来说，由于其业务模式的复杂，往往需要建立复杂多变的财务模型与之对应，因此基于"情景分析"和"随机模拟"的动态财务分析模型越来越受到重视（DFA）。

专业术语

1. 保险责任准备金（Deposit for Duty of Reinsurance）：保险公司为了承担未到期责任和处理未决赔款而从保险费收入中提存的一种资金准备。保险责任准备金实质上是一种或有负债。

2. 保险投资（Insurance Investment）：保险企业将积聚的各种保险资金加以运用，使资金增值的活动。保险投资的资金来源主要由资本金、各项责任准备金和其他投资资金组成。保险投资能增加保险公司收入、增强赔付能力，使保险资金进入良性循环。

3. 证券投资基金（Securities Investment Fund）：是一种间接的证券投资方式。基金管理公司通过发行基金单位，集中投资者的资金，由基金托管人（即具有资格的银行）托管，由基金管理人管理和运用资金，从事股票、债券等金融工具投资，然后共担投资风险、分享收益。

4. 均值–方差投资组合准则（Mean–Variance Portfolio Theory）：该指标直观地体现了收益与风险的均衡。主要内容为制定投资决策时需要遵循两个判断标准：同等风险下的尽可能高的期望收益率或者一定的期望收益率下尽可能最低的风险。

5. 最大化效用准则（Maximization of Utility）：是经济学领域的常用投资准则。也即随着财富的增加，效用值也会增加，但效用值的增长速度是边际递减的。

6. 最小化破产概率准则（Minimization of Ruin–probability）：强调保险投资中的风险因素。针对保险公司给定的一个保费率以及对应的保险项目计算保险公司承包过程中的破产概率，这个概率越小越好。

7. 风险限额（Risk Limits）：不同层次的资金运用部门可用于抵御风险损失的最

大资本额，应用资产组合分析模型设定的风险敞口（EAD）或风险价值（VaR）的最高上限。风险限额代表了保险公司在某一项业务中所能容忍的最大风险，凡在限额以内发生的损失，都可以通过保险公司的自有资本金和准备金来抵御，超出限额则意味着损失会超过承受能力，保险公司必须采取减少风险暴露、分散资产组合、增强抵押品以及运用衍生工具等方式进行风险缓释。

8. 资产负债管理（Asset and Liability Management，ALM）：是银行、基金和保险公司等金融机构中常用的一个概念。有广义和狭义之分。广义的资产负债管理，是指金融机构按一定的策略进行资金配置来实现流动性、安全性和盈利性的目标组合。狭义的资产负债管理，主要指在利率波动的环境中，通过策略性改变利率敏感资金的配置状况，来实现金融机构的目标，或者通过调整总体资产和负债的持续期，来维持金融机构正的净值。

9. 效率前沿模型（The Efficient Frontier）：该模型以期望代表收益，以对应的方差（或标准差）表示风险程度，因此又称期望—方差模型。

10. 久期匹配模型（Duration Matching）：久期可以理解为现金流量的时间加权现值。久期匹配模型主要解决资产组合中资产与负债的利率风险匹配问题。

11. 动态财务分析模型（Dynamic Financial Analysis）：根据美国意外事件精算协会的定义，DFA 是一种整体性的财务建模方法，它通过对公司未来生存环境和营运结果进行模拟，显示公司营运结果如何受外部环境变动和内部战略决策变动的影响。这种动态财务分析方法是一种整体的、区别于静态和传统的财务比率分析的财务管理方法，体现了"随机性""动态性"的思想，能够随机模拟不确定性环境下公司的资产、负债及未来的经营成果，为高层管理者控制经营风险、制定战略决策提供依据。

思考题

1. 健康保险公司的主要投资方式有哪些？
2. 在我国当前的投资环境下，健康保险公司投资的现状和面临的问题有哪些？
3. 保险投资决策的基本准则有哪些？这些准则如何体现在投资决策流程中？
4. 资产负债管理的主要模型有哪些？
5. 健康保险公司投资面临的风险有哪些？

第四章

健康保险公司财务报告及分析

本章主要介绍健康保险公司的财务报告体系，以及对健康保险公司进行财务分析时常用的数据指标。第一节概述，简要说明了我国保险公司财务会计的发展情况，以及健康保险公司财务分析的重点；第二节中外健康保险公司财务报告体系对比，从企业会计准则以及财务报告框架等方面对我国与美欧等国的情况做一比较，并基于中外保险公司财务报告实例对财务报告的框架进行介绍；第三节健康保险公司财务分析指标体系，分别从资产质量、盈利能力和业务发展三方面对有关财务指标进行了说明；第四节健康保险公司偿付能力分析，着重介绍了偿付能力评价的有关方法和指标体系。

第一节 健康保险公司财务会计概述

一、保险公司财务会计的发展现状

保险企业会计与其他行业会计相比更为特殊复杂，我国保险企业会计准则也在不断发展和完善。2006年2月，我国颁布了新会计准则，其中有两项具体准则与保险行业直接相关，分别是《企业会计准则第25号——原保险合同》与《企业会计准则第26号——再保险合同》。新准则于2007年1月1日起正式实施，对我国保险业的发展产生了重要的影响：一方面，我国新会计准则力图与国际财务报告准则靠拢，在新准则的指导下，我国保险会计也将朝着更为国际化的方向发展；另一方面，我国金融市场发展尚不完善，保险业有关法律法规尚不健全，专业技术和从业人员素质仍待提高。在这种大背景下，我国保险业财务会计在国际化发展的道路上将遇到一系列障碍。

财务会计准则的国际化发展是大势所趋，中国会计准则与国际财务报告准则的趋同也是我国经济发展战略的重要内容。虽然我国保险行业的发展难免会受到社会经济环境的制约，但仍应积极应对会计准则的不断更新和完善，提升财务会计质量，控制行业风险。

二、健康保险公司的特点及财务分析的重点

健康保险公司与财险公司、寿险公司等经营其他险种的公司相比有其自身特点，因此在对健康保险公司的财务报告进行分析时，也应有所侧重。

（一）保险负债评估难度较大

健康保险公司的保险标的是被保险人的身体健康，这使得其面临的风险更具有不确定性。健康险的风险源于死亡率、疾病发生率、医疗服务费率等指标，而我国健康险发展时间较短，该方面的基础数据还很匮乏，无法为风险的发生概率提供可靠的数据支持。因此，健康保险公司在产品定价以及负债评估等方面难度较大。

在对健康保险公司进行财务分析时，应当着重考察公司对于各项保险事故发生率的假设是否合理，基于基本假设计算的有关财务指标能否客观地反映公司面临的风险。

（二）产品结构多元化

健康保险公司的保险产品种类多样，这主要是因为不同的人群对健康保险的需求存在差异。如普通民众通常购买一般的健康险产品，而高端客户会选择专业的健康服务。此外，健康保险的期限也长短不一。健康保险公司可选择经营多种保险产品，由于各类产品的期限和风险来源不尽相同，不同产品组合可能带来的现金流在规模和稳定性上也是不同的。

由于健康保险公司产品结构的多元化，在进行财务分析时，需要根据产品种类对财务数据进一步细化，从规模和结构两方面进行全面考察。

（三）盈利来源分散化

因产品结构多元，健康保险公司的盈利来源也较为分散，短期险承保利润、长期险利差和费差以及专业健康服务收支差等均是其利润来源。分散化的业务收入对财务分析的全面性提出了更高要求，分析时应充分考虑各类业务的收支和现金流状况，从

而更为准确地评价公司的盈利能力和风险防御能力。

第二节 中外健康保险公司财务报告体系对比

一、中外企业财务会计报告的编制规范

(一) 中国企业会计准则

中华人民共和国财政部于 2006 年颁布新版《企业会计准则》(China Accounting Standards, CAS),对我国企业财务会计进行了规范。我国专业健康保险公司同样遵循该准则体系。截至 2014 年 7 月 1 日,中国企业会计准则体系共包括 1 项基本准则和 41 项具体准则。

(二) 欧洲及美国企业会计准则

大多数欧洲国家企业的财务报告遵循国际财务报告准则 (International Financial Reporting Standards, IFRS)。其前身是国际会计准则 (International Accounting Standards, IAS),该准则是国际会计准则委员会 (International Accounting Standards Board, IASB) 颁布的易于各国及地区在跨国经济往来时执行的一项标准会计制度。随着现代社会的发展,市场主体开展的经济业务日趋复杂多样,原有的国际会计准则 (IAS) 逐渐显露出其局限性。为适应不断变化的经济环境,IASB 于 2002 年将 IAS 更名为 IFRS,并不断推出新准则对原有准则进行替代。

美国企业则遵循美国财务会计准则委员会 (Financial Accounting Standards Board, FASB) 制定的一般公认会计原则 (Generally Accepted Accounting Principles, US-GAAP)。

IFRS 是多数跨国公司通用的财务报告准则,表 4.1 列出了 IFRS 体系当中的英文财务报表名称及其所对应的中文名称。2007 年,IASB 对准则进行了修订,部分报表名称有所变更。

我国《企业会计准则》定义的利润表,即对应 IFRS 体系中的综合收益表。在 IFRS 的框架中,综合收益表包括两部分内容:一部分是损益项 (profit or loss);另一部分是其他综合收益项 (other comprehensive income)。IFRS 规定,企业可选择两种方式编排利润表,其一是在一张综合收益表中将损益项和其他综合收益项分别列出,

表 4.1　　　　　　　　　IFRS 财务报表名称中英文对照

英文报表名称		对应中文名称
2007 年前	2007 年后	
balance sheet	statement of financial position	资产负债表
income statement	statements of comprehensive income	综合收益表
cash flow statement	statement of cash flows	现金流量表
statements of changes in equity		所有者权益变动表
notes to the financial statements		财务报表附注

其二是将损益项和其他综合收益项分开，列于两张单独的报表中。无论选择单表法还是两表法陈列利润表，企业都被要求清晰地区分损益项和其他综合收益项。其他综合收益是指"除 IFRS 认定的损益项目之外的其他收入和支出"，这部分收益不属于常规的损益项目，但会引起所有者权益的变动。

（三）中国企业会计准则与国际财务报告准则的对应关系

中国企业会计准则与 IFRS、IAS 的对应关系如表 4.2 所示。

表 4.2　　　　　　　　　CAS 与 IFRS、IAS 的对应关系

CAS		IFRS/IAS		
CAS1	存货	IAS2	Inventories	存货
CAS2	长期股权投资	IAS27	Separate Financial Statements	单独财务报表
		IAS28	Investments in Associates and Joint Ventures	在联营企业和合营企业中的投资
CAS3	投资性房地产	IAS40	Investment Property	投资性房地产
CAS4	固定资产	IAS16	Property, Plant and Equipment	不动产、厂房及设备
CAS5	生物资产	IAS41	Agriculture	农业
CAS6	无形资产	IAS38	Intangible Assets	无形资产
CAS7	非货币性资产交换	注1		
CAS8	资产减值	IAS36	Impairment of Assets	资产减值
CAS9	职工薪酬	IAS19	Employee Benefits（1998）	雇员福利
CAS10	企业年金基金	IAS26	Accounting and Reporting by Retirement Benefit Plans	退休福利计划的会计和报告
CAS11	股份支付	IFRS2	Share – based Payment	以股份为基础的支付
CAS12	债务重组	IAS39	Financial Instruments: Recognition and Measurement	金融工具：确认和计量

续表

CAS		IFRS/IAS		
CAS13	或有事项	IAS37	Provisions, Contingent Liabilities and Contingent Assets	准备金或有负债和或有资产
CAS14	收入	IFRS15	Revenue from Contracts with Customers	客户合同收入
CAS15	建造合同			
CAS16	政府补助	IAS20	Accounting for Government Grants and Disclosure of Government Assistance	政府补助的会计和政府援助的披露
CAS17	借款费用	IAS23	Borrowing Costs	借款费用
CAS18	所得税	IAS12	Income Taxes	所得税
CAS19	外币折算	IAS21	The Effects of Changes in Foreign Exchange Rates	汇率变动的影响
CAS20	企业合并	IFRS3	Business Combinations	业务合并
CAS21	租赁	IFRS16	Leases	租赁
CAS22	金融工具确认和计量	IFRS9	Financial Instruments	金融工具
CAS23	金融资产转移			
CAS24	套期保值			
CAS25	原保险合同	IFRS4	Insurance Contracts	保险合同
CAS26	再保险合同			
CAS27	石油天然气开采	IFRS6	Exploration for and Evaluation of Mineral Resources	矿产资源的勘探和评价
CAS28	会计政策、会计估计变更和差错更正	IAS8	Accounting Policies, Changes in Accounting Estimates and Errors	会计政策、会计估计变更和差错
CAS29	资产负债表日后事项	IAS10	Events After the Reporting Period	资产负债表日后事项
CAS30	财务报表列报	IAS1	Presentation of Financial Statements	财务报表的列报
CAS31	现金流量表	IAS7	Statement of Cash Flows	现金流量表
CAS32	中期财务报告	IAS34	Interim Financial Reporting	中期财务报告
CAS33	合并财务报表	IFRS10	Consolidated Financial Statements	合并财务报表
CAS34	每股收益	IAS33	Earnings Per Share	每股收益
CAS35	分部报告	IFRS8	Operating Segments	分部报告
CAS36	关联方披露	IAS24	Related Party Disclosures	关联方披露
CAS37	金融工具列报	IAS32	Financial Instruments: Presentation	金融工具：列报
		IFRS7	Financial Instruments: Disclosures	金融工具：披露
CAS38	首次执行	IFRS1	First-time Adoption of International Financial Reporting Standards	首次采用国际财务报告准则
CAS39	公允价值计量	IFRS13	Fair Value Measurement	公允价值计量

续表

CAS		IFRS/IAS	
CAS40	合营安排	IFRS11	Joint Arrangements	合营安排
CAS41	在其他主体中权益的披露	IFRS 12	Disclosure of Interests in Other Entities	在其他主体中权益的披露
注2		IFRS5	Non-current Assets Held for Sale and Discontinued Operations	持有待售的非流动资产和终止经营
注3		IAS29	Financial Reporting in Hyperinflationary Economies	恶性通货膨胀经济中的财务报告

注（1）IFRS/IAS 中没有专门针对非货币性资产交换的准则。但《IFRS 15—Revenue from Contracts with Customers》（客户合同收入）及《IAS 16—Property, Plant and Equipment》（不动产、厂房和设备）中有关非货币性资产交换的会计处理方法与《企业会计准则第 7 号——非货币性资产交换》的规定相似。

（2）财政部于 2016 年 8 月 1 日发布《关于征求〈企业会计准则第 × 号——持有待售的非流动资产、处置组和终止经营（征求意见稿）〉意见的函》（财办会〔2016〕32 号），以使中国企业会计准则与国际财务报告准则更为一致。

（3）中国企业会计准则中没有单独的具体准则规范恶性通货膨胀经济中的财务报告进行规范。但《企业会计准则第 19 号——外币折算》对恶性通货膨胀的基本特征进行了说明，并对处于恶性通货膨胀经济中的境外经营主体在财务报告中应如何重述和折算进行了规定。

（四）中外企业财务会计准则对保险合同的特别规定

2001 年，IASB 启动了名为"Insurance Contracts—Comprehensive Project"（保险合同—综合项目）的计划，旨在制定一个高质量的普适性标准，对保险合同的确认、计量、陈述和披露等会计事项进行规范。该项目实施以来，IASB 一直致力于完善保险合同有关的会计准则。2004 年 3 月 31 日，IASB 发布了第一项有关保险合同的准则《IFRS4—Insurance Contracts》（保险合同），该准则从 2005 年 1 月 1 日开始实施，其约束对象包括企业签发的保险合同和再保险合同。2007 年 5 月，IASB 在准则中加入了保费收入及保险准备金的计量方法，并发布了新准则的征求意见稿，此后进行了多次修订，并于 2017 年 5 月 18 日正式发布新准则《IFRS 17—Insurance Contracts》（保险合同），拟于 2021 年替换原有的 IFRS 4。

为适应经济全球化，我国企业会计准则正在逐步与 IFRS 和 IAS 接轨。2006 年 2 月 15 日，我国颁布了新会计准则，其中与保险企业直接相关的准则有《企业会计准则第 25 号——原保险合同》和《企业会计准则第 26 号——再保险合同》。这两项具体准则的发布，使我国保险会计准则与国际会计准则实现部分趋同。2008 年 8 月 7 日，财政部发布《企业会计准则解释第 2 号》，要求同时发行 A 股（人民币普通股）和 H 股（中国内地企业在香港上市的股票）的上市公司，对同一交易事项采用相同的会计政策进行确认、计量和报告，实现了内地和香港财务报告会计处理的一致性。

2009 年 1 月 5 日，中国保监会发布《关于保险业实施〈企业会计准则解释第 2 号〉有关事项的通知》；同年 12 月 22 日，财政部发布《保险合同相关会计处理规定》，使《企业会计准则解释第 2 号》文件在保险行业得到真正落实。

与原会计准则相比，新《企业会计准则》具有以下特点：

1. 新准则增加了原保险合同的概念及确定方法。

新准则规定，保险合同是指保险人与投保人约定保险权利义务关系，并承担源于被保险人保险风险的协议，保险合同分为原保险合同和再保险合同，再保险合同适用《企业会计准则第 26 号——再保险合同》。

2. 新准则规范了原保险合同的分类标准及计量方法。

新准则规定，保险人应当根据在原保险合同延长期内是否承担赔付保险金责任，将原保险合同分为寿险原保险合同和非寿险原保险合同。寿险原保险合同若分期收取保费的，应当根据当期应收取的保费确定保费收入金额；若一次性收取保费的，应当根据一次性应收取的保费确定保费收入金额。非寿险原保险合同应当根据原保险合同约定的保费总额确定保费收入金额。在原保险合同延长期内承担赔付保险金责任的，应当确定为寿险原保险合同；在原保险合同延长期内不承担赔付保险金责任的，应当确定为非寿险原保险合同。

3. 新准则规定了原保险合同准备金的确认时点和计量方法。

新准则规定，原保险合同准备金包括未到期责任准备金、未决赔款准备金、寿险责任准备金和长期健康险责任准备金。非寿险原保险合同，应在确认保费收入时，按照保险精算确定的金额，提取未到期责任准备金，作为当期保费收入的调整；应在非寿险保险事故发生的当期，按照保险精算确定的金额，提取未决赔款准备金，计入当期损益。对于寿险原保险合同，应按照保险精算确定的金额，提取寿险责任准备金、长期健康险责任准备金，计入当期损益。

4. 新准则引入了准备金充足性测试概念。

新准则借鉴国际会计准则，引入了准备金充足性测试，对保险公司的精算提出了更高的要求。新准则规定保险人至少应在每年年度终了时，对未决赔款准备金、寿险责任准备金、长期健康险责任准备金进行充足性测试。如果超出已提取准备金的，将按其差额补提准备金；如果小于已提取准备金的，不调整相关准备金。

二、中外保险公司财务报告构成及差异

《企业会计准则第 30 号——财务报表列报》规定，企业财务报表至少应当包括的组成部分有：资产负债表、利润表、现金流量表、所有者权益（或股东权益，下同）变动表以及财务报表附注。IFRS 和 USGAAP 对企业财务报告应有内容规定是基

本一致的。在这两类准则的框架中,一套完整的企业财务报告应当包括的组成部分有:资产负债表、综合收益表、所有者权益变动表、现金流量表以及重要会计政策和相关注释。

由此可见,中外企业会计准则对财务报告应有内容的规定是类似的。在实践中,中外企业披露的财务报告普遍包含资产负债表、利润表、现金流量表和股东权益变动表等报表。但是,不同国家的企业遵循的会计准则及有关具体规定存在差异,财务报告体系也各有特点。

(一)中国健康保险公司财务报告

中国保险市场中,健康险业务所占份额较小,大多数为财险、寿险、养老险等保险业务。我国成立较早的健康险公司有中国人民健康保险股份有限公司(2005年成立)、平安健康保险股份有限公司(2005年成立)、昆仑健康保险股份有限公司(2006年成立)、和谐健康保险股份有限公司(2006年成立)。下面以某健康保险公司2016年年度报告当中披露的财务报表为例,简要分析健康保险公司的财务报表框架。

1. 资产负债表

(1) 资产。

表 4.3   2016 年 12 月 31 日资产负债表(资产部分)

资产	金额(人民币元)	占资产总额比例(%)
货币资金	2 966 309 882.67	6.56
以公允价值计量且其变动计入当期损益的金融资产	479 141 552.59	1.06
买入返售金融资产	419 420 000.00	0.93
应收利息	566 800 884.15	1.25
应收保费	879 754 222.39	1.95
应收分保账款	1 412 830 404.80	3.12
应收分保未到期责任准备金	91 237 465.36	0.20
应收分保未决赔款准备金	560 628 848.77	1.24
应收分保长期健康险责任准备金	135 490 261.46	0.30
保户质押贷款	46 109 004.32	0.10
存出保证金	44 024 914.26	0.10
定期存款	1 912 662 662.84	4.23

续表

资产	金额（人民币元）	占资产总额比例（%）
可供出售金融资产	23 087 844 312.74	51.05
持有至到期投资	1 370 736 038.68	3.03
分类为贷款及应收款的投资	8 932 658 251.68	19.75
存出资本保证金	1 789 954 134.00	3.96
固定资产	166 894 364.29	0.37
无形资产	49 232 668.22	0.11
其他资产	315 512 192.05	0.70
资产总计	45 227 242 065.27	100.00

表4.3列示的是某健康保险公司2016年12月31日资产负债表的资产部分，从表中可以看出，在各类资产中，"可供出售金融资产"占资产总额比例最大（51.05%），其次是"分类为贷款及应收款的投资"（19.75%）。保险公司作为金融机构，本身积聚了大量资金，投资活动是其运用资金的主要途径，从而形成了较大的金融资产规模。

财务报表附注部分通常会列出各类资产的明细情况，如："可供出售金融资产"项目可分为可供出售债务工具和可供出售权益工具，如表4.4所示；"分类为贷款及应收款的投资"项目可划分为债权投资计划、股权投资计划、信托计划、资产管理产品、次级债等。

此外，对于规模较大的保险公司而言，开展分保业务是其分散风险的常用方式，分保业务形成的"应收分保账款"及各项应收分保准备金，也是保险公司资产的重要组成部分。

表4.4　　　2016年12月31日可供出售金融资产明细　　　单位：人民币元

债券		
企业债	6 879 827 849.03	4 937 058 970.05
金融债	1 734 965 000.00	1 480 367 830.00
权益工具		
基金	10 225 836 561.63	4 354 940 519.88
股票	1 511 482 612.95	1 126 717 102.84
股权投资计划及其他	2 735 732 289.13	1 881 013 250.00
合计	23 087 844 312.74	13 780 097 672.77

（2）负债。

表 4.5　　　　　　　　2016 年 12 月 31 日资产负债表（负债部分）

负债	金额（人民币元）	占负债总额比例（%）
卖出回购金融资产款	1 540 000 000.00	3.89
预收保费	1 832 905 276.39	4.63
应付手续费及佣金	37 170 586.10	0.09
应付分保账款	2 086 874 371.60	5.28
应付职工薪酬	316 768 685.35	0.80
应交税费	14 543 839.15	0.04
应付赔付款	549 810 994.51	1.39
应付保单红利	192 533 853.72	0.49
保户储金及投资款	8 619 940 537.53	21.80
未到期责任准备金	493 453 149.04	1.25
未决赔款准备金	2 758 441 282.29	6.97
寿险责任准备金	4 163 577 318.44	10.53
长期健康险责任准备金	15 531 567 587.95	39.27
应付债券	826 395 084.37	2.09
其他负债	584 234 428.66	1.48
负债合计	39 548 216 995.10	100.00

表 4.5 列示的是某健康保险公司 2016 年 12 月 31 日资产负债表的负债部分，从表中可以看出，在各类负债中，准备金负债占比较大，四类准备金负债（未到期责任准备金、未决赔款准备金、寿险责任准备金、长期健康险责任准备金）占负债总额的比重超过了 50%，其中四类准备金负债中"长期健康险责任准备金"占比最大，达到负债总额的 39.27%。

提取责任准备金是保险公司抵御风险、保证偿付能力的必要手段。保险公司与被保险人签订保险合同并据此收取保险费，但所收保费并不会全部作为保险公司的收入，其中相当一部分会通过责任准备金的形式被提存出来，保险公司应当持有与责任准备金规模相当的资产作为后盾，以备及时履行保险偿付责任。然而，保险公司无法事先预知保险事故是否会发生，以及保险事故发生后实际造成的损失程度大小。因此，保险公司的责任准备金其实是一种或有负债，其入账规模是基于一定的人为假设预估出来的。由此可见，保险公司的负债具有较大的不确定性，也正因如此，保险公司必须做好风险管理，保证提存的责任准备金是充足且真实的。

财务报表附注部分会列示出保险责任准备金当期以及前一期的变动情况，包括年初余额、本年增加额、赔付款项、提前解除部分、其他变动额以及年末余额。健康保险公司2016年度保险合同准备金的变动情况如表4.6所示。

表4.6　　　　　　　　2016年度保险合同准备金的变动情况　　　　　单位：人民币万元

	年初余额	本年增加	赔付款项	提前解除	其他	年末余额
未到期责任准备金	45 724.01	851 606.24	—	—	(847 984.93)	49 345.31
未决赔款准备金	224 586.20	757 919.77	(706 661.84)	—	—	275 844.13
寿险责任准备金	414 367.86	42 597.34	(16 707.54)	(23 899.92)	—	416 357.73
长期健康险责任准备金	986 437.59	1 424 644.84	(17 685.46)	(840 240.21)	—	1 553 156.76
合计	1 671 115.65	3 076 768.18	(741 054.84)	(864 140.14)	(847 984.93)	2 294 703.93

除保险责任准备金以外，各类金融负债也是保险公司负债的重要组成部分，保险公司应当合理规划金融负债和资产的规模与结构，防范财务风险。

从对资产和负债的划分来看，保险公司作为再保险分出人，应当将再保险合同形成的资产与有关原保险合同形成的负债在资产负债表中分别列示，不应相互抵销。

（3）权益。

表4.7　　　　　　　　2016年12月31日资产负债表（权益部分）

	金额（人民币元）
资产总计	45 227 242 065.27
负债合计	39 548 216 995.10
股东权益	
股本	8 568 414 737.00
资本公积	1 037 448 902.57
其他综合收益	-19 590 627.47
未分配利润	-3 907 247 941.93
股东权益合计	5 679 025 070.17
负债及股东权益总计	45 227 242 065.27

表4.7是某健康保险公司2016年12月31日的资产总额、负债总额和股东权益总额，根据表中数额可计算出该公司的资产负债率约为87.44%（39 548 216 995.10÷45 227 242 065.27×100%），这一财务指标体现出保险公司资产负债率较高的特点。

2. 利润表

（1）营业收入。

表 4.8　　2016 年度利润表（营业收入部分）

	金额（人民币元）	占营业收入比例（%）
营业收入	22 823 528 448.83	
已赚保费	20 924 673 729.94	91.68
保险业务收入	23 020 282 868.95	
减：分出保费	2 064 599 145.81	
提取未到期责任准备金	31 009 993.20	
投资收益	1 822 628 930.39	7.99
公允价值变动损益	-30 502 968.03	-0.13
汇兑损益	1 743 794.38	0.01
其他业务收入	104 984 962.15	0.46

表 4.8 是公司 2016 年度利润表的营业收入部分。对保险公司而言，保费收入是最为主要的营业收入。表中数据显示，公司 2016 年度的已赚保费收入占营业收入的 91.68%。

除保险业务带来的保费收入之外，保险公司从事投资活动产生的投资收益也是重要的收入来源，投资收益按照其取得方式可划分为利息收入、股息收入、处置收益等。

财务报表附注部分分别列示了保险业务收入按照险种和年期划分的明细情况。公司 2016 年度的保险业务收入全部来自于原保险合同，按险种划分明细如表 4.9 所示，按年期划分明细如表 4.10 所示。

表 4.9　　2016 年度保险业务收入按险种划分明细　　单位：人民币元

个险	
健康险	13 928 730 015.36
分红险	365 822 121.31
意外伤害险	177 214 093.15
万能险	26 119 213.22
团险	
健康险	8 176 715 567.92
意外伤害险	345 681 857.99
合计	23 020 282 868.95

第四章
健康保险公司财务报告及分析

表 4.10　　　　　　　　**2016 年度保险业务收入按年期划分明细**　　　　　　单位：人民币元

趸缴业务	21 755 336 078.14
期缴业务首年	523 763 602.10
期缴业务续期	741 183 188.71
合计	23 020 282 868.95

（2）营业支出。

表 4.11　　　　　　　　**2016 年度利润表（营业支出部分）**

	金额（人民币元）	占营业支出比例（%）
营业支出	22 743 233 315.07	
退保金	8 641 401 351.20	38.00
赔付支出	7 410 548 374.84	32.58
减：摊回赔付支出	1 753 418 798.67	
提取保险责任准备金	6 199 669 737.52	27.26
减：摊回保险责任准备金	99 593 521.03	
保单红利支出	80 043 211.50	0.35
税金及附加	22 844 193.43	0.10
手续费及佣金支出	665 708 521.66	2.93
业务及管理费	1 237 299 649.72	5.44
减：摊回分保费用	195 359 982.36	
其他业务成本	506 306 521.48	2.23
资产减值损失	27 784 055.78	0.12

表 4.11 是健康保险公司 2016 年度利润表的营业支出部分。从表中可以看出，"退保金""赔付支出"以及"提取保险责任准备金"是营业支出的主体，分别占营业支出的 38.00%、32.58% 和 27.26%。健康保险公司的退保金主要是开办的各类保险业务如意外伤害险、健康险等险种的原保险合同被取消所形成的；赔付支出包括赔款支出、满期给付、生存给付以及死伤医疗给付等；提取保险责任准备金包括未决赔款准备金、寿险责任准备金和长期健康险责任准备金的提取金额。

此外，保险公司开办业务时产生的"手续费及佣金支出"和"业务及管理费"也是营业支出的主要构成部分，保险公司应当合理控制各项费用支出，提高经营效益。

从健康保险公司的营业收入与支出中可看出，保险公司应当将再保险合同形成的收入或费用与有关原保险合同形成的费用或收入在利润表中分别列示，不得相互抵销。

(3) 营业利润及综合收益。

表 4.12　　2016 年度利润表（营业利润及综合收益部分）　　单位：人民币元

项目	金额
营业收入	22 823 528 448.83
营业支出	22 743 233 315.07
营业利润（亏损以"－"号填列）	80 295 133.76
加：营业外收入	6 231 540.28
减：营业外支出	12 360 659.65
利润总额（亏损总额以"－"号填列）	74 166 014.39
减：所得税	71 419 373.23
净利润（净亏损以"－"号填列）	2 746 641.16
以后将重分类进损益的其他综合收益	
可供出售金融资产价值变动	－305 268 120.61
其中：公允价值变动损益	－188 524 909.27
计入其他综合收益当期转入损益的净额	－144 527 267.12
减值损失	27 784 055.78
所得税影响	71 419 373.23
以后将重分类进损益的其他综合收益税后净额	－233 848 747.38
综合收益总额	－231 102 106.22

表 4.12 所示是某健康保险公司 2016 年度的营业利润、利润总额、净利润以及综合收益总额。从表中可以看出该公司 2016 年度的所得税费用规模很大，其实际税率远远超出了 25% 的企业所得税税率，这主要是因为该公司本期存在大量未确认的可抵扣暂时性差异，从而形成了大规模的递延所得税费用。

3. 现金流量表

与一般企业无异，保险公司的现金流量表同样包括经营活动、投资活动、筹资活动产生的现金流量情况，如表 4.13 所示。

表 4.13　　2016 年度现金流量表　　单位：人民币元

项目	金额
一、经营活动产生的现金流量	
收到原保险合同保费取得的现金	23 998 147 891.16
保户储金及投资款净增加/（减少）额	853 025 344.11
收到的税费返还	22 035 247.17
收到的其他与经营活动有关的现金	139 183 360.52
经营活动现金流入小计	25 012 391 842.96
支付原保险合同赔付款项的现金	7 197 992 855.60

第四章 健康保险公司财务报告及分析

续表

支付/（收到）的再保险业务现金净额	9 684 833.30
支付的手续费及佣金的现金	683 054 213.34
支付保单红利的现金	25 751 773.50
支付给职工以及为职工支付的现金	666 404 898.23
支付的各项税费	72 265 433.46
存出资本保证金支付的现金	500 000 000.00
支付的其他与经营活动有关的现金	9 701 670 232.99
经营活动现金流出小计	18 856 824 240.42
经营活动产生的现金流量净额	6 155 567 602.54
二、投资活动产生的现金流量	
收回投资所收到的现金	31 611 807 044.87
取得投资收益收到的现金	1 799 103 673.17
处置固定资产、无形资产和其他长期资产收回的现金净额	792 486.13
投资活动现金流入小计	33 411 703 204.17
投资支付的现金	40 726 171 927.09
质押贷款净增加额	3 924 208.44
购置固定资产、无形资产和其他长期资产所支付的现金	50 817 605.83
支付其他与投资活动有关的现金	18 960 811.45
投资活动现金流出小计	40 799 874 552.81
投资活动产生的现金流量净额	-7 388 171 348.64
三、筹资活动产生的现金流量	
吸收投资收到的现金	2 499 999 999.06
收到其他与筹资活动有关的现金净额	280 000 000.00
筹资活动现金流入小计	2 779 999 999.06
分配股利、利润或偿付利息支付的现金	76 081 149.35
支付其他与筹资活动有关的现金净额	—
筹资活动现金流出小计	76 081 149.35
筹资活动产生的现金流量净额	2 703 918 849.71
四、汇率变动对现金及现金等价物的影响	121 524.05
五、现金及现金等价物净增加额	1 471 436 627.66
加：年初现金及现金等价物余额	1 926 955 917.85
六、年末现金及现金等价物余额	3 398 392 545.51

表 4.13 中现金及现金等价物净增加额等于经营活动、投资活动和筹资活动产生的现金流量净额与汇率变动影响之和,当期现金及现金等价物净增加额加上期初余额,即得到期末现金及现金等价物余额。

4. 股东权益变动表

表 4.14 所示是健康保险公司 2016 年度股东权益变动情况,该表反映了公司本年度各项股东权益的增减变动额。

表 4.14　　　　　　　　　　2016 年度股东权益变动表　　　　　　　单位:人民币万元

项目	股本	资本公积	其他综合收益	未分配利润	股东权益合计
一、年初余额	644 977.07	65 609.30	21 425.81	−390 999.46	341 012.72
二、本年增减变动金额					
(一)净利润	—	—	—	274.66	274.66
(二)其他综合收益	—	—	−23 384.87	—	−23 384.87
综合收益总额	—	—	−23 384.87	274.66	−23 110.21
(三)股东投入资本	211 864.41	38 135.59	—	—	250 000.00
三、年末余额	856 841.47	103 744.89	−1 959.06	−390 724.79	567 902.51

(二)外国保险公司财务报告

大多数国家保险公司的财务报告按照 IFRS 的有关规定编写,但各国公司具体情况不同,在会计科目的设置和财务报表的编排方式上均存在差异。本教材以英国某保险公司 A 集团为例,简要介绍 IFRS 框架下的保险公司财务报表体系。A 公司是欧洲提供寿险和养老险产品的领先企业之一,主要提供长期保险及其他普通保险以及长期储蓄、基金管理等产品和服务。

1. 资产负债表

(1)资产。

表 4.15 所示是 A 公司 2016 年 12 月 31 日资产负债表的资产部分,从表中可以看出,A 公司的各类资产中,"Financial investments"(金融投资)一项占资产总额比例最大(68.08%),该类资产包括以公允价值计量且其变动计入当期损益的金融资产(Fair value through profit or loss, FVTPL),以及可供出售金融资产(Available for sale, AFS)。财务报表附注部分列出了该类资产的明细情况,包括债权类投资、股权类投资和其他投资的账面金额。此外,公司开展再保险业务形成的"Reinsurance assets"(再保险资产)占比为 5.98%。

表 4.15　　A 公司 2016 年 12 月 31 日合并资产负债表（资产）

Assets	资产	金额（百万英镑）	占总资产比例（%）
Goodwill	商誉	2 045	0.46
Acquired value of in-force business and intangible assets	现存保单和无形资产的取得价值	5 468	1.24
Interests in, and loans to, joint ventures	对合营企业的利息和贷款	1 604	0.36
Interests in, and loans to, associates	对联营企业的利息和贷款	481	0.11
Property and equipment	固定资产	487	0.11
Investment property	投资性房地产	10 768	2.44
Loans	贷款	24 784	5.63
Financial investments	金融投资	299 835	68.08
Reinsurance assets	再保险资产	26 343	5.98
Deferred tax assets	递延所得税资产	180	0.04
Current tax assets	当期所得税资产	119	0.03
Receivables	应收账款	7 794	1.77
Deferred acquisition costs and other assets	递延购置费用和其他资产	5 893	1.34
Prepayments and accrued income	预付账款和应计收入	2 882	0.65
Cash and cash equivalents	现金及现金等价物	38 708	8.79
Assets of operations classified as held for sale	分类为待售的经营性资产	13 028	2.96
Total assets	资产总计	440 419	100.00

（2）负债。

表 4.16 所示是 A 公司 2016 年 12 月 31 日资产负债表的负债部分，从表中可以看出，在各类负债中，"Gross insurance liabilities"（保险责任准备金）与"Gross liabilities for investment contracts"（保险合同负债）二者占比较大，前者主要包各项保险责任准备金，后者包括被保险人根据保险合同存储在保险公司的投资款等。

表 4.16　　A 公司 2016 年 12 月 31 日合并资产负债表（负债）

Liabilities	负债	金额（百万英镑）	占总负债比例（%）
Gross insurance liabilities	保险责任准备金	151 183	35.92
Gross liabilities for investment contracts	保险合同负债	197 095	46.83
Unallocated divisible surplus	可分配的未分配盈余	9 349	2.22
Net asset value attributable to unit-holders	投保人应占净资产价值	15 638	3.72
Provisions	准备金	1 510	0.36

续表

Liabilities	负债	金额（百万英镑）	占总负债比例（%）
Deferred tax liabilities	递延所得税负债	2 413	0.57
Current tax liabilities	当期所得税负债	421	0.10
Borrowings	借款	10 295	2.45
Payables and other financial liabilities	应付账款及其他财务负债	17 751	4.22
Other liabilities	其他负债	2 719	0.65
Liabilities of operations classified as held for sale	分类为待售的经营性负债	12 494	2.97
Total liabilities	负债总计	420 868	100.00

（3）权益。

表4.17所示是A公司2016年12月31日资产负债表的权益部分，该部分详细列示了A公司股东权益的构成情况。

表4.17　　　　A公司2016年12月31日合并资产负债表（权益）　　　单位：百万英镑

Total assets	资产总计	440 419
Total liabilities	负债总计	420 868
Equity	股东权益	
Capital	股本	1 215
Ordinary share capital	其中：普通股股本	1 015
Preference share capital	优先股资本	200
Capital reserves	资本公积	10 171
Share premium	其中：股本溢价	1 197
Merger reserve	合并储备	8 974
Treasury shares	库存股	−15
Other reserves	其他储备	797
Retained earnings	留存收益	4 835
Equity attributable to shareholders of Aviva plc	归属于母公司的所有者权益	17 003
Direct capital instrument and tier 1 notes	直接资本工具和一级票据	1 123
Non-controlling interests	非控制性权益	1 425
Total equity	股东权益合计	19 551
Total equity and liabilities	权益及负债总额	440 419

2. 利润表

（1）收入。

表4.18是A公司2016年度合并利润表的收入部分，从中可以看出，"Net investment income"（净投资收益）贡献了大部分收入（30 257£m），超过收入总额（55 292£m）的50%，其次才是保费收入。"Net investment income"一项包括当年应收的股息、利息等，债券的摊余成本变动，已实现的投资利得和损失，未实现的以公允价值计量且其变动计入当期损益的投资利得和损失等。

表 4.18　　　　　　　　A 公司 2016 年度合并利润表（收入）　　　　　单位：百万英镑

Income	收入	55 292
Gross written premiums	毛保费收入	25 442
Premiums ceded to reinsurers	分出保费	(2 364)
Premiums written net of reinsurance	净保费收入	23 078
Net change in provision for unearned premiums	提取未到期责任准备金	(210)
Net earned premiums	净已赚保费收入	22 868
Fee and commission income	手续费及佣金收入	1 962
Net investment income	净投资收益	30 257
Share of profit after tax of joint ventures and associates	合营和联营企业税后利润份额	216
(Loss)/profit on the disposal and remeasurement of subsidiaries, joint ventures and associates	处置与重估附属、合营和联营企业的利得（或损失）	(11)

（2）支出。

表 4.19 是 A 公司 2016 年度合并利润表的支出部分，从中可以看出，"Claims and benefits paid, net of recoveries from reinsurers"（扣除再保险摊回的净赔付支出）以及"Change in investment contract provisions"（提取保险合同准备金）与"Change in insurance liabilities, net of reinsurance"（扣除再保险摊回的提取保险责任准备金净额）三项占总支出比例较大，也即保险赔付与准备金提取是支出的主要方式。

表 4.19　　　　　　　　A 公司 2016 年度合并利润表（支出）　　　　　单位：百万英镑

Expenses	支出	53 459
Claims and benefits paid, net of recoveries from reinsurers	扣除再保险摊回的净赔付支出	23 782
Change in insurance liabilities, net of reinsurance	扣除再保险摊回的提取保险责任准备金净额	6 893
Change in investment contract provisions	提取保险合同准备金	14 039
Change in unallocated divisible surplus	可分配的未分配盈余的变动	381
Fee and commission expense	手续费及佣金费	3 885
Other expenses	其他费用	3 853
Finance costs	财务费用	626

该表中仅列示了扣除再保险摊回后的净赔付支出和提取保险责任准备金净额,有关再保险摊回的部分则列示于财务报表附注中。

(3) 利润。

表 4.20 是 A 公司 2016 年度合并利润表的利润部分。A 公司是一家大型的跨国保险公司,因各国税制不同,其所得税的计算较为复杂。表中各会计科目的计算公式如表 4.21 所示。

表 4.20　　　　　　　　A 公司 2016 年度合并利润表（利润）　　　　　单位：百万英镑

Income	收入	55 292
Expenses	支出	53 459
Profit before tax	税前利润	1 833
Tax attributable to policyholders' returns	保单持有人分得红利的所得税	(640)
Profit before tax attributable to shareholders' profits	归属于股东的税前利润	1 193
Tax expense	所得税费用	(974)
Less：Tax attributable to policyholders' returns	减：保单持有人分得红利的所得税	640
Tax attributable to shareholders' profits	归属于股东利润的所得税	(334)
Profit for the year	净利润	859

表 4.21　　　　　　　　所得税有关会计科目计算公式

会计科目	计算公式
Profit before tax	Income – Expenses
Profit before tax attributable to shareholders' profits	Profit before tax – Tax attributable to policyholders' returns
Tax attributable to shareholders' profits	Tax expense – Tax attributable to policyholders' returns
Profit for the year	Tax attributable to shareholders' profits – Tax attributable to shareholders' profits

(4) 综合收益。

表 4.22 是 A 公司 2016 年度的综合收益计算表。A 公司在财务报告中将收入、支出和利润与综合收益分别列示于两张表格中,较为全面地展示了公司全年经营的损益情况。

表 4.22　　　　　　A 公司 2016 年度合并利润表（综合收益）　　　　　　单位：百万英镑

Profit for the year	净利润	859
Other comprehensive income	其他综合收益	
Items that may be reclassified subsequently to income statement 以后将重分类进损益的其他综合收益		
Investments classified as available for sale	可供出售的投资类资产	10
Fair value gains/（losses）	其中：公允价值变动损益	12
Fair value losses transferred to profit on disposals	转入当期资产处置收益的公允价值损失	（2）
Share of other comprehensive income of joint ventures and associates	合营、联营企业的其他综合收益	（6）
Foreign exchange rate movements	汇率变动	1 128
Aggregate tax effect – shareholder tax on items that may be reclassified subsequently to income statement	所得税影响	（34）
Items that will not be reclassified to income statement 以后将不会重分类进损益的其他综合收益		
Owner – occupied properties – fair value gains	自有房地产公允价值收益	4
Remeasurements of pension schemes	养老金计划重估	311
Aggregate tax effect – shareholder tax on items that will not be reclassified subsequently to income statement	所得税影响	（70）
Total other comprehensive income, net of tax	其他综合收益税后净额	1 343
Total comprehensive income for the year	综合收益总额	2 202

3. 现金流量表

表 4.23 所示是 A 公司 2016 年度的合并现金流量表，表中逐一列示了公司经营活动（operating activities）、投资活动（investing activities）和筹资活动（financing activities）产生的现金流状况，并在财务报表附注中对有关科目进行了详细说明。

表 4.23　　　　　　A 公司 2016 年度合并现金流量表　　　　　　单位：百万英镑

Cash flows from operating activities	经营活动产生的现金流量	
Cash generated from operating activities	经营活动产生的现金流量总额	5 394
Tax paid	所得税费用	（647）
Total net cash from operating activities	经营活动产生的现金流量净额	4 747
Cash flows from investing activities	投资活动产生的现金流量	
Acquisitions of, and additions to, subsidiaries, joint ventures and associates, net of cash acquired	收购及增资附属、合营及联营企业所支付的现金	（432）

续表

Disposals of subsidiaries, joint ventures and associates, net of cash transferred	处置附属、合营与联营企业所收回的现金	42
Net new loans to joint ventures and associates	对合营与联营企业贷款的净增加额	94
Purchases of property and equipment	购置固定资产所支付的现金	(67)
Proceeds on sale of property and equipment	出售固定资产所收回的现金	75
Purchases of intangible assets	购置无形资产所支付的现金	(119)
Total net cash (used in) /from investing activities	投资活动产生的现金流量净额	(407)
Cash flows from financing activities	筹资活动产生的现金流量	
Proceeds from issue of ordinary shares	发行普通股收到的现金	15
New borrowings drawn down, net of expenses	新增借款所获得的现金	3 526
Repayment of borrowings	偿还借款所支付的现金	(2 340)
Net drawdown of borrowings	提取借款现金净额	1 186
Interest paid on borrowings	偿付借款利息所支付的现金	(595)
Preference dividends paid	分配优先股股利支付的现金	(17)
Ordinary dividends paid	分配普通股股利支付的现金	(871)
Coupon payments on direct capital instrument and tier 1 notes	偿付直接资本工具和一级票据利息所支付的现金	(85)
Capital contributions from non-controlling interests of subsidiaries	附属企业非控制性权益投入资本	9
Dividends paid to non-controlling interests of subsidiaries	分配附属企业非控制性权益红利所支付的现金	(135)
Changes in controlling interest in subsidiaries	附属企业控制性权益变动额	105
Total net cash (used in) /from financing activities	筹资活动产生的现金流量净额	(388)
Total net increase in cash and cash equivalents	现金及现金等价物净增加额	3 952
Cash and cash equivalents at 1 January	年初现金及现金等价物余额	33 170
Effect of exchange rate changes on cash and cash equivalents	汇率变动对现金及现金等价物的影响	1 283
Cash and cash equivalents at 31 December	年末现金及现金等价物余额	38 405

4. 股东权益变动表

表 4.24 所示是 A 公司 2016 年度的股东权益变动表。与国内企业相比，A 公司披露的股东权益变动表更为详细，特别是关于非控制性权益的计量，这一点也是中国企业会计准则与国际财务报告准则的差异。

表 4.24　　A 公司 2016 年度合并股东权益变动表　　单位：百万英镑

		Ordinary share capital	Preference share capital	Share premium	Merger reserve	Treasury shares	Other Reserves
		普通股股本	优先股股本	股本溢价	合并储备	库存股	其他储备
Balance at 1 January	年初余额（1月1日）	1 012	200	1 185	8 974	(29)	(114)
Profit for the year	净利润	—	—	—	—	—	—
Other comprehensive income	其他综合收益	—	—	—	—	—	956
Total comprehensive income for the year	综合收益总额	—	—	—	—	—	956
Owner-occupied properties fair value gains transferred to retained earnings on disposals	转入当期留存收益的自有房地产公允价值增加	—	—	—	—	—	(46)
Dividends and appropriations	股息红利	—	—	—	—	—	—
Non-controlling interests share of dividends declared in the year	非控股股东权益当年红利	—	—	—	—	—	—
Transfer to profit on disposal of subsidiaries, joint ventures and associates	处置附属、合营及联营企业转入当期损益	—	—	—	—	—	(7)
Capital contributions from non-controlling interests	非控股股东投入资本	—	—	—	—	—	—
Changes in non-controlling interests in subsidiaries	附属企业非控股股东权益变动	—	—	—	—	—	—
Treasury shares held by subsidiary companies	附属公司持有的库存股	—	—	—	—	13	—
Reserves credit for equity compensation plans	股权激励计划储备金	—	—	—	—	—	38
Shares issued under equity compensation plans	股权激励计划下发行的股份	3	—	12	—	1	(30)
Aggregate tax effect-shareholder tax	所得税影响	—	—	—	—	—	—
Balance at 31 December	年末余额（12月31日）	1 015	200	1 197	8 974	(15)	797

续表

		Retained earnings	DCI and tier 1 notes	Total equity excluding noncontrolling interest	Noncontrolling interests	Total equity
		留存收益	直接资本工具和一级票据	除非控股股东权益外的股东权益总额	非控股股东权益	股东权益合计
Balance at 1 January	年初余额（1月1日）	4 774	1 123	17 125	1 145	18 270
Profit for the year	净利润	703	—	703	156	859
Other comprehensive income	其他综合收益	242	—	1 198	145	1 343
Total comprehensive income for the year	综合收益总额	945	—	1 901	301	2 202
Owner-occupied properties fair value gains transferred to retained earnings on disposals	转入当期留存收益的自有房地产公允价值增加	46	—	—	—	—
Dividends and appropriations	股息红利	(973)	—	(973)	—	(973)
Non-controlling interests share of dividends declared in the year	非控股股东权益当年红利	—	—	—	(135)	(135)
Transfer to profit on disposal of subsidiaries, joint ventures and associates	处置附属、合营及联营企业转入当期损益	—	—	(7)	—	(7)
Capital contributions from non-controlling interests	非控股股东投入资本	—	—	—	9	9
Changes in non-controlling interests in subsidiaries	附属企业非控股股东权益变动	—	—	—	105	105
Treasury shares held by subsidiary companies	附属公司持有的库存股	—	—	13	—	13
Reserves credit for equity compensation plans	股权激励计划储备金	—	—	38	—	38
Shares issued under equity compensation plans	股权激励计划下发行的股份	26	—	12	—	12
Aggregate tax effect-shareholder tax	所得税影响	17	—	17	—	17
Balance at 31 December	年末余额（12月31日）	4 835	1 123	18 126	1 425	19 551

第三节 健康保险公司财务分析指标体系

保险公司经营的对象是各类风险,由于这一经营对象的特殊性,保险公司的财务管理有其自身的特点。保险公司按照保险合同事先收取保费,在触发赔付条件后承担赔付责任,其资金的收付之间存在较长的时间差,因此保险公司的负债水平较高,且负债金额具有很大的不确定性。一方面,对保险公司进行财务分析时,应当注重考察偿付能力,即保险公司及时足额偿付各项长期、短期债务的能力;另一方面,保险公司积聚了大量资金,这些资金能否被有效利用从而创造投资收益,在帮助公司降低风险的同时提高其盈利能力,也是保险公司财务分析中的关注点。

本节将健康保险公司的主要财务指标分为四类:资产质量指标、盈利能力指标、业务发展指标和偿付能力指标。其中,偿付能力指标在第四节"健康保险公司财务偿付能力分析"中进行了详细阐述,本节主要介绍资产质量、盈利能力和业务发展三类指标。

一、资产质量指标

(一)保险公司的实际资本

1. 认可资产

保险公司的认可资产,是指处置不受限制,并可用于履行对保单持有人赔付义务的资产。不符合前述条件的资产,为非认可资产。认可资产所包括的资产类别如表4.25所示。

表 4.25　　　　　　　　认可资产所包含的资产类别

资产类别	含义
现金	库存现金、活期存款等
流动性管理工具	货币市场基金、短期融资券、买入返售证券、央行票据、商业银行票据和拆出资金等
投资资产	定期存款、协议存款、政府债券、金融债券、企业债券、资产证券化产品、信托资产、基础设施投资、权益投资、投资性房地产、衍生金融资产、其他投资资产等
长期股权投资	保险公司对被投资单位实施控制、重大影响的权益性投资,以及对其合营企业的权益性投资

续表

资产类别	含义
再保险资产	应收分保准备金、应收分保账款和存出分保保证金等
应收及预付款项	应收保费、应收利息、保单质押贷款、应收股利、预付赔款、存出保证金、其他应收和暂付款项等
固定资产	自用房屋、机器设备、交通运输设备、在建工程、办公家具等
独立账户资产	投资连结保险等各投资账户中的投资资产
其他认可资产	递延所得税资产（由经营性亏损引起的递延所得税资产除外）、应急资本等

除认可资产外，保险公司的非认可资产主要有以下几类：

（1）无形资产。

（2）由经营性亏损引起的递延所得税资产。

（3）长期待摊费用。

（4）有迹象表明保险公司到期不能处置或者对其处置受到限制的资产，包括：被依法冻结的资产；为他人担保而被质押或抵押的资产（为自身担保的抵押物和质押物除外）；由于交易对手出现财务危机、被接管、被宣告破产等事项而导致保险公司对其处置受到限制的资产；由于当地的管制、政治动乱、战争、金融危机等原因导致保险公司对其处置受到限制的境外资产；其他到期不能处置或处置受限的资产。

（5）保监会规定的其他非认可资产。

2. 认可负债

保险公司的认可负债，是指保险公司无论在持续经营状态还是破产清算状态下均需要偿还的债务，以及超过监管限额的资本工具。不符合前述条件的负债，为非认可负债。认可负债所包括的负债类别如表4.26所示。

表4.26　　　　　　　　认可负债所包含的负债类别

负债类别	含义
保险合同负债	未到期责任准备金和未决赔款责任准备金
金融负债	卖出回购证券、应付返售证券、保户储金及投资款、衍生金融负债等
应付及预收款项	应付保单红利、应付赔付款、预收保费、应付分保账款、应付手续费及佣金、应付职工薪酬、应交税费、存入分保保证金等
预计负债	按照企业会计准则确认、计量的或有事项的有关负债
独立账户负债	保险公司对投资连结保险等提取的投资账户负债
资本性负债	保险公司发行的资本工具按照保监会有关规定不能计入资本的部分
其他认可负债	递延所得税负债、现金价值保证、所得税准备等

除认可负债外，保险公司的非认可负债主要有以下几类：

（1）保险公司根据财政部有关规定对农业保险业务提取的大灾风险保费准备金；

（2）保险公司发行的符合核心资本或附属资本标准、用于补充实际资本且符合计入资本相关条件的长期债务，包括次级定期债务、资本补充债券、次级可转换债券等；

（3）保监会规定的其他非认可负债。

3．实际资本

保险公司的实际资本，是指保险公司在持续经营或破产清算状态下可以吸收损失的财务资源。实际资本等于认可资产减去认可负债后的余额。

（1）实际资本的特点。保险公司的实际资本具有存在性、永续性、次级性和非强制性。

存在性，是指实际资本是实缴资本，即实际资本属于保险公司实际收到的股东出资额，是公司现实拥有的资本。

永续性，是指实际资本应当没有到期日，或根据保监会规定具有较长的期限。

次级性，是指破产清算时，实际资本的受偿顺序位于保险合同负债和一般债务之后。

非强制性，是指实际资本的本金返还和利息（股息）支付不属于保险公司的强制义务，或者在特定条件下可以返还或支付。

（2）实际资本的分类。根据资本吸收损失的性质和能力，保险公司的实际资本分为核心资本和附属资本。

核心资本是指在持续经营状态下和破产清算状态下均可以吸收损失的资本。核心资本分为核心一级资本和核心二级资本。核心资本的特点如表4.27所示。

表4.27 核心一级资本与核心二级资本的特点

	核心一级资本	核心二级资本
存在性	实缴资本	实缴资本
永续性	没有到期日；发行时不应产生该工具将被回购、赎回或取消的预期	没有到期日或者期限不低于10年；发行5年后方可赎回并且不得含有利率跳升机制及其他赎回激励
次级性	能吸收经营损失和破产损失；破产清算时的受偿顺序排在最后；发行人或其关联方不得提供抵押或保证，也不得通过其他安排使其在法律或经济上享有优先受偿权	能吸收经营损失和破产损失；破产清算时的受偿顺序列于保单持有人和一般债权人之后，先于核心一级资本；发行人或其关联方不得提供抵押或保证，也不得通过其他安排使其在法律或经济上享有优先受偿权；有到期日的，应当含有减记或转股条款，当触发事件发生时，该资本工具能立即减记或者转为普通股

续表

	核心一级资本	核心二级资本
非强制性	任何情况下本金返还和收益分配都不是保险公司的强制义务,且不分配收益不被视为违约	有到期日的,支付本金或利息后偿付能力充足率不达标时,不能支付本金或利息;可以设定递延支付条款或取消支付条款

附属资本是指在破产清算状态下可以吸收损失的资本。附属资本分为附属一级资本和附属二级资本。附属资本的特点如表4.28所示。

表4.28 附属一级资本与附属二级资本的特点

	附属一级资本	附属二级资本
存在性	实缴资本	实缴资本
永续性	期限不低于5年	期限可以低于5年
次级性	能吸收破产损失;破产清算时的受偿顺序列于保单持有人和一般债权人之后,先于核心资本	能吸收破产损失;破产清算的受偿顺序列于保单持有人和一般债权人之后,先于附属一级资本
非强制性	可以设定本息递延条款;发行人无法如约支付本息时,该资本工具的权益人无权向法院申请对保险公司实施破产	可以不设定本息支付的约束条件

保险公司的实际资本及其分类如图4.1所示。

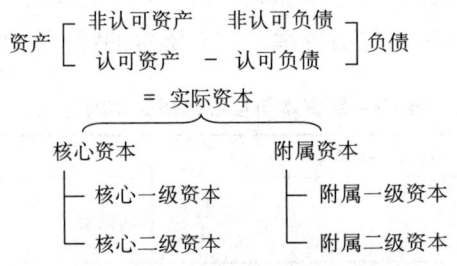

图4.1 保险公司的实际资本及其分类

(3) 实际资本限额。保险公司的各级实际资本应当满足一定限额标准:

附属资本不得超过核心资本的100%;

核心二级资本不得超过核心资本的30%;

附属二级资本不得超过核心资本的25%。

(二) 反映保险公司资产质量的财务比率指标

1. 资产负债率、认可资产负债率

资产负债率 = 负债总额 ÷ 资产总额 × 100%

认可资产负债率 = 认可负债 ÷ 认可资产 × 100%

资产负债率是负债总额占资产总额的比率，反映资产对负债的保障程度。与一般企业不同，保险公司具有高负债经营的特点，其资产负债率较高，因此在考察该指标时应当结合保险行业的平均水平进行分析。

此外，保险公司的负债规模较大，且具有很强的不确定性，保险公司资产和负债的账面价值难以反映出公司所面临的各类风险。认可资产和认可负债是对保险公司账面资产和负债进行适当调整后得出的财务指标，使用认可资产和认可负债计算得到的认可资产负债率，相比于传统的资产负债率指标，更有助于对保险公司的风险管控。

2. 资产认可率

资产认可率 = 认可资产 ÷ 总资产 × 100%

资产认可率是指认可资产占资产总额的比率。认可资产是保险公司可用于赔付的资产，对认可资产的计量是保险监管部门出于对资产安全性、流动性的考虑所提出的要求，资产认可率反映了认可资产在总资产中所占的比重，在一定程度上体现了保险公司的资产质量。

3. 速动比率

速动比率 = 速动资产 ÷ 认可负债 × 100%

其中，速动资产为认可资产中现金和投资类资产之和。

对保险公司而言，现金和投资类资产的流动性较高，是偿还保险责任债务的首要保障。速动资产比率是指现金和投资资产之和与认可负债的比率，反映了保险公司对短期流动性需求的保障能力，常用于短期偿债能力的分析。在考察该指标时，可对保险公司不同年份的速动比率进行纵向比较，观察期变化趋势，也可与同业企业进行横向比较，以评估本公司在行业中的相对水平。

4. 高流动性资产比率

高流动性资产比率 = 高流动性资产 ÷ 短期准备金负债 × 100%

其中：高流动性资产是指保险公司持有的部分可快速变现资产如货币资金、交易性金融资产、买入返售金融资产、可供出售金融资产以及一年内到期的定期存款等；短期准备金负债包括未到期责任准备金和未决赔款准备金。

高流动性资产比率是流动性最强的部分资产与短期准备金负债的比率。该指标体现了保险公司所持有的即期变现资产对短期保险责任的覆盖程度，也是评估保险公司短期偿付能力的参考指标。

5. 投资类资产占比

投资类资产占比 = 投资类资产 ÷ 资产总额 × 100%

其中，投资类资产是指保险公司为获取投资性收益而持有的资产，包括交易性金融资产、买入返售金融资产、衍生金融资产、保户质押贷款、定期存款、可供出售金融资产、持有至到期投资、归入贷款及应收款的投资、存出资本保证金、投资性房地产等。

二、盈利能力指标

盈利能力是指保险公司通过主营业务获利的能力，是偿还债务的保障。保险公司的收入、支出和利润是盈利能力分析的出发点。

（一）保险公司的收入、支出和利润

1. 收入

保险公司的经常性收入主要来源于销售保险产品和各类投资活动。健康保险公司的营业收入主要包括保费收入和投资收益。与财险和寿险公司相比，健康保险公司的保险产品结构更为复杂。因此，在考察健康保险公司的保费收入时，不仅要关注收入的规模及其增长率，还应当分析收入的结构，通过各险种对保费收入的贡献程度评估收入来源的稳定性。此外，对健康保险公司投资收益的分析，在考察收益规模的基础上，也应当注意长短期投资与对应保险责任在期限上的匹配程度，以控制投资风险。

2. 支出

保险公司的支出主要体现为提供保险产品所产生的相关费用和成本，支出规模直接影响着保险公司的经营成果。健康保险公司的营业支出主要包括退保金、赔付支出、提取保险责任准备金、手续费及佣金支出和业务及管理费等。

3. 利润

保险公司的利润水平是其盈利能力的最终体现，亦是影响其偿付能力的关键因素。在考察健康保险公司的利润指标时，不仅要考虑利润水平的高低，更应当注重其盈利的来源及稳定性。对于保险公司的新业务，可通过其盈利规模的变动预测未来的发展趋势。

（二）反映保险公司盈利能力的财务比率指标

1. 资产收益率

总资产收益率 = 报告期净利润 ÷ [（期初资产总额 + 期末资产总额）÷ 2] × 100%

净资产收益率 = 报告期净利润 ÷ [（期初所有者权益 + 期末所有者权益）÷ 2] × 100%

资产收益率包括总资产收益率和净资产收益率。总资产收益率是指报告期实现的净利润与平均资产总额的比率，净资产收益率是报告期实现的净利润与平均所有者权

益的比率。资产收益率衡量每单位资产创造净利润的能力,反映了企业对资产的利用效率。

2. 投资收益率

投资收益率 = 投资业务收益 ÷ [(期初投资类资产资金占用规模 + 期末投资类资产资金占用规模) ÷ 2] × 100%

其中:投资业务收益 = 投资收益 + 公允价值变动损益 + 汇兑损益 − 投资资产减值损失 − 投资业务的营业税金及附加 − 利息支出;投资类资产资金占用规模是指报告期内投资类资产所占用的保险资金。

投资业务收益是保险公司投资类资产在报告期内产生的财务口径收益,因而投资收益率又称为财务收益率。此外,投资业务收益加上可供出售金融资产公允价值变动净额,即为保险公司报告期内的总投资收益,总投资收益与报告期资金运用平均规模的比率为综合投资收益率,即:

综合投资收益率 = (投资业务收益 + 可供出售金融资产公允价值变动净额) ÷ [(期初投资类资产资金占用规模 + 期末投资类资产资金占用规模) ÷ 2] × 100%

投资收益率体现了保险公司投资活动的效益。

3. 综合赔付率、综合费用率、综合成本率

综合赔付率 = (赔付支出 − 摊回赔付支出 + 未决赔款准备金变动额) ÷ 已赚保费 × 100%

综合费用率 = (业务及管理费 + 手续费及佣金 + 分保费用支出 − 摊回分保费用) ÷ 已赚保费 × 100%

综合成本率 = [(赔付支出 − 摊回赔付支出 + 未决赔款准备金变动额) + (业务及管理费 + 手续费及佣金 + 分保费用支出 − 摊回分保费用)] ÷ 已赚保费 × 100%

其中:已赚保费 = 原保费收入 + 分保费收入 − 分出保费 − 未到期责任准备金变动额 − 长期责任准备金变动额。

综合赔付率、综合费用率和综合成本率这三个指标,分别反映了保险公司的赔付支出、费用支出以及二者加总得到的综合成本与已赚保费的比率。从指标的计算公式中可以看出,综合赔付率与综合费用率之和即为综合成本率。

已赚保费是考虑了再保分出业务和准备金提取后的保险公司净自留保费,是保险公司真正可以确定的收入。如果一家保险公司的分出业务增多,已赚保费占整体保费的比例就会缩减。理论上说,分出业务较多的情况下,再保摊回的赔付金额也会相应增多,从而减少赔付支出。但是考虑到大数法则,原保险业务的基数越小,则因为若干个案引起赔付支出大幅上升的可能性越大。已赚保费将再保分出业务从保费收入中

剔除,以此为分母计算得到的综合赔付率,对保险公司原保险业务赔付支出的变动将变得十分敏感,从而能够充分反映出保险公司的经营风险。

赔付支出和费用支出之和为保险公司的综合成本,其中包含了保险公司运营所实际产生的各项支出。以综合成本为分子计算得到的综合成本率是用于测算保险公司经营成本的核心指标,亦是衡量其成本控制能力和经营效益的参考依据。

4. 退保率

退保率 = 报告期退保金 ÷ (期初保险责任准备金 + 报告期保费收入) × 100%

退保率是指报告期退保总额与保险公司承保总额的比率。退保率可按不同的保险种类进行计算,从而得到某类险种的退保率。如以报告期内原保险业务中长期健康险的退保金为分子,以期初长期健康险责任准备金与报告期长期健康险原保费收入之和为分子,计算得到的退保率即为长期健康险原保险业务的退保率。

退保率可反映出保险公司的业务经营情况,退保率上升可能意味着保险公司的业务质量出现了问题。退保金属于保险公司的营业支出,退保率过高将影响保险公司的业务稳定性,从而对盈利能力产生不利影响。

三、业务发展指标

(一) 增长率指标

1. 资产增长率

总资产增长率 = (期末资产总额 − 期初资产总额) ÷ 期初总资产 × 100%

净资产增长率 = (期末所有者权益 − 期初所有者权益) ÷ 期初所有者权益 × 100%

资产增长率包括总资产增长率和净资产增长率。总资产增长率是指报告期资产总额的增长额与期初资产总额的比率;净资产增长率是指报告期所有者权益的增长额与期初所有者权益的比率。

2. 保费收入增长率

保费收入增长率 = (报告期保费收入 − 基期保费收入) ÷ 基期保费收入 × 100%

公式中的保费收入可以是原保费收入或分保费收入,也可以是某一类保险业务的保费收入,如长期险或短期险保费收入。使用不同口径的保费收入计算得到的相应增长率,能够反映出公司各类保险业务收入规模的发展情况。

(二) 市场份额指标

1. 保费收入存量市场份额

保费收入存量市场份额 = 公司保费收入 ÷ 保险市场保费收入 × 100%

保费收入存量市场份额是指报告期内保险公司实现的保费收入占保险市场的保费收入总额的比重,该指标反映了保险公司在保险市场上的盈利能力和竞争力,是公司发展应当重视的指标之一。

2. 保费收入增量市场份额

保费收入增量市场份额 =(公司报告期保费收入 – 公司基期保费收入)÷(保险市场报告期保费收入 – 保险市场基期保费收入)×100%

保费收入增量市场份额,是从增量角度分析保险公司的市场占有率。通过增量市场份额与存量市场份额的比较,可以判断保险公司市场份额的变动趋势。若增量指标大于存量指标,则保险公司的市场份额呈现上升态势;反之亦然。

3. 发展系数

发展系数 = 保费收入增量市场份额 ÷ 保费收入存量市场份额

发展系数是保费收入增量市场份额与存量市场份额的比值。若发展系数大于 1,则保费收入增量市场份额大于存量市场份额,这意味着报告期内保险公司的市场占有率增加;反之,若发展系数小于 1,则保费收入增量市场份额小于存量市场份额,此时报告期内保险公司的市场占有率是下降的。

四、健康保险公司财务指标计算实例

以健康保险公司 2016 年年度报告及 2016 年第 4 季度偿付能力报告中披露的有关财务数据为例,计算有关资产质量、盈利能力和业务发展财务指标。为简化计算,各财务指标数据均以万元为单位。

(一)资产质量财务指标

表 4.29 是根据某健康保险公司 2016 年财务报告中披露的资产负债数据表整理而得。表 4.30 是健康保险公司的认可资产及认可负债数据。

表 4.29　　　　　　　　　　公司资产负债表部分数据　　　　　　　　单位:人民币万元

	2016 年 12 月 31 日	2015 年 12 月 31 日
资产总额	4 522 724	3 283 132
货币资金	296 631	167 358
以公允价值计量且其变动计入当期损益的金融资产	47 914	76 298
买入返售金融资产	41 942	24 090
保户质押贷款	4 611	4 218

续表

	2016年12月31日	2015年12月31日
定期存款	191 266	331 248
可供出售金融资产	2 308 784	1 378 010
持有至到期投资	137 074	168 967
分类为贷款及应收款的投资	893 266	562 400
存出资本保证金	178 995	128 995
负债总额	3 954 822	2 942 120
未到期责任准备金	49 345	45 724
未决赔款准备金	275 844	224 586
寿险责任准备金	416 358	414 368
长期健康险责任准备金	1 553 157	986 438
股东权益总额	567 903	341 013

表 4.30　　　　　　　　　公司认可资产和认可负债　　　　　　　单位：人民币万元

名称	2016年（末）数	2015年（末）数
认可资产	4 498 826	4 587 468
认可负债	3 829 287	3 910 151

资产负债率 = 负债总额 ÷ 资产总额 × 100%
　　　　　= 3 954 822 ÷ 4 522 724 × 100% = 87.44%

认可资产负债率 = 认可负债 ÷ 认可资产 × 100%
　　　　　　　= 3 829 287 ÷ 4 498 826 × 100% = 85.12%

资产认可率 = 认可资产 ÷ 总资产 × 100%
　　　　　= 4 498 826 ÷ 4 522 724 × 100% = 99.47%

根据表中各资产数据，可计算投资类资产总额：

投资类资产 = 以公允价值计量且其变动计入当期损益的金融资产 + 买入返售金融资产 + 保户质押贷款 + 定期存款 + 可供出售金融资产 + 持有至到期投资 + 分类为贷款及应收款的投资 + 存出资本保证
　　　　　= 3 803 853（万元）

继而可计算投资类资产占比：

投资类资产占比 = 投资类资产 ÷ 资产总额 × 100%
　　　　　　　= 3 803 853 ÷ 4 522 724 × 100% = 84.11%

还可根据投资类资产总额计算速动比率：

速动比率 = 速动资产 ÷ 认可负债 × 100%
　　　　= （货币资金 + 投资类资产）÷ 认可负债 × 100%

$= (296\ 631 + 3\ 803\ 853) \div 3\ 829\ 287 \times 100\% = 107.08\%$

健康保险公司 2016 年年度报告财务报表附注部分显示，定期存款中一年内到期的定期存款为 1 266 万元，由此可计算高流动性资产总额：

高流动性资产 = 货币资金 + 以公允价值计量且其变动计入当期损益的金融资产 +
　　　　　　　买入返售金融资产 + 可供出售金融资产 + 一年内到期的定期存款
　　　　　 = 2 696 538（万元）

根据表中未到期责任准备金和未决赔款准备金数据，可计算短期准备金负债：

短期准备金负债 = 未到期责任准备金 + 未决赔款准备金 = 325 189（万元）

根据高流动性资产总额和短期准备金负债额，可计算高流动性资产比率：

高流动性资产比率 = 高流动性资产 ÷ 短期准备金负债 × 100%
　　　　　　　　 = 2 696 538 ÷ 325 189 × 100% = 829.22%

（二）盈利能力财务指标

表 4.31 是根据健康保险公司 2016 年财务报告中披露的利润表数据表整理而得。

表 4.31　　　　　　　公司 2016 年利润表有关数据　　　　　　单位：人民币万元

	2016 年	2015 年
营业收入	2 282 353	1 651 433
已赚保费	2 092 467	1 435 112
保险业务收入	2 302 028	1 603 127
减：分出保费	206 460	166 351
提取未到期责任准备金	3 101	1 664
投资收益	182 263	204 303
公允价值变动损益	-3 050	1 737
汇兑损益	174	603
其他业务收入	10 498	9 679
营业支出	2 274 323	1 671 534
退保金	864 140	924 285
赔付支出	741 055	596 468
减：摊回赔付支出	175 342	172 677
提取保险责任准备金	619 967	74 675
减：摊回保险责任准备金	9 959	-3 280
保单红利支出	8 004	6 672
税金及附加	2 284	6 506
手续费及佣金支出	66 571	44 780

续表

	2016 年	2015 年
业务及管理费	123 730	131 495
减：摊回分保费用	19 536	-11 927
其他业务成本	50 631	44 018
资产减值损失	2 778	106
营业利润（亏损以"-"号填列）	8 030	-20 101
加：营业外收入	623	1 364
减：营业外支出	1 236	1 694
利润总额（亏损总额以"-"号填列）	7 417	-20 430
减：所得税	7 142	-6 905
净利润（净亏损以"-"号填列）	275	-13 526
以后将重分类进损益的其他综合收益		
可供出售金融资产		
－公允价值变动损益	-18 852	70 793
－计入其他综合收益当期转入损益的净额	-14 453	-43 175
－减值损失	2 778	—
所得税影响	7 142	-6 905
以后会计期间将重分类进损益的其他综合收益税后净额	-23 385	20 714
综合收益总额	-23 110	7 188

根据表中数据可计算各盈利能力财务指标：

总资产收益率 = 报告期净利润 ÷ [（期初资产总额 + 期末资产总额）÷ 2] × 100%
= 275 ÷ [（4 522 724 + 3 283 132）÷ 2] × 100% = 0.007%

净资产收益率 = 报告期净利润 ÷ [（期初所有者权益 + 期末所有者权益）÷ 2] × 100%
= 275 ÷ [（567 903 + 341 013）÷ 2] × 100% = 0.060%

由于健康保险公司未在财务报告中专门披露投资业务的营业税金及附加，故计算投资业务收益时未考虑此项：

投资业务收益 = 投资收益 + 公允价值变动损益 + 汇兑损益 - 投资资产减值损失 - 利息支出 = 132 040（万元）

根据表4.29 中 2015 年 12 月 31 日的资产负债表数据，可计算出 2016 年年初的投资类资产为 2 674 226 万元，继而可计算出投资收益率及综合投资收益率：

投资收益率 = 投资业务收益 ÷ [（期初投资类资产资金占用规模 + 期末投资类资产资金占用规模）÷ 2] × 100%
= 132 040 ÷ [（2 674 226 + 3 803 853）÷ 2] × 100% = 4.08%

综合投资收益率 =（投资业务收益 + 可供出售金融资产公允价值变动净额）÷
　　　　　　　　［（期初投资类资产资金占用规模 + 期末投资类资产资金占用
　　　　　　　　规模）÷2］×100%
　　　　　　　= ［132 040 +（-18 852）］÷［（2 674 226 + 3 803 853）÷2］×100%
　　　　　　　= 3.49%

健康保险公司2016年年度报告财务报告附注部分显示，未决赔款准备金2016年的年初余额为224 586万元，年末余额为275 844万元，当年变动额为51 258万元，由此可计算综合赔付率：

综合赔付率 =（赔付支出 - 摊回赔付支出 + 未决赔款准备金变动额）÷ 已赚保费
　　　　　　×100%
　　　　　=（741 055 - 175 342 + 51 258）÷ 2 092 467 ×100% = 29.49%

综合费用率 =（业务及管理费 + 手续费及佣金 - 摊回分保费用）÷ 已赚保费 ×100%
　　　　　=（123 730 + 66 571 - 19 536）÷ 2 092 467 ×100% = 8.16%

综合成本率 = 综合赔付率 + 综合费用率 = 29.49% + 8.16% = 37.65%

健康保险公司2016年年初保险责任准备金为未到期责任准备金、未决赔款准备金、寿险责任准备金和长期健康险责任准备金之和，即（45 724 + 224 586 + 414 368 + 986 438）= 1 671 116 万元，继而可计算人保健康2016年的退保率：

退保率 = 报告期退保金 ÷（期初保险责任准备金 + 报告期保费收入）×100%
　　　 = 864 140 ÷（1 671 116 + 2 302 028）×100% = 21.75%

（三）业务发展指标

根据表4.29中的资产数据，可计算出总资产增长率和净资产增长率：

总资产增长率 =（期末资产总额 - 期初资产总额）÷ 期初总资产 ×100%
　　　　　　 =（4 522 724 - 3 283 132）÷ 3 283 132 ×100% = 37.76%

净资产增长率 =（期末所有者权益 - 期初所有者权益）÷ 期初所有者权益 ×100%
　　　　　　 =（567 903 - 341 013）÷ 341 013 ×100% = 66.53%

表4.31中数据表明，健康保险公司2015年保费收入为1 603 127万元，以2015年为基期计算保费收入增长率：

保费收入增长率 =（2 302 028 - 1 603 127）÷ 1 603 127 ×100% = 43.60%

保监会公布的"2016年保险统计数据报告"显示，2016年保险市场保费收入共计30 959.10亿元。表4.31中数据表明，健康保险公司2016年保费收入约为230.20亿元。由此计算健康保险公司2016年保费收入的存量市场份额：

保费收入存量市场份额 = 公司保费收入 ÷ 保险市场保费收入 ×100%
　　　　　　　　　　 = 230.20 ÷ 30 959.10 ×100% = 0.74%

保监会公布的"2015年保险统计数据报告"显示，2015年保险市场保费收入共计24 282.52亿元，健康保险公司2015年保费收入约为160.31亿元。以2015年为基期计算保费收入增量市场份额：

保费收入增量市场份额 =（公司报告期保费收入 – 公司基期保费收入）÷（保险市场报告期保费收入 – 保险市场基期保费收入）×100%
= (230.20 – 160.31) ÷ (30 959.10 – 24 282.52) × 100%
= 1.05%

发展系数 = 保费收入增量市场份额 ÷ 保费收入存量市场份额
= 1.05% ÷ 0.74% = 1.41

发展系数大于1，因此健康保险公司2016年的市场占有率相比于2015年有所增加。

第四节　健康保险公司偿付能力分析

保险公司的偿付能力是指保险公司履行偿债责任的能力。保险公司的经营对象是风险，充足的偿付能力能够保证保险公司及时足额支付赔付金，维持公司稳定运营，保障投保人权益。若保险公司的偿付能力出现问题，在意外事故发生时无法履行偿付责任，就可能引发财务风险，甚至面临破产，从而损害投保人的利益，影响保险市场稳定。因此，偿付能力是保险公司稳健经营的关键，是保险监管部门实施管理时关注的核心问题，亦是评级机构和投保人在评估保险公司风险时的最终落脚点。

2003年，保监会发布了《保险公司偿付能力额度及监管指标管理规定》，初步建立起一套衡量保险公司偿付能力的指标体系。随着我国保险业的不断发展，旧的指标体系逐渐暴露出许多问题。2012年，保监会发布《中国第二代偿付能力监管制度体系建设规划》，旨在建立一套新的以风险为导向的偿付能力管理制度。2015年，保监会发布《保险公司偿付能力监管规则（1—17号）》（以下简称《监管规则》），该文件将保险公司面临的各类偿付能力风险均纳入考察范围，对风险的评估和管理也更为全面。

自2016年1月1日起，我国保险业正式实施中国风险导向的偿付能力体系，保监会按照《监管规则》第11号文件"偿付能力风险管理要求与评估"等规定，对保险公司偿付能力风险管理能力进行监管评估。

一、保险公司的偿付能力风险

（一）偿付能力风险的构成

保险公司偿付能力风险由固有风险和控制风险组成。

1. 固有风险

固有风险是指在现有正常保险行业物质技术条件和生产组织方式下，保险公司在经营和管理活动中必然存在的、客观的偿付能力相关风险。固有风险由可量化为最低资本的风险（以下简称"量化风险"）和难以量化为最低资本的风险（以下简称"难以量化风险"）组成。

量化风险包括保险风险、市场风险和信用风险；难以量化风险包括操作风险、战略风险、声誉风险和流动性风险。

2. 控制风险

控制风险是指因保险公司内部管理和控制不完善或无效，导致固有风险未被及时识别和控制的偿付能力相关风险。

（二）偿付能力风险的管理

监管机构在对保险公司的偿付能力风险状况进行评估时，根据偿付能力风险的类别以及量化的难易程度采取不同的评估方式。对于可量化的固有风险及控制风险，通过最低资本进行计量；对于难以量化的固有风险，则纳入风险综合评级进行评估。

偿付能力风险的组成及其评估方式如图4.2所示。

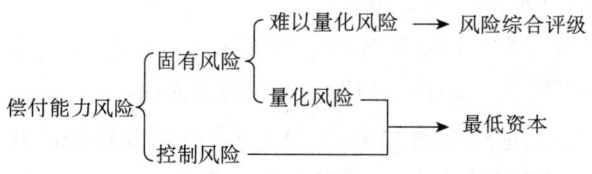

图 4.2 偿付能力风险的组成及其评估方式

二、保险公司偿付能力风险管理要求与评估

偿付能力风险管理要求与评估（Solvency Aligned Risk Management Requirements and Assessment，SARMRA），是指保监会对保险公司偿付能力风险的管理能力做出相关要求，并按照一定标准进行评估，确定保险公司控制风险水平的监管行为。

保险公司SARMRA评估的内容包括九个方面：基础与环境、目标与工具、保险风险管理能力、市场风险管理能力、信用风险管理能力、操作风险管理能力、战略风险管理能力、声誉风险管理能力和流动性风险管理能力。

九项评估内容都要从"制度健全性"和"遵循有效性"两方面进行评价。"制度健全性"是指保险公司的偿付能力风险管理基础、环境、目标和工具等是否科学、全面、合规;"遵循有效性"是指保险公司的偿付能力风险管理制度、机制是否得到持续的、有效的实施。

对"制度健全性"和"遵循有效性"的评估结果分为"完全符合""大部分符合""部分符合"和"不符合"四类。保监会根据四类评估结果给予监管评分,其中"制度健全性"的权重为60%,"遵循有效性"的权重为40%。9项评估内容的评价得分加权汇总得到保险公司 SARMRA 评估的最终结果。

保监会每年对保险公司偿付能力风险管理能力进行一次评估,于4月至10月之间组织实施。评估结束后1年之内,若保险公司偿付能力风险管理能力发生重大变化,保监会可以进行重新评估。偿付能力风险管理评估结束后,由保监会向保险公司通报评估结果。

三、保险公司的最低资本

保险公司的最低资本,是指基于审慎监管目的,为使保险公司具有适当的财务资源,以应对各类可量化为资本要求的风险对偿付能力的不利影响,保监会要求保险公司应当具有的资本数额。

(一) 最低资本的构成

保险公司的最低资本由三部分组成:

1. 量化风险最低资本,即保险风险、市场风险、信用风险对应的最低资本;
2. 控制风险最低资本,即控制风险对应的最低资本;
3. 附加资本,包括逆周期附加资本、国内系统重要性保险机构的附加资本、全球系统重要性保险机构的附加资本以及其他附加资本。

最低资本的计量以保险公司面临的各类风险为基础,涵盖所有可量化为资本要求的固有风险及控制风险。最低资本的构成如图4.3所示。

(二) 保险公司量化风险最低资本的计量

《监管规则》第2号文件"最低资本"对保险公司最低资本的计量方式进行了详细说明,并给出了量化风险最低资本的计算公式:

$$MC = \sqrt{MC_{风险} \times M_{相关系数} \times MC_{风险}^T} - LA$$

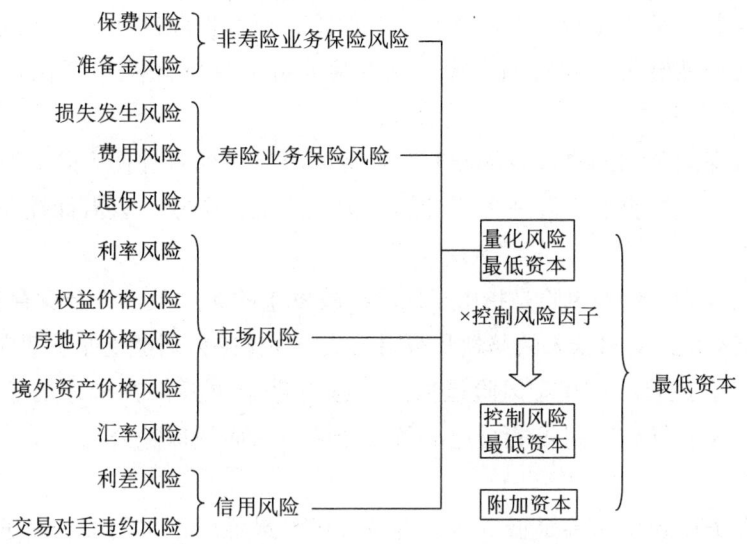

图 4.3　保险公司最低资本的构成

上式中各符号的含义如下：

MC——量化风险整体的最低资本；

$MC_{风险}$——保险风险、市场风险和信用风险的最低资本行向量；

$M_{相关系数}$——各类风险最低资本的相关系数矩阵；

LA——特定类别保险合同的损失吸收效应调整。

保险公司 $MC_{风险}$ 由（$MC_{寿险保险}$，$MC_{非寿险保险}$，$MC_{市场}$，$MC_{信用}$）组成，其中：

$MC_{寿险保险}$——寿险业务保险风险最低资本；

$MC_{非寿险保险}$——非寿险业务保险风险最低资本；

$MC_{市场}$——市场风险最低资本；

$MC_{信用}$——信用风险最低资本。

此外，分红保险和万能保险业务应当考虑损失吸收效应调整。

各类风险最低资本的相关系数矩阵 $M_{相关系数}$ 如表 4.32 所示：

表 4.32　　　　　各类风险最低资本的相关系数矩阵

相关系数	$MC_{寿险保险}$	$MC_{非寿险保险}$	$MC_{市场}$	$MC_{信用}$
$MC_{寿险保险}$	1	0.18	0.50	0.15
$MC_{非寿险保险}$	0.18	1	0.37	0.20
$MC_{市场}$	0.50	0.37	1	0.25
$MC_{信用}$	0.15	0.20	0.25	1

《监管规则》对各类量化风险的定义及有关规定如下。

1. 非寿险业务保险风险

非寿险业务，是指保险公司经营的财产保险，以及保险期间为一年或一年以内的短期意外险、短期健康险和短期寿险。非寿险业务的保险风险包括保费及准备金风险、巨灾风险。

专业健康保险公司通常经营的非寿险业务主要有短期意外伤害险、短期健康险和短期寿险业务，这三类非寿险业务不计提巨灾风险最低资本，只需计提保费及准备金风险最低资本。

(1) 保费风险。保费风险是指由于保险事故发生的频度及损失金额存在不确定性，导致保费可能不足以支付未来的赔款及费用，从而使保险公司遭受非预期损失的风险。

(2) 准备金风险。准备金风险是指由于已发生未决案件在未来的赔付金额及时间存在不确定性，导致赔付可能超过准备金金额，从而使保险公司遭受非预期损失的风险。

非寿险业务的保费风险最低资本、准备金风险最低资本采用综合因子法计算，计算公式如下：

$MC = EX \times RF$

其中，$RF = RF_0 \times (1 + K)$

公式中各个符号的含义如下：

MC——各业务类型的保费风险或准备金风险的最低资本；

EX——风险暴露；

RF——风险因子；

RF_0——基础因子；

K——特征因子，$K = \sum_{i=1}^{n} k_i$，$K \in [-0.25, 0.25]$，保监会另有规定的除外；

k_i 为第 i 个特征系数，n 为特征系数的个数；

对特征系数 k_i，由偿付能力监管规则规定和赋值，无明确规定并赋值的则 $k_i = 0$。

2. 寿险业务保险风险

寿险业务，是指保险公司经营的以人身为保险标的的保险，包括长期寿险（含年金保险）业务、长期健康险业务及长期意外险业务。寿险业务是专业健康保险公司主要经营的长期险业务，因此对寿险业务保险风险的管控十分重要。

寿险业务的保险风险包括损失发生风险、费用风险和退保风险。

(1) 损失发生风险，包括死亡发生率风险、死亡巨灾风险、长寿风险、疾病发生率风险、医疗及健康赔付损失率风险等。

死亡发生率风险，是指由于死亡发生率的实际经验高于预期而使保险公司遭受非预期损失的风险。

死亡巨灾风险，是指由于巨灾事件（如流行病、地震、海啸等）的发生导致短期内死亡发生率大幅上升而使保险公司遭受非预期损失的风险。

长寿风险,是指死亡发生率改善的实际经验高于预期而使保险公司遭受非预期损失的风险。

疾病发生率风险,是指由于疾病发生率实际经验高于预期发生率而使保险公司遭受非预期损失的风险。

医疗及健康赔付损失率风险,是指由于医疗或健康赔付成本(含意外医疗、意外死亡、护理、失能收入等赔付责任)的实际经验高于预期而使保险公司遭受非预期损失的风险。

(2)费用风险。费用风险,是指由于保单维持费用的实际水平高于预期而使保险公司遭受非预期损失的风险。

(3)退保风险。退保风险,是指由于退保的实际经验与预期发生偏离而使保险公司遭受非预期损失的风险。退保风险包括:

退保率风险,是指退保率的实际经验与预期偏离而使保险公司遭受非预期损失的风险。

大规模退保风险,是指由于特殊事件(如金融危机、声誉危机等)导致短期内退保率大幅上升而使保险公司遭受非预期损失的风险。

寿险业务保险风险最低资本采用情景法计算,即分别在基础情景假设和不利情景假设下计算评估日的现金流现值,最低资本等于两种情景下的现金流现值之差,且不得为负。即寿险业务各类保险风险的最低资本为:

$$MC_i = \text{Max} \{ (PV_{\text{基础情景}} - PV_{\text{不利情景}}), 0 \}$$

其中:

MC_i——寿险业务保险风险各类子风险的最低资本;

$PV_{\text{基础情景}}$——基础情景假设下,考虑再保因素后计算得到的寿险业务现金流现值;

$PV_{\text{不利情景}}$——不利情景假设下,考虑再保因素后计算得到的寿险业务现金流现值。

基础情景假设下的事件发生率,由保险公司根据实际经验和未来发展变化趋势确定,但不得超过保监会规定的上限或下限。不利情景假设下的事件发生率,通过对基础情景假设下的事件发生率进行调整而得,即:

不利情景假设 = 基础情景假设 × (1 + 调整比例)

不利情景假设 = 基础情景假设 + 绝对调整额

3. 市场风险

市场风险是指由于利率、权益价格、房地产价格、汇率等不利变动,导致保险公司遭受非预期损失的风险。保险公司的市场风险包括利率风险、权益价格风险、房地产价格风险、境外资产价格风险和汇率风险。

（1）利率风险，是指由于无风险利率的不利变动导致保险公司遭受非预期损失的风险。

（2）权益价格风险，是指由于权益价格不利变动导致保险公司遭受非预期损失的风险。

（3）房地产价格风险，是指由于投资性房地产价格不利变动导致保险公司遭受非预期损失的风险。

（4）境外资产价格风险，是指由于境外资产价格不利变动导致保险公司遭受非预期损失的风险。

（5）汇率风险，是指由于汇率波动引起外币资产与负债（含外汇衍生品）价值变动，导致保险公司遭受非预期损失的风险。

各类市场风险的最低资本采用相关系数矩阵进行汇总，计算公式为：

$$MC_{市场} = \sqrt{MC_{风险} \times M_{相关系数} \times MC_{风险}^T} - LA$$

其中：

$MC_{市场}$——市场风险的最低资本；

$MC_{风险}$——各类市场风险组成的最低资本行向量；

$M_{相关系数}$——各类市场风险最低资本相关系数矩阵；

$MC_{风险}$由（$MC_{利率}$，$MC_{权益价格}$，$MC_{房地产}$，$MC_{境外固收}$，$MC_{境外权益}$，$MC_{汇率}$）组成：

$MC_{利率}$——为利率风险的最低资本；

$MC_{权益价格}$——为权益价格风险的最低资本；

$MC_{房地产}$——房地产价格风险的最低资本；

$MC_{境外固收}$——为境外固定收益类资产价格风险的最低资本；

$MC_{境外权益}$——为境外权益类资产价格风险的最低资本；

$MC_{汇率}$——为汇率风险的最低资本。

市场风险最低资本相关系数矩阵如表4.33所示：

表4.33　　　　　　　市场风险最低资本相关系数矩阵

	$MC_{利率}$	$MC_{权益价格}$	$MC_{房地产}$	$MC_{境外固收}$	$MC_{境外权益}$	$MC_{汇率}$
$MC_{利率}$	1.00	-0.14	-0.18	0	-0.16	0.07
$MC_{权益价格}$	-0.14	1.00	0.22	0.06	0.50	0.04
$MC_{房地产}$	-0.18	0.22	1.00	0.18	0.19	-0.14
$MC_{境外固收}$	0	0.06	0.18	1.00	0.04	-0.01
$MC_{境外权益}$	-0.16	0.50	0.19	0.04	1.00	-0.19
$MC_{汇率}$	0.07	0.04	-0.14	-0.01	-0.19	1.00

4. 信用风险

信用风险是指由于交易对手不能履行或不能按时履行其合同义务,或者交易对手信用状况的不利变动,导致保险公司遭受非预期损失的风险。保险公司面临的信用风险包括利差风险和交易对手违约风险。

(1) 利差风险,是指利差(资产的收益率超过无风险利率的部分)的不利变动而导致保险公司遭受非预期损失的风险。

(2) 交易对手违约风险,是指交易对手不能履行或不能按时履行其合同义务,导致保险公司遭受非预期损失的风险。

保险公司信用风险最低资本信用的计算公式为:

$$MC_{信用} = \sqrt{MC_{利差}^2 + 2\rho \times MC_{利差} \times MC_{交易对手违约} + MC_{交易对手违约}^2}$$

其中:

$MC_{信用}$——信用风险最低资本;

$MC_{利差}$——利差风险最低资本;

$MC_{交易对手违约}$——交易对手违约风险最低资本;

ρ——$MC_{利差}$ 和 $MC_{交易对手违约}$ 之间的相关系数,$\rho = 0.25$。

(三) 保险公司控制风险最低资本的计量

保险公司的控制风险最低资本,是以量化风险最低资本为基础,结合保险公司偿付能力风险管理评分进行调整而得。控制风险最低资本的计量步骤如下:

首先,由保监会依据《监管规则》第 11 号文件"偿付能力风险管理要求与评估"对保险公司的偿付能力风险管理水平进行评估,得到相应的评估分数 S;

其次,根据评估分数 S 计算控制风险因子 Q,计算公式为:$Q = -0.005S + 0.4$;

最后,将量化风险最低资本与控制风险因子 Q 相乘,得到控制风险最低资本,即:

$$MC_{控制风险} = Q \times MC_{量化风险}$$

其中,$MC_{控制风险}$ 为控制风险最低资本,$MC_{量化风险}$ 为量化风险最低资本。

四、保险公司的偿付能力指标体系

基于保险公司的偿付能力风险,《监管要求》第 13 号文件"偿付能力信息公开披露"明确了保险公司应当在季度偿付能力报告中列示的三类指标:偿付能力充足率指标、流动性风险监管指标以及风险综合评级。

(一) 偿付能力充足率指标

偿付能力充足率指标包括以下组成部分:

1. 认可资产、认可负债、实际资本；
2. 核心一级资本、核心二级资本、附属一级资本、附属二级资本；
3. 量化风险最低资本、控制风险最低资本、附加资本、最低资本总额；
4. 综合偿付能力溢额、核心偿付能力溢额；
5. 综合偿付能力充足率、核心偿付能力充足率。

其中，第1组和第2组指标在第三节已介绍，第3组指标在本节第二部分已介绍。下面简要介绍第4组和第5组指标。

综合偿付能力溢额和核心偿付能力溢额，分别是指实际资本与核心资本超过最低资本的部分，计算公式如下：

综合偿付能力溢额＝实际资本－最低资本

核心偿付能力溢额＝核心资本－最低资本

与偿付能力溢额相对应，综合偿付能力充足率与核心偿付能力充足率，分别是指保险公司的实际资本和核心资本与最低资本的比率。偿付能力充足率的计算公式如下：

综合偿付能力充足率＝实际资本÷最低资本×100%

核心偿付能力充足率＝核心资本÷最低资本×100%

偿付能力充足率能够反映出保险公司的资本规模是否与其业务和风险规模相匹配。充足的资本是保险公司履行赔付责任、维持稳定运营的保障，保险公司应当规范经营，保证综合偿付能力充足率在100%以上。

（二）流动性风险监管指标

1. 保险公司的流动性风险及现金流压力测试

流动性风险，是指保险公司无法及时获得充足资金或无法及时以合理成本获得充足资金，以支付到期债务或履行其他支付义务的风险。

现金流压力测试，是指保险公司在基本情景和压力情景下，对未来一段时间内的流动性风险进行预测和评价。所谓基本情景，是指保险公司合理估计的未来发生的情景；压力情景则是指保险公司未来有可能发生并且会对偿付能力充足率产生重大不利影响的情景。

2. 流动性风险指标

流动性风险监管指标包括净现金流、综合流动比率和流动性覆盖率。

（1）净现金流包括三项指标：一是报告期的实际净现金流；二是在基本情景下未来预计净现金流；三是在压力情景下未来预计净现金流。

（2）综合流动比率。

综合流动比率＝现有负债的预期现金流出合计÷现有资产的预期现金流入合计×100%

综合流动比率反映保险公司在报告日所持有的资产和负债在未来期间内,预期的现金流入和现金流出的分布情况和匹配情况。综合流动比率是建立在一定假设之上的预测指标。

(3) 流动性覆盖率。

$$流动性覆盖率 = \frac{优质流动资产的期末账面价值}{未来一个季度的净现金流} \times 100\%$$

其中,优质流动资产是指在压力情景下,在无损失或极小损失的情况下,容易快速变现且无变现障碍的资产。优质流动资产通常包括:现金;国债;央行发行或担保的债券和票据;合同约定可提前支取的定期存款、协议存款(按 90% 的折算系数计算);政策性银行发行的 AAA 级金融债和商业银行发行的 AAA 级的金融债(按 90% 的折算系数计算);AAA 级的公司债和企业债(按 85% 的折算系数计算);上市股票(按 50% 的折算系数计算)。

流动性覆盖率反映保险公司在压力情景下未来一个季度的流动性水平,也是基于一定假设的预测指标。

(三) 风险综合评级

风险综合评级,即分类监管,是保监会根据相关信息,以风险为导向,综合分析、评价保险公司的固有风险和控制风险,根据其偿付能力风险大小,评定为不同的监管类别,并采取相应监管政策或监管措施。

1. 风险综合评级的内容。

(1) 对操作风险、战略风险、声誉风险和流动性风险四类难以量化的固有风险进行评价。其中:

操作风险,是由于不完善的内部操作流程、人员、系统或外部事件而导致直接或间接损失的风险,包括法律及监管合规风险(不包括战略风险和声誉风险)。

战略风险,是由于战略制定和实施的流程无效或经营环境的变化,导致公司战略与市场环境、公司能力不匹配的风险。

声誉风险,是由于保险公司的经营管理或外部事件等原因导致利益相关方对保险公司负面评价,从而造成损失的风险。

流动性风险,是保险公司无法及时获得充足资金或无法及时以合理成本获得充足资金,以支付到期债务或履行其他支付义务的风险。

(2) 结合保险公司的偿付能力充足率情况及上述四类难以量化风险的评价结果,评估保险公司的综合偿付能力风险等级。

2. 风险综合评级的类别

保监会按照偿付能力风险大小将保险公司分为 A、B、C、D 四个监管类别,从 A

类到 D 类，偿付能力风险逐渐增大（如表 4.34 所示）。

表 4.34　　　　　　保险公司风险综合评级的四级监管类别

监管类别	偿付能力充足率	操作风险、战略风险、声誉风险、流动性风险
A	达标	小
B	达标	较小
C	无论是否达标	某一类或几类风险较大
D	无论是否达标	某一类或几类风险严重

（四）其他经营指标

除上述三类指标之外，保监会要求保险公司上报部分日常经营指标（如表 4.35 所示）。

表 4.35　　　　　保监会要求保险公司上报的部分日常经营指标

指标	含义或计算公式
保险业务收入	利润表中的保险业务收入
净利润	利润表中的净利润
净资产	资产负债表中的净资产
基本每股收益	根据《企业会计准则第 34 号——每股收益》计算的基本每股收益
净资产收益率	净资产收益率＝净利润÷［（期初净资产＋期末净资产）÷2］×100%
总资产收益率	总资产收益率＝净利润÷［（期初资产总额＋期末资产总额）÷2］×100%
投资收益率	投资收益率＝（投资收益＋公允价值变动损益＋汇兑损益－投资资产减值损失－投资业务的营业税金及附加－利息支出）÷［（期初投资类资产资金占用规模＋期末投资类资产资金占用规模）÷2］×100%
综合投资收益率	综合投资收益率＝（投资收益＋公允价值变动损益＋汇兑损益＋可供出售金融资产的公允价值变动净额－投资资产减值损失－投资业务的营业税金及附加－利息支出）÷［（期初投资类资产资金占用规模＋期末投资类资产资金占用规模）÷2］×100%

健康保险公司除了列报上述指标外，还应当列报表 4.36 所列经营指标：

表 4.36　　　　　　健康保险保险公司应当上报的其他经营指标

指标	含义或计算公式
标准保费	保险公司根据保监会有关规定计算的标准保费
首年保费与保费收入比	首年保费与保费收入比＝（新单首年期交保费＋趸交保费）÷保费收入×100%

第四章 健康保险公司财务报告及分析

续表

指标	含义或计算公式
新业务利润率	新业务利润率＝本期新业务的首日利得÷新业务各期保费收入之和×100% 其中：首日利得是指新业务在首次进行财务报表准备金评估时的剩余边际；各期保费收入之和是指在不考虑退保、贴现等条件下的首期保费收入与所有续期保费收入的总和
13个月续保率	13个月续保率＝（上年可比季度末的长期寿险有效保单在本季度末仍然有效的保单数量÷上年可比季度末的长期寿险有效保单数量）×100%
综合退保率	综合退保率＝（退保金＋保户储金及投资款的退保金＋投资连接保险独立账户的退保金）÷（期初长期险责任准备金＋保户储金及投资款期初余额＋独立账户负债期初余额＋本期签单保费）×100%
个人营销渠道的件均保费	个人营销渠道的件均保费＝个人营销渠道的首年保费÷个人营销渠道的新单件数 其中：个人营销渠道的首年保费＝个人营销渠道的新单首年期交保费＋个人营销渠道的趸交保费
人均保费	人均保费＝个人营销渠道的首年标准保费÷个人营销员的平均数量 其中：首年标准保费是指人身保险公司根据保监会有关规定将首年保费折算确定的标准保费；个人营销员的平均数量＝（期初个人营销员数量＋期末个人营销员数量）÷2
营销员脱落率	营销员脱落率＝报告期内离职的营销员的数量÷（期初营销员数量＋报告期内新聘的营销员数量）×100%

五、健康保险公司偿付能力报告

保险公司应当定期向保监会报送偿付能力报告，接受社会公众和利益相关方的监督。下面以某健康保险公司《2017年第1季度偿付能力报告摘要》的有关内容为例，简要介绍健康保险公司的偿付能力报告框架。

（一）公司基本信息

报告的第一部分是对公司基本情况的说明，包括公司注册地址，法定代表人，经营范围和经营区域，股权结构及股东情况，控制性或实际控制人，子公司、合营企业和联营企业情况，董事、监事和高级管理人员的基本情况以及偿付能力信息公开披露联系人及联系方式等。

（二）主要指标

报告第二部分是偿付能力相关指标的具体数据，包括核心偿付能力充足率、核心偿付能力溢额、综合偿付能力充足率、综合偿付能力溢额、最近一期的风险综合评级、保险业务收入、净利润、净资产等指标的当季度末数和上季度末数。某健康保险公司2017年第1季度末及上季度（即2016年第4季度，下同）末的偿付能力指标数据如表 4.37 所示。

表 4.37　健康保险公司偿付能力主要指标　单位：万元

名称	2017 年第 1 季度（末）数	2016 年第 4 季度（末）数
核心偿付能力充足率	194%	200%
核心偿付能力溢额	305 376	309 236
综合偿付能力充足率	209%	215%
综合偿付能力溢额	354 822	358 820
最近一期的风险综合评级	B 类	B 类
保险业务收入	1 687 257	57 826
净利润	−7 272	9 038
净资产	563 774	567 903

（三）实际资本

报告第三部分披露了健康保险公司 2017 年第 1 季度末及上季度末的认可资产、认可负债以及各级实际资本额（如表 4.38 所示）。

表 4.38　健康保险公司实际资本　单位：万元

名称	2017 年第 1 季度（末）数	2016 年第 4 季度（末）数
认可资产	4 664 235	4 498 826
认可负债	3 984 711	3 829 287
实际资本	679 525	669 540
核心一级资本	630 080	619 956
核心二级资本	—	—
附属一级资本	49 445	49 584
附属二级资本	—	—

表中数据显示，该健康保险公司 2017 年第 1 季度末的实际资本为 679 525 万元，其中，核心资本全部为核心一级资本，共 630 080 万元；附属资本全部为附属一级资本，共 49 445 万元。

（四）最低资本

报告第四部分是健康保险公司 2017 年第 1 季度末及上季度末的最低资本额（如表 4.39 所示）。

第四章
健康保险公司财务报告及分析

表 4.39　　　　　　　　　**健康保险公司最低资本**　　　　　　　　　单位：万元

名称	2017 年第 1 季度（末）数	2016 年第 4 季度（末）数
最低资本	324 703	310 720
寿险业务保险风险最低资本	38 506	36 817
非寿险业务保险风险最低资本	108 686	94 485
市场风险最低资本	214 664	218 179
信用风险最低资本	107 830	90 217
考虑分散效应和吸损效应后的量化风险最低资本	323 958	310 007
控制风险最低资本	745	713
附加资本	—	—

由上表数据可得：

保险风险、市场风险和信用风险的最低资本行向量 $MC_{风险} = \begin{pmatrix} 38\ 506 \\ 108\ 686 \\ 214\ 664 \\ 107\ 830 \end{pmatrix}$

各类风险最低资本的相关系数矩阵 $M_{相关系数} = \begin{pmatrix} 1 & 0.18 & 0.50 & 0.15 \\ 0.18 & 1 & 0.37 & 0.20 \\ 0.50 & 0.37 & 1 & 0.25 \\ 0.15 & 0.20 & 0.25 & 1 \end{pmatrix}$

未考虑分散效应和吸损效应的量化风险最低资本记为 MC'，则有：

$MC' = \sqrt{MC_{风险} \times M_{相关关系} \times MC_{风险}^T} = 339\ 923$（万元）

表中未披露分散效应和吸损效应，但根据表中已计算出的"考虑分散效应和吸损效应后的量化风险最低资本"数值，可反推出分散效应和吸损效应 LA：

$LA = MC' - MC = 339\ 923 - 323\ 958 = 15\ 965$（万元）

最终算得最低资本额：

最低资本 = 量化风险最低资本 + 控制风险最低资本 + 附加资本
　　　　 = 323 958 + 745 + 0 = 324 703（万元）

根据表 4.37 中的各级实际资本数值和表 4.38 中的最低资本数值，可以计算出表中的偿付能力充足率指标。以 2017 年第 1 季度末有关数据为例：

从表 4.37 中可知，实际资本 679 525 万元，其中核心资本 630 080 万元；从表 4.38 中可知，最低资本 324 703 万元。

由此可得：

核心偿付能力充足率 = 核心资本 ÷ 最低资本 × 100%

$$= 630\,080 \div 324\,703 \times 100\% = 194\%$$

综合偿付能力充足率 = 核心资本 ÷ 最低资本 × 100%

$$= 679\,525 \div 324\,703 \times 100\% = 209\%$$

(五) 风险综合评级

报告第五部分是健康保险公司近两季度的风险综合评级情况。报告显示，健康保险公司2017年第1季度及2016年第4季度的风险综合评级均为B级。

(六) 风险管理状况

报告第六部分是健康保险公司偿付能力风险管理能力的评估情况以及公司对于偿付能力风险管理的改进措施。报告显示，健康保险公司2016年SARMRA评估得分为79.54分，其中：风险管理基础与环境15.96分，风险管理目标与工具7.59分，保险风险管理8.57分，市场风险管理7.95分，信用风险管理7.22分，操作风险管理8.42分，战略风险管理8.5分，声誉风险管理7.74分，流动性风险管理7.61分。

根据评估分数可由量化风险最低资本计算出控制风险最低资本。

健康保险公司2016年SARMRA评估得分S为79.54分，首先计算控制风险因子Q：

$$Q = -0.005S + 0.4 = -0.005 \times 79.54 + 0.4 = 0.0023$$

其次，将量化风险最低资本与控制风险因子Q相乘，得到控制风险最低资本：

$$MC_{控制风险} = Q \times MC_{量化风险} = 0.0023 \times 323\,958 = 745（万元）$$

(七) 流动性风险

报告第七部分为流动性风险监管相关指标。

报告显示，健康保险公司2017年第1季度净现金流10.05亿元，预计下一季度的综合流动比率为191.76%。压力情景一下（即签单保费较去年同期下降80%，同时退保率假设为基本情景的2倍）流动性覆盖率357.52%；压力情景二下（即预测期内到期的固定收益类资产20%无法收回本息）流动性覆盖率680.28%。

健康保险公司2017年第1季度的流动性风险指标数据表明，该公司当季未出现流动性风险。

(八) 监管机构对公司采取的监管措施

报告第八部分是保监会对公司采取的监管措施及公司的整改情况。报告显示，保监会当季未对健康保险公司实施有关监管措施。

本章小结

健康保险公司具有保险负债评估难度较大、产品结构多元化、盈利来源分散化的特点，因此，在考察健康保险公司的财务状况时，应根据其特点有所侧重地进行分析。

中外企业财务报告的编制规范有所差异。中国企业应依据财政部发布的《企业会计准则》编报财务报告，该准则与国际财务报告准则（International Financial Reporting Standards，IFRS）实质性趋同。国际财务报告准则由国际会计准则委员会（International Accounting Standards Board，IASB）颁布，是国际上通行的一项标准会计制度，也是多数跨国公司普遍遵循的财务报告准则。此外，美国企业遵循美国财务会计准则委员会（Financial Accounting Standards Board，FASB）制定的一般公认会计原则（Generally Accepted Accounting Principles，US GAAP）。

国际财务报告准则有关保险合同的准则有《IFRS 4—Insurance Contracts》（保险合同），该项准则拟于2021年被新准则《IFRS 17—Insurance Contracts》（保险合同）替代。中国企业会计准则中，与保险合同相关的准则有《企业会计准则第25号——原保险合同》和《企业会计准则第26号——再保险合同》，这两项具体准则的发布，使我国保险会计准则与国际会计准则实现部分趋同。

中外企业披露的财务会计报告，普遍包含资产负债表、利润表、现金流量表和股东权益变动表等报表。但是，不同国家的企业所遵循的会计准则及有关规定存在差异，财务报告体系也各有特点。

健康保险公司的主要财务指标可分为资产质量指标、盈利能力指标、业务发展指标和偿付能力指标等，其中：

（1）资产质量指标包括保险公司的认可资产、认可负债和实际资本。保险公司的认可资产是指处置不受限制，并可用于履行对保单持有人赔付义务的资产；保险公司的认可负债是指保险公司无论在持续经营状态下还是破产清算状态下均需要偿还的债务，以及超过监管限额的资本工具；保险公司的实际资本是指保险公司在持续经营或破产清算状态下可以吸收损失的财务资源，实际资本分为核心资本和附属资本，其数值上等于认可资产减去认可负债后的余额。此外，可反映保险公司资产质量的财务比率指标主要有：资产负债率、认可资产负债率、资产认可率、速动比率、高流动性资产比率和投资类资产占比等。

（2）盈利能力指标包括保险公司的收入、支出和利润。对健康保险公司而言：

营业收入主要包括保费收入和投资收益；营业支出主要包括退保金、赔付支出、提取保险责任准备金、手续费及佣金支出和业务及管理费等。此外，可反映保险公司盈利能力的财务比率指标主要有资产收益率、投资收益率、综合赔付率、综合费用率、综合成本率和退保率等。

（3）业务发展指标包括增长率指标和市场份额指标，其中：增长率指标包括资产增长率和保费收入增长率等；市场份额指标包括保费收入存量市场份额、保费收入增量市场份额和发展系数等。

保险公司的偿付能力是指保险公司履行偿债责任的能力。偿付能力是保险公司稳健经营的关键，是保险监管部门实施管理时关注的核心问题，亦是评级机构和投保人在评估保险公司风险时的最终落脚点。

2015年，中国保监会发布《保险公司偿付能力监管规则（1—17号）》（以下简称《监管规则》），该文件将保险公司面临的各类偿付能力风险均纳入考察范围，对风险的评估和管理也更为全面。自2016年1月1日起，我国保险业正式实施中国风险导向的偿付能力体系。

保险公司的偿付能力风险由固有风险和控制风险组成。固有风险是指在现有的正常保险行业物质技术条件和生产组织方式下，保险公司在经营和管理活动中必然存在的客观的偿付能力相关风险。控制风险是指因保险公司内部管理和控制不完善或无效，导致固有风险未被及时识别和控制的偿付能力相关风险。保监会对于保险公司可量化的固有风险及控制风险通过最低资本进行计量，对于难以量化的固有风险则纳入风险综合评级进行评估。

保险公司的最低资本，是指基于审慎监管目的，为使保险公司具有适当的财务资源，以应对各类可量化为资本要求的风险对偿付能力的不利影响，保监会要求保险公司应当具有的资本数额。最低资本由量化风险最低资本、控制风险最低资本、附加资本三部分构成。

保险公司偿付能力指标体系包括偿付能力充足率指标、流动性风险监管指标以及风险综合评级三类指标。其中：

（1）偿付能力充足率指标包括：认可资产、认可负债、实际资本；核心一级资本、核心二级资本、附属一级资本、附属二级资本；量化风险最低资本、控制风险最低资本、附加资本、最低资本总额；综合偿付能力溢额、核心偿付能力溢额；综合偿付能力充足率、核心偿付能力充足率。

（2）流动性风险监管指标包括净现金流、综合流动比率和流动性覆盖率。

（3）风险综合评级是保监会根据相关信息，以风险为导向，综合分析、评价保险公司的固有风险和控制风险，根据其偿付能力风险大小，评定为不同的监管类别，并采取相应监管政策或监管措施。

保险公司应当定期向保监会报送偿付能力报告,接受社会公众和利益相关方的监督。

专业术语

原保险(primary insurance):保险人与投保人之间直接签订保险合同而建立保险关系的一种保险。在原保险关系中,保险需求者将其风险转嫁给保险人,当保险标的遭受保险责任范围内的损失时,保险人直接对被保险人承担赔偿责任。

再保险(reinsurance):也称分保,是保险人将其所承保的危险责任的一部分或全部向其他保险人办理保险,即保险的保险。

认可资产(admissible asset):处置不受限制,并可用于履行对保单持有人赔付义务的资产。

认可负债(admissible liability):保险公司无论在持续经营状态还是破产清算状态下均需要偿还的债务,以及超过监管限额的资本工具。

实际资本(actual capital):保险公司在持续经营或破产清算状态下可以吸收损失的财务资源,实际资本分为核心资本和附属资本,其数值上等于认可资产减去认可负债后的余额。

偿付能力(solvency):保险公司履行偿债责任的能力。

偿付能力充足率(solvency ratio):可分为综合偿付能力充足率与核心偿付能力充足率,分别是指保险公司的实际资本和核心资本与最低资本的比率。

流动性风险(liquidity risk):是保险公司无法及时获得充足资金或无法及时以合理成本获得充足资金,以支付到期债务或履行其他支付义务的风险。

思考题

1. 健康保险公司的财务分析有哪些重点与难点?
2. 比较中外保险公司财务报告的异同。
3. 简述健康保险公司财务分析指标体系的构成。
4. 什么是保险公司偿付能力风险?简述偿付能力风险的管理和评估方法。

第五章

健康保险公司财务预测与资金管理

根据最新的制度要求,保险集团公司定期上报全口径的资产负债表和利润表,统计内容包括财务信息和风险信息。本章从简要介绍健康保险主营业务及其特征入手,对利润表的收入、成本费用项目进行主项分析,方便读者对健康保险的利润形成、利润分析和管理有一定了解。接下来,从健康保险的资金来源、筹资与资金运用方面,介绍健康保险公司的资金来源、投资与资产负债表。针对健康保险工资的现金流量表,本章从保险企业现金流量的特性以及经营与投资活动两方面的现金管理进行介绍与分析。最后,本章从健康保险这一险种的风险特征出发,对健康保险责任准备金的提取、健康保险损失率及其计算公式以及影响健康保险损失率的因素进行了阐述。

第一节 保险公司财务报表披露要求

2016年4月,中国保监会印发了《保险集团并表监管统计制度》(下称《制度》)。为了防范风险,《制度》要求自2016年7月1日起,保险集团公司定期上报全口径的资产负债表和利润表。《制度》的统计内容包括两方面:一是财务信息,要求保险集团公司定期上报全口径的资产负债表和利润表,合并范围按照现行《企业会计准则》以控制为基础确定,包括总公司、全部子公司及结构化主体等;二是风险信息,具体包括保险集团并表风险监测表、业务分部情况表、重大内部交易统计表、主要交易对手方及风险敞口统计表、并表监管成员公司信息表以及集团股权树形结构图等。主要考察保险集团的规模、股权结构及业务占比、重大内部交易、风险集中度、系统性风险和偿付能力六个方面的风险。

第二节 健康保险公司的盈利预测与利润表

一、健康保险业务及其特征

(一) 健康保险的主营业务

健康保险是由"健康"和"保险"两个名词组成,顾名思义,是利用保险工具来解决人们因健康问题导致损失的一种经济手段,其本质是将个体面临的健康风险转移到群体来共同承担。具体而言,一个计划、一项服务或者一个产品必须同时符合以下三个条件:存在部分或全部健康风险的转移、事先支付转移风险的成本、健康损失由群体共同承担,才属于健康保险的范畴。健康保险可以按不同要素分为许多不同的类别,如:按投保对象可以分为团体保险和个人保险;按险种可以分为主险和附加险;按保险期限可以分为长期保险和短期保险;按其保险责任的不同可以分为失能收入损失保险、疾病保险、医疗费用保险和长期护理险等,这四种业务也是健康保险公司的主营业务;按提供保险方的组织性质可分为商业健康保险和社会基本医疗健康保险。目前国际上比较流行的健康保险产品分类标准是按照其保障范围的不同,具体有以下四种:医疗费用保险、重大疾病保险、失能收入保险和长期护理保险。

1. 医疗费用保险

医疗费用保险是对被保险人提供相应的医疗费用的保险,在健康保险中也属于最常见的保险险种。它所提供给被保险人的医疗费用包含了诸多费用,如:门诊费用、药品费、住院费用、手术费用以及其他各项检查费用等。医疗费用保险一般而言属于短期险种。

2. 重大疾病保险

重大疾病保险,是指在被保险人患有保险合同中列示的严重疾病之一时,或者做合同中列示的某种重大手术(或因意外事故致残)时,保险人对被保险人进行保险金定额给付。一般而言,重大疾病保险合同中规定的重大疾病一般都是那些对人的身体危害极大并且会造成高额医疗费用的疾病。大多数重大疾病保险属于长期业务,并且在我国健康险市场中享有极为重要的地位。

3. 失能收入保险

失能收入保险又称为收入保障保险,是当被保险人在保险期限内由于疾病或者身体受损而致使失能从而收入减少时,保险公司对此提供保险金用以补偿部分减少的收入的健康保险。而保险公司对被保险人减少的收入的补偿一般采用的方法是,在被保险人失能期间按月给付固定金额或现有工资收入与原有工资收入差额的某个比例,在此期间内被保险人应该在医生的监督下才可以领取这一给付的保险金。失能收入保险依据给付期间的长度分为两种:短期失能收入保险和长期失能收入保险。

4. 长期护理保险

长期护理保险,是当被保险人因身体某些功能失常或丢失,在平常生活中遭遇困难时(如穿衣、移动、行动、如厕、进食和洗澡等),必须入住治疗护理中心或在家中寻求别人对其进行护理而产生的费用给予补偿的一种健康保险。长期护理保险金在给付时,可以按费用发生额给付也可以按合同中约定的固定金额给付。其给付期限一般有多种,如:一年、数年和终身给付等不同形式。与此同时,相对应的免责期也有多种,如:30天、60天、90天、100天等不同形式和规定,一般会在保险合同中对此进行说明。

(二) 健康保险业务特征

相对于其他险种,健康保险有其独有的特征,这些特征都将影响各类健康保险产品的定价,或影响各类健康保险产品准备金的计提,从而直接影响健康保险公司的利润和未来获利能力。健康保险是人身保险业务中的重要组成部分,但是与一般的人寿保险和意外伤害等保险相比,除了保险责任完全不同外,还有如下独特之处:

1. 承保风险上的特征

相对于其他人身风险而言,健康保险不仅损失发生的频率高、难以对其损失进行准确而有效地估计、无法有效地控制给付额,而且其影响因素也较其他保险复杂,所面临的逆选择和道德风险都很严重。除此之外,由于服务或药品的价格主要是由服务或药品的提供者所决定,保险公司难以对其成本进行控制,因此,健康保险所面临的来自于健康服务或药品提供者的风险较大,难以准确预计其未来现金流量。

2. 产品形态上的特征

健康保险拥有多种多样复杂多变的产品形态,既包括因被保险人发生疾病或意外伤害治疗而提供合理补偿的医疗费用保险,也包括由于被保险人罹患重大疾病而予以支付高额给付的重大疾病保险,还包括由于被保险人发生伤病而致使被保险人的收入损失而对其未来收入的减少提供补偿的收入损失保险。如此多种多样的产品形态在满足人们健康保障需求的同时,也为健康保险精算师们的工作带来了挑战。目前,我国健康保险市场正在高速发展的过程中,随着人民健康意识的不断增强和我国医疗健康事业的不断蓬勃发展,健康保险的产品形态势必还将进一步丰富。根据前文,保险公司想要准确估计出自身价值，应对所有产品进行分类评估。

3. 保险期限上的特征

健康保险既有长期险种也有短期险种。但总的来说，除重大疾病保险外，健康保险业务主要由一年期的短期业务构成。健康险业务中较为特殊的医疗费用保险在费率的计算上极为复杂，由于我国健康服务或药品的价格每年飞速增长，每年都需要针对上一年的情况对保险合同价格进行修正，难以向寿险业务一样保持一个均衡平稳费率。我国健康保险在发展初期，各个保险公司推出的大多也是一年期的短期险种，此特征在中国显示得尤为突出。随着保险行业的发展和健康保险市场的不断完善，能提供长期保障的保证续保型健康保险逐渐受到市场的重视。

4. 保险金给付上的特征

当被保险人在保险期间内由于疾病原因死亡，或者遭遇了意外伤害而残疾时，人寿保险会给付被保险人之前所约定好的死亡保险金或残疾保险金，而健康保险则是当被保险人因伤病而住院或者身体受损致使收入减少时，对被保险人提供相应的补偿，此特征是其他人身保险不具备的。同时，与人寿保险不同的是，健康保险赔付金额在总的保险金限额内通常是不确定的。一般说来，健康保险有定额给付和根据实际费用进行补偿两种给付方式，但即使是定额给付，除部分重大疾病保险外，也不同于人寿保险，如住院补贴保险中对每天住院日额是采用定额方式，但由于住院天数的变化，赔付金额最终还是不确定的，况且被保险人每年住院的次数也不确定，而根据实际费用进行补偿的赔付方式更使赔付金额在总的保险金限额内是完全不确定的。

5. 精算定价上的特征

就商业健康保险而言，具体的定价方法可以分为两类，即短期健康保险和长期健康保险。短期健康保险是指保证费率期限小于等于一年或保险合同需要年度更新的商业健康保险产品，包括短期个人健康保险和大多数团体健康保险产品，其保费一般随着投保人年龄的增加而增长；而所谓的长期健康保险是指保险期限在一年以上的健康保险，一般包括长期医疗费用保险、收入保障保险、重大疾病保险、长期护理保险，其费率一般采用平稳费率。

6. 健康保险准备金的特征

在产险公司，保险责任准备金通常包括未到期责任准备金、未决赔款准备金等，寿险公司提取的最重要的准备金则是保单责任准备金。而健康保险准备金有其自己的特征，其中健康保单准备金是指为履行健康保险合同未来给付责任而提取的准备金，包括短期健康保险未到期责任准备金（即未赚保费准备金）、长期健康保险的平准保费准备金（即年龄准备金）和保费不足准备金；健康保险赔款准备金是对在保单有效期内已发生却没有进行理赔的保险事故未来的赔偿和给付提取的准备金，包括已发生已报告未给付赔款准备金和已发生未报告未决赔款准备金和理赔费用准备金。

二、健康保险收入和成本费用

（一）健康保险收入

健康保险公司的收入构成与普通人寿保险公司基本一致，是指保险公司在一定期间内因对外提供劳务而得到的新流入保险公司的资产，或得以抵销保险公司原有的债务。营业收入与保险公司的业务经营活动紧密相关，直接来源于保险公司对外提供的劳务。另外，营业收入也是构成保险公司收益的主要来源，一般会增加保险公司的资产，会增加保险公司的所有者权益。所以，从另一方面来看，保险公司收入的资产，如果是由业主投入的资本或是债权人贷给的资本，就不得看作是保险公司的营业收入。具体来说，保险公司的营业收入是指保险公司办理各类保险业务而收取的保费收入等的总和，具体包括：

1. 保费收入

保费收入是保险公司的特定收入项目，是指保险公司在办理各项保险业务的过程中，依照保险合同的有关规定向投保人收取的保险费及储金折算利息。储金折算利息是指在会计期末运用规定的利率计算的利息。

2. 分保费收入

分保费收入是指保险公司在再保险业务中作为分入分保公司（再保险人）接受分入分保业务时，按分入分保合同条款规定向分出分保公司（再保险被保人）收取的保险费收入。

3. 追偿款收入

追偿款收入是指保险公司对因第三者的过错造成保险标的的损失，在按照保险合同、协议的规定进行赔偿后，取得代位求偿权，依法向第三者（责任人）索回赔偿而取得的收入。

在以上三种营业收入来源中，保费收入是保险公司收入的主要来源，也可以称为保险公司的主营业务收入。

（二）健康保险的成本费用

1. 赔款赔偿方式下的纯保费

在赔款赔偿方式下，健康保险的赔付金额由保险合同约定，保险公司对赔付成本有较大的控制权。健康保险的纯保费应当足以抵付在保险合同期间保险公司将要给付的赔偿金的现值。保险事故未来的赔偿和给付所提取的准备金，包括已发生已报告未给付赔款准备金和已发生未报告未决赔款准备金。另外，健康保险公司也会提取意外事项准备金，以应付疾病流行或重大事件所带来的巨大损失。

在此仅讨论伤残年金、永久残疾、重大疾病、长期护理这四种典型的健康保险产品保费模型并针对特定的健康保险，来分析其纯保费的计算。

（1）伤残年金保险。伤残年金（Disability annuities）保险，属于赔款赔偿方式，指保险事件发生后，由保险人给付一定年限的定额赔偿金，而不计较保险人的实际损失情况。在这里需要指出的是，虽然最初这类年金保险是保险公司针对被保险人发生残疾后而不能正常工作，对其进行定期给付以弥补被保险人收入损失而开展的，但随着保险产品多样化的发展，近年来年金给付保险也扩展到重大疾病领域，如果被保险人生患特定疾病，可以通过此类保险来得到较长期的持续性赔付。为了叙述简便，沿用伤残年金这一历史称谓，但其实际上已经涵盖更广阔的保障范围。

（2）永久残疾保险。永久残疾（Permanent disability）保险金的给付以确定残疾或伤病是否是可康复的，如果在一定期间内残疾仍不可治愈，那么则认为该残疾是永久不可治愈的，此期间称为考察期，通常为半年至两年。在考察期结束后，被保险人将得到一次性的保险赔付。

（3）重大疾病保险。在重大疾病（Dread disease）保险合同中通常约定对发生特定的重大疾病，如癌症、心力衰竭、中风及需要进行冠状动脉外科分流术治疗的疾病，提供一次性的保险赔付。

（4）长期护理保险。在长期护理（Long term care）健康保险中通常会按照生活自理能力的不同，对发生疾病和残疾的保险人给予不同的赔付，也就是赔付与处于疾病的严重程度相关。

2. 报销赔偿方式下的纯保费

在健康保险中有一类保险是按被保险人实际所发生的医疗费用或其一定的百分比来进行赔付的。对于这类保险纯保费的计算，依赖于对保单持有人的损失大小和发生频率的考察。在保险精算学中，用频率（Frequency）代表索赔概率，用确率（Severity）代表平均索赔额，它是随机变量实际赔付额的期望值。纯保费则可用下面的公式来表示：

纯保费 = 索赔频率 × 期望赔付额

在纯保费计算公式中索赔频率和期望赔付额的确定都依赖于实际发生损失的分布和具体的保险条款。

3. 健康保险的总保费

在实际中保险公司向被保险人收取的保险费在纯保费的基础上还有一个附加值。因为在纯保费的计算过程中没有考虑预定死亡率、疾病率与现实的差异，也不考虑经营中必要的开支，如行政管理费、保单成本、代理人佣金等。本部分讨论如何确定健康保险产品的总保费，以及总保费的合理性测试。

总保费是纯保费和附加费用的总和。总保费不仅包括赔付成本，还包括营运成本以及适当的盈利，其中除纯保费以外的其他费用称为附加保费。附加费用可以分为三类：一类是与保费大小有关的，如代理人的佣金、保费税等；第二类是与保险金额有关的费用，如理赔成本；第三类与特定保险产品没有直接联系，一般指公司的营运成本、预期的盈利等。

对于总保费的估算最常用的是损失率法：

总保费＝净保费/损失率

上述公式中的损失率实际上是保险公司的预期损失率，也就是总保费中多大的比例将用于保险金的给付，其余的比例保证保险公司的营运、法定准备金的要求和适当的盈利。损失率是在整个保险期间赔付现值和所收保费现值的比例。等级费率健康保险承保的风险与投保人的具体情况密切相关，因此健康保险的定价过程中还要充分考虑投保个体的差异，实行等级费率，具体来讲要考虑如年龄、性别、职业、地区、既往病史等因素。

（三）健康保险成本费用控制

由于信息不对称而产生的逆选择和道德风险问题一直是保险界面临的一大难题，在团体健康保险市场中其影响尤为严重。在一般经济学意义上，道德风险来自于人的机会主义行为。按照威廉姆逊（Williamson，1985）的定义，机会主义行为指人们借助不正当的手段谋取自身利益的行为。机会主义行为有"事前"与"事后"之分。事前的机会主义被称为"逆向选择"，即在达成契约前，一方利用信息优势诱使另一方签订不利的契约。事后的机会主义被称为道德风险。市场主体之间的关系越复杂，信息不对称的程度越大，道德风险的问题就越严重。不管是从保险人的角度还是投保人的角度来看，提供团体医疗费用保险的成本都是团体失能收入保险的若干倍。因此，这里所讨论的团体健康保险成本控制将主要集中于探讨团体医疗保险的成本控制。这不仅仅是因为团体医疗费用保险占有团体健康保险市场的绝对份额，更主要的原因在于团体医疗费用保险中，保险方介入医疗服务改变了医疗服务供需双方的关系，切断了医患双方的直接的经济联系，在很大程度上化解了医患矛盾，但同时也形成了保险人成本控制的难题。

基本的成本控制措施包括：自负额、共保、最高给付额、内部给付限制、保险给付的协调。

1. 自负额

自负额也称扣除额，是团体健康保险中，在任何成本给付以前参加保险者（被保险人）必须支付的某一特定金额。

2. 共保

共保，指的是团体健康保险中，保险双方共同承担发生的医疗费用，双方共付部分根据共付率来决定，这种形式的保险就称为共付保险。共付率一般指消费者支付的比率。

3. 最高给付额

最高给付额，是指对被保险人医疗费用补偿有最高金额限制，超出这一限额的费用由消费者自付，即通常所说的封顶。在最高给付额条件限制下，可能产生大额医疗费用风险的少数人就被排除在团体健康保险之外，因而能有效控制保险成本，可以避免保险机构费用超支的风险。

4. 内部给付限制

内部给付限制，是指对被保险人可能接受的一些单个医疗服务项目在给付额或给付比例上加以限制。通过被保险人对部分医疗服务成本的分担，强调对于这些医疗服务需求的限制使用，增加被保险人对于成本观念的认知。

5. 保险给付的协调

团体健康保险可以是雇员及其家属，在家庭成员都投保团体健康保险的情形下，家庭个人受到两种团体健康保险保障的情况日益普遍，使得个人存在获得双重保险给付的可能性。

（四）健康保险公司的利润形成和分配

利润是在一定时期内的经营成果，是公司各种收入减去有关成本和费用后的差额。利润是保险公司生存与发展的必要条件，也是评价其经营状况的一个重要指标。

1. 利润总额

利润总额包括营业利润和营业外收支净额两部分，用公式表示为：

利润总额 = 营业利润 + 营业外收入 − 营业外支出

2. 营业利润

营业利润是保险公司的主要来源，是指保险公司在整个经营活动过程中所获得的利润，它包括承保利润、其他业务利润以及保险资金运用实现的投资收益等。营业利润用公式表示为：

营业利润 = 承保利润 + 其他业务利润 + 保险资金运用实现的利润 + 汇兑损益

承保利润是指保险公司从事保险业务取得的利润，用公式表示为：

承保利润 = 保险业务收入 − 保险业务支出 − 准备金提转差

其他业务利润是指保险公司除保险业务以及保险资金运用以外的其他业务取得的利润，用公式表示为：

其他业务利润 = 其他收入 − 其他支出

保险资金运用实现的利润是指保险公司将保险资金用于银行存款、资金拆借、贷款、债券等投资取得的收益。用公式表示为：

保险资金运用实现的利润 = 投资收益 + 利息收入 + 买入返售证券收入 – 利息支出 – 卖出回购证券支出

汇兑损益是指保险公司因货币兑换、汇率变动等原因而实现的汇兑收益减去汇兑损失后的差额。

3. 营业外收支差额

营业外收入，是指保险公司发生的与经营业务无直接关系的各项收入，如固定资产盘盈、固定资产清理净收益、债务重组收益、确实无法支付的应付款项、接受捐赠的现金等。营业外支出，是指保险公司发生的与经营业务无直接关系的各项支出，如固定资产盘亏、固定资产清理净损失、债务重组损失、捐赠支出、罚款支出、非常损失等。

4. 净利润

净利润是保险公司当期利润总额减去所得税以后的余额，即保险公司的税后利润，用公式表示为：

净利润 = 利润总额 – 所得税

（1）分险种确认利润。

分险种确认利润就是指将各项收入和费用按险种进行分摊以分别核算各个险种的损益情况。

第一，分险种确认利润的必要性。保险公司应对各个险种分别进行损益核算，这既是保险公司经营发展的需要，也是保险监管部门的要求。

一是保险公司经营的险种很多，各个险种之间的差异（费率、保险责任、保险赔付等的差异）也很大，将所有险种汇总考察其损益，只能从整体把握保险公司的经营绩效和盈利能力；若在此基础上再分险种进行损益核算，则可以更清楚地掌握收入与支出的来源或构成，找到利润上升和下降的原因，从而确保经营决策的正确性。

二是保险公司经营有分红保险和非分红保险，这两个险种的差异不仅体现在费率、保险责任等方面，更重要的是分红保险的保单持有者除了可以获得保险金给付外，还可以获得保单红利。对分红保险和非分红保险分别进行损益核算是保证保险人之间的公平以及合理确认可分配红利的重要保证。

三是分险种进行损益核算是保险监管部门的要求。保险监管部门要求保险公司提供能反映其实际经营状况的信息，分险种损益核算资料是对"三张表"的有益补充，必不可少。

第二，分险种确认利润的方法。保费收入、保险赔付以及手续费支出等项目通常直接按险种计算，不需另外对其按险种分配。而投资收益、营业费用等项目往往并非直接与具体险种挂钩，对这部分收支必须以尽可能合理的方式按险种分配。

一是按险种对投资收益的分配。投资收益中除了保单的贷款利息收入等少数与具体险种直接挂钩外，大多数都与具体险种没有直接联系，这些投资收益应采用特殊方法进行分配。实务中一般有三种分配法：保单准备金法、平均资金余额法和投资年度法。

保单准备金法，是按各险种的保单准备金在总保单准备金中所占的比例进行投资收益的分配，是最简单、最常用的一种方法。

平均资金余额法，是以各险种的保单准备金和平均累积盈余所构成的平均资金余额为基础，按各险种的平均资金余额占总的平均资金余额的比例进行投资收益的分配。

投资年度法，是每年将记录的各险种的现金流量与当年新增投资直接挂钩以确定各年度的险种投资结构，并在此基础上结合对应年度的投资收益率分别计算各险种该年度产生的投资收益。

二是按险种对费用的分摊。有些可以辨别归属的费用可以直接计入该险种的支出，对于无法辨别归属的费用则必须按照一定的分配标准进行分摊。分配标准主要有：按工资支出金额比例分摊、按员工人数比率分摊、按业务量的比率分摊、按场所使用面积比率分摊、按耗费时间分摊等等。一般来说，大多数公司将费用根据职能部门或成本中心进行细分，在此基础上，再将费用按一定方法分配到各险种中去。例如，对理赔费用，在确定总额之后，按赔案数或赔付金额的比例或综合考虑赔案数与赔付金额，在各险种中进行分配；对员工工资的分配，通常是使用时间表，即定期考察耗费在各险种的时间，按时间多少来分配；对租金、差旅费、邮资费等，都是按工资的分配比例来进行险种间的分配。

（五）保险公司利源分析

关于保险公司的盈利来源，保险界有四种观点：第一种主要是从精算角度来说的，认为保险公司的利润来源于"三差"——死差、费差和利差；第二种观点主要是从财务角度来看的，认为保险公司的利润包括承保利润和投资收益两部分；第三种观点是从金融中介角度来看的，认为保险公司的利润等于投资收益减去资金成本；第四种观点似乎更加全面，认为保险公司的利润来源于承保利润、投资利差和管理费收入。在这里首先讨论上述四种利源分析模式的思路、适用范围和现实应用，然后讨论四种模式的区别并寻求一种通用的利源分析模式。

1. "三差"分析模式

（1）基本思路。"三差"模式的思路是来自于中国保监会2003年颁布的《个人分红保险精算规定》，在该规定中提出分红险的利润来源于死差、费差和利差。

保险产品与众不同之一是获取保费在前发生成本在后，所以，保险产品定价依赖于对未来成本的一系列假设或估计，包括对赔付成本的估计和对经营费用的估计，因此,保险定价等于"赔付成本估计值与经营费用估计值二者的现值之和"。在计算未来成本现值时,需要用到折现率。折现率是根据保险公司对未来投资收益率的估计得到的,投资收益率越高,意味着未来可以获得更多的投资收益用来支付成本,那现在需要收取的保费就越低。在这种根据对未来的估计进行定价的模式下,由于未来实际情况几乎肯定与当下的估计或预期不同,因此,在分红险(通常是长期寿险)生效之后的保险期限内,就产生了所谓"三差":

死差 = 预期死亡赔付 – 实际死亡赔付

费差 = 预期经营费用 – 实际经营费用

利差 = 保险准备金 × (实际投资收益率 – 定价折现率)

保险公司盈利 = 死差 + 费差 + 利差

显然,如果定价很保守,即过高地估计了未来赔付和经营费用,过低地估计了投资收益率,那么,死差、费差和利差都是正值,称为获得了死差益、费差益和利差益,保险公司获得了不少利润;反之,如果定价过于激进,死差、费差或利差都是负值,称为产生了死差损、费差损和利差损,保险公司就亏损了。当然,"三差"也会存在有正有负的情况。

(2)适用范围。首先,"三差"思路来源于分红险精算规定,自然适用于分析分红险的盈利来源。但从本质上来说,除投连险之外的所有寿险和年金保险,包括普通寿险和万能险都适用于这种分析模式,因为所有长期寿险、年金保险的盈利来源都可以分为死差、费差和利差三部分,只不过年金保险的死差与寿险的死差是反向的。

其次,只需要将"死差"改为"病差",这种分析模式就可以拓展到健康保险的利源分析中。

(3)现实应用。在现实中,除用于分红险分析外,保险界经常用"三差"思路来分析寿险公司经营业绩。最常见的一个词是"利差损"。在最近几年利率持续走低的大环境下,也有学者提出要防范新利差损的产生。此外,"费差损"这个词汇尽管很少被提及,但从2016年起,保监会开始控制"高现价产品"和严格压缩"中短存续期产品",其实就是降低费差损。中短存续期产品有两大特征:一是现金价值高;二是存续期间短。严控中短存续期产品,一是压缩短期产品,控制流动性风险;二是控制费差损。

2."承保利润 + 投资收益"分析模式

(1)基本思路。这种思路是说保险公司有两块业务:一是保险业务;二是投资业务。保险业务的盈利是指保费扣除赔付和经营费用之后的剩余,即承保利润;投资业务是指保险公司用保险业务产生的准备金去投资,其盈利是指投资收益扣除投资费用后的剩余,即投资净收益。由于投资费用相比于投资收益很低,也可近似认为投资业务的盈利就是指投资收益。即:

保险公司盈利 = 承保盈利 + 投资收益
= （保费 – 赔付 – 费用） + （保险准备金 × 投资收益率）

（2）适用范围。"承保利润 + 投资收益"特别适用于短期保障型保险，包括财产保险、短期医疗保险、短期意外伤害保险等。这类业务属于纯保障型保险，既能够创造承保利润，又可以用准备金创造投资收益。这种模式不大适用于有现金价值或账户价值的长期保险和投资型保险，因为凡是储蓄或投资型保险，无论是普通寿险，还是分红险、万能险，保险公司都要给客户的现金价值或账户价值支付利息，整体来看，保险公司基本上无法获得承保利润，而是需要通过投资收益来覆盖承保亏损。当然，对于有现金价值或账户价值的长期保险和投资型保险来说，也可以将客户缴纳的保费进行分拆，分为保障型保费和投资型保费（等于现金价值或账户价值），保险公司可以从保障型保险保费中获得承保利润（即"保障型保险保费 – 赔付 – 费用"），从投资型保费中获得利差（即"投资收益 – 支付给客户的利息"），但这样的分析模式已经与"承保利润 + 投资收益"的思路有所不同了。

（3）现实应用。在现实中，财产保险公司普遍采用这种分析方法，如上市财险公司每年都会公布自己的综合成本率，大致等于"（赔付 + 经营费用）/保费"[1]。综合成本率小于100%，意味着公司有承保利润；综合成本率大于100%，意味着公司发生了承保亏损。将承保利润（或承保亏损）加上投资收益，就得到了财险公司的税前利润。这种模式也适用于寿险公司短期保障型保险业务的盈利分析。例如，一些上市寿险公司在其分部报表中会专门展示其意外险的利润表，也可以据此计算出类似于综合成本率的指标，以反映其承保利润的大小，但很难将其运用于寿险公司所有业务和总体分析上。

3. 利差分析模式

（1）基本思路。这种思路是将保险公司视为金融中介，一方面从资金供给方（保险消费者）获得资金（保费）；另一方面将获得资金中的可投资部分（保险准备金）提供给资金需求者，从事资金买卖活动，赚取差价或投资利差。保险公司的利润等于投资收益减去资金获取成本，即：

保险公司盈利 = 投资收益 – 资金获取成本
= 保险准备金 × （投资收益率 – 资金成本率）

从金融中介角度来看，保险公司和商业银行本质上差异不大，都设有资金池，通过开展筹资和投资活动，赚取资金价差或投资利差。但筹资方式不同，银行主要通过存款来筹资；保险公司则通过保险产品来筹资。投资渠道也不同，银行的主要投资渠道是贷款；保险公司的投资渠道则相对多样化，包括股权、债券、不动产、信托产

---

[1] 实际计算公式远比这个公式复杂，因为要考虑保险准备金、再保险等的影响。

品等。

(2) 适用范围。利差分析模式特别适合于分析寿险公司的储蓄型保险业务。从保费收入占比来看,绝大多数寿险公司其实都是以储蓄型业务为主的,因此,利差分析模式也适合于从整体上分析寿险公司的利润来源。面临的问题是,资产端投资收益率比较明显,上市公司会公布,非上市公司可以结合其资产负债表和利润表的数据计算出来;但负债端资金成本率不但不明显,而且计算起来也相当复杂。简单来看,可以根据寿险公司的业务结构来推算其资金成本率,如只要知道一家寿险公司普通寿险的准备金占比多少、当年承诺的预定利率多少;知道万能险的保户储金及投资款占比多少、实际结算利率多少;知道分红险的准备金占比多少、保底利率和分红多少,再考虑公司的经营费用,就可以推算该公司总的资金成本率。但信息收集显然比较复杂,而且很难获得所有相关数据。

利差分析模式也可以非常方便地运用于财险公司。首先,财险公司的投资收益率可以根据其资产负债表和利润表计算得到。其次,可以根据其承保利润和保险准备金规模计算出资金成本率。当承保利润为正时,意味着资金成本率是负值;当承保利润为负时,意味着资金成本率为正值。也就是说,应用于财险公司其实比应用于寿险公司更加简单方便。

(3) 现实应用。券商在作保险行业投资策略分析时,对于寿险公司广泛采取利差分析模式来预测寿险公司的利润走向和估值走向。巴菲特倡导这种思维模式,并且将这一思路应用于伯克希尔哈撒韦旗下财险公司的分析。他认为,财险公司的好处是可以提供低成本的保险浮存金(即保险准备金),而且对于稳健经营的财产保险公司,保险浮存金会逐年增加,即便遭遇非常不利的年份,浮存金规模下降也非常有限(伯克希尔哈撒韦的历史最大降幅是3%)。因此,巴菲特认为,稳健经营的保险公司提供的是极端长期甚至永远在公司账上的大规模低成本应付账款,可以用来进行长期投资,而无须担心资金的流动性问题,并且提出,如果保险公司的承保业务能够盈利,就可以视为筹集到的资金成本为负值,再加上投资收益,获利就很可观了。此外,经营保险公司对于控股股东或集团往往具有较大的正外部效应,包括利用保险公司为股东或集团提供低成本资金,利用保险公司可进行长期股权投资的优势进行产业整合等等。带来的问题是,这些正外部效应带来的集团盈利可能留在集团而不是保险公司,甚至可能会对保险公司的盈利来源造成负面影响。对这类保险公司如何进行完整的利源分析是一个尚待深入研究的问题。

4. "承保利润 + 投资利差 + 管理费收入"分析模式

(1) 基本思路。瑞士再保险研究部提出,寿险公司的主要利润来源有三个:承保业务、投资业务和管理费收入。承保业务创造承保利润,赔付率越低,费用率越低,承保利润就越高;投资业务创造利差收益,投资收益率越高,资金成本率越低,利差收益就越高；管理费收入主要来自于对投连险业务产生的独立账户资产的管理，资产管理费通常是资产管理规模的一个百分比，资产管理规模越高，管理费收入越高。需要注意的是，与第二种模式"承保利润+投资收益"相比，该模式有很大不同。第一，最明显的是增加了资产管理费收入；第二，瑞士再保险研究部对于投资收益的看法也是指投资利差，而非第二种模式中的资产投资收益；第三，瑞士再保险研究部对于承保利润的看法，实际上采取前面提到的保费分拆思路，即将客户缴纳的保费分为保障型保费和投资型保费（即现金价值或账户价值），保障型保费创造承保利润，投资型保费创造投资利差。

(2) 适用范围。适用于分析寿险公司利润来源。这一模式的好处是可以分析所有寿险产品的盈利来源。例如，意外伤害保险、医疗费用保险、定期寿险等保障型保险的利润主要来源于承保利润；对于终身寿险、终身年金、长期重大疾病保险等兼具保障和储蓄功能的保险，利润来源于承保利润和投资利差；对于提供保底收益、投资为主的分红险、万能险等产品，投资利差是主要利润来源；对于投资连结保险来说，资产管理费才是利润来源。本模式不太适合分析财险公司，主要是因为财险公司不做投资连结保险业务，所以没有管理费收入。

(3) 现实应用。"承保利润+投资利差+管理费收入"模式比较突出的一点是资产管理费成为寿险公司的主要利润来源之一，说明在发达国家，投资连结保险业务在寿险公司资产规模中占比较大。得益于20世纪90年代投资连结保险在发达国家开始大受欢迎，尤其是变额年金开始受欢迎并急速发展，发达国家的寿险公司有了大量的独立账户资产。以美国为例，2015年底，美国寿险业的保险准备金总规模为5.03万亿美元，其中一般账户2.86万亿美元，独立账户2.17万亿美元（其中，1.84万亿美元是年金）。这2.17万亿美元独立账户负债对应着2.17万亿美元的独立账户资产，保险公司只负责资产管理，不承担任何投资风险，按照资产规模收取资产管理费。比较而言，我国的投资连结保险的规模占比还很小。仅从2016年人身险公司保费收入数据来看，投资连结保险独立账户新增缴费只有939亿元，占当年总保费收入34 492万亿元的2.7%。所以，四种利源分析模式来说，资产管理费收入还不是寿险公司的主要利润来源。另一个值得关注的变化是，中国现在允许保险资产管理公司、养老险公司发行资产管理产品，而保险资产管理公司多数是保险公司的控股子公司，其利润也多数属于保险公司。因此，在我国，保险公司通过资产管理来赚取资产管理费也将是一个发展趋势。

（六）保险公司利润分配的内容和顺序

根据《保险公司财务制度》的有关规定，保险公司取得的利润应按规定进行分配，可供分配的利润包括本年实现的净利润加上年初未分配利润。利润分配的内容和

程序如下:

1. 抵补被没收的财务损失,支付各项税收的滞纳金和罚款、利差支出,以及保险监管部门对公司因少交或迟交保证金的加息。

2. 弥补公司以前年度的亏损。

3. 提取法定盈余公积。《中华人民共和国公司法》规定,保险公司应按本年净利润的10%提取法定盈余公积。保险公司提取的法定盈余公积累计额超过其注册资本的50%以上的,可以不再提取。

4. 提取法定公益金。保险公司按本年实现净利润的5%~10%提取法定公益金,用于保险公司职工的集体福利设施。

5. 提取总准备金。保险公司按本年实现净利润的一定比例提取总准备金,用于巨灾风险的补偿,不得用于分红、转增资本。

6. 分配给投资者。保险公司提取上述内容后,可以按规定向投资者分配利润。其中,股份有限公司按下列顺序分配:

(1) 支付优先股股利;

(2) 提取任意盈余公积,保险公司根据章程或股东会议的决议可以提取任意盈余公积;

(3) 支付普通股股利。

7. 保险公司如果发生亏损,可以用以后年度实现的利润弥补,也可以用以前年度提取的盈余公积弥补。保险公司以前年度亏损未弥补完,不能提取上述内容。在提取上述内容以前,不得向投资者分配利润。

第三节 健康保险公司的资金来源、投资与资产负债表

一、保险资金来源

根据保险企业的经营特点,可运用的保险资金主要来源于保险公司自有资本金、责任准备金、保险保障基金、保户储金和其他资金。

(一) 保险公司自有资本金

保险公司的自有资本金由实收资本或注册资本和公积金两部分组成。注册资本或实收资本是保险公司开业时由股东认缴的股权金额,即保险公司的初始资本金。我国

《保险法》规定，保险企业应具有不低于人民币 2 亿元的最低注册资本金。注册资本金在财务报表中作为企业所有者权益的一部分，因此为企业的自有资金，可对保险公司的经营风险提供准备，保证公司具有一定的偿付能力。在发生特大自然灾害、各种责任准备金不足以支付赔款和给付或当保险企业经营不善、发生严重亏损时，保险公司可以运用这部分资金。因此，一般情况下，当保险企业正常经营时，这部分资金基本处于闲置状态，可以用于长期投资。根据《保险法》规定，保险公司应依法计提公积金，公积金包括资本公积金和盈余公积金。资本公积金是通过保险企业实收资本大于注册资本的差额、资产评估增值以及接受捐赠等方式获得。它的存在方式是以货币形态来表现，与实收资本一样，也是企业的自有资金。通常情况下，资本公积金比较稳定，可用于长期性投资。盈余公积是来自于企业的利润，也是公司的自有资金。当企业发生经营性亏损时，要先运用盈余公积进行亏损的弥补，因此，盈余公积在稳定性方面，与注册资本和资本公积金相比较差，运用盈余公积进行投资时要适当考虑流动性的要求。

（二）责任准备金

责任准备金是保险企业为了履行其承担的未到期保险责任或处理未决赔款而从收取的保险费中按一定比例提存的基金。为保证被保险人的利益，满足监管部门要求的偿付能力目标，保险公司应提取各项责任准备金，其中包括总准备金、未到期责任准备金、未决赔款准备金和长期责任准备金。

1. 总准备金

总准备金，是保险公司为了预防巨额的非正常年份的损失，从税后利润中提取并逐年累积的资金，来源于保险费与损失期望的差额部分。与实收资本一样，也是保险企业的自有资金，一般只有在非正常年份，当保险公司经营亏损的情况发生时，总准备金才会派到用场，因此在正常年份且业务经营良好的情况下，总准备金与实收资本一样，是稳定的，可用于企业的长期投资。总准备金的计算公式是：

总准备金 = 当年实现的利润 − 当年所得税 − 调节税 − 利润留存

2. 未到期责任准备金

未到期责任准备金是指保险公司在会计年度决算时，为尚未中止的保险责任应属于下一个会计年度的保费提取出来而形成的准备金。计提这种准备金是由于会计年度与保险年度是不一致的。按照我国保监会的精算规定：在会计年度决算时，应一次计提未到期责任准备金，提取方法有季平均估算法、年平均估算法、逐日计提法和月平均估算法。目前我国保险业在对未到期准备金进行测算时，一般采用年平均估算法，即提取本会计年度自留毛保费的 50% 作为未到期准备金。它是财险公司保险资金的主要来源之一。

3. 未决赔款准备金

未决赔款准备金又称赔款准备金,是为本会计年度保险事故已发生但尚未结案的赔案,而从当年保险费收入中提留的准备金。赔案在发生、报案、结案时存在时间延迟的现象,有时该延迟会长达几十年之久,按照成本与收入配比和权责发生制的原则,保险公司必须对各会计期间已发生赔案的情况进行预先估计,同时计提未决赔款准备金,未决赔款准备金包括已发生未报案赔款准备金、已发生已报案赔款准备金和理赔费用准备金。一般采用赔案平均估算和逐案估算两种方法对该准备金进行计提。在财务报表中,未决赔款准备金归于企业的流动性负债范畴,故在对这部分资金进行投资时需高度关注保持较高的流动性。

4. 长期责任准备金

长期寿险责任准备金也称寿险责任准备金,是保险公司为满足责任期限较长且尚未中止保单而提取的一种准备金。长期寿险具有储蓄性特点,在计提此类准备金时需按预定的利率不断积累,一般精算部会对该类准备金进行分案计提。它具有长期稳定的特点,在保险资金运用时可进行长期投资。

(三) 保险保障基金

保险保障基金是为了保证保险公司的偿付能力而提取的资金。我国《保险法》第100条规定:"保险公司应当缴纳保险保障基金。保险保障基金应当集中管理,并在下列情形下统筹使用:(一)在保险公司被撤销或者被宣告破产时,向投保人、被保险人或者受益人提供救济;(二)在保险公司被撤销或者被宣告破产时,向依法接受其人寿保险合同的保险公司提供救济;(三)国务院规定的其他情形。保险保障基金筹集、管理和使用的具体办法,由国务院制定。"

1. 保户储金

保户储金是保户在购买一种到期还本的储金保险时交纳的本金。它是将储蓄与保险有效结合起来、保险费按保户存入储金产生的利息来计算的一种保险业务,不论赔付何时发生,保户都应得到本金的返还。

2. 其他资金

其他资金主要包括各种资产的风险准备金、保险企业"分离账户"资金以及对关联企业的应付税金、应付款和企业债务等。对于这部分资金可根据它们的不同特性进行有效投资。

二、健康保险筹资

融资(筹资)的方式可以分为间接融资与直接融资两类。间接融资指有金融媒介体参加的融通资金的方式。在这种方式下，需要融出资金的单位与需要融入资金的单位之间的货币资金转移，通过一定的金融媒介体进行。金融媒介体指提供各种间接证券的金融机构。它们出售间接证券给需要融出资金的单位，如银行给存款者提供各种形式的货币，保险公司对投保人提供保单，投资公司对购买股票的股东、债权者提供股票、债券等。它们购买需要融入资金单位的直接证券，如把吸引进来的存款和保险金用于发放各种贷款和投资等。把间接证券出售给需要融出资金的单位，这对金融媒介体来说是债务，对需要融出资金的单位来说是债权；相反，购买需要融入资金单位的直接证券，对金融媒介体来说是债权，对融入资金单位来说是债务。金融媒介体就是靠出售间接证券并购买直接证券的活动来融通资金的媒介。在证券市场上买卖双方的经纪人和交易商因不提供间接证券而不是金融媒介体。直接融资是间接融资的对称。在融资过程中，融资双方（或通过经纪人）直接协商确定。直接融资方式有：直接买卖有价证券、预付和赊销商品、最后放款者与最终贷款者之间的货币借贷等。直接融资因要受到融资双方资财数量、资信、时间、地点和范围的限制，通常与间接融资并存，并相互制约，互相补充。

（一）保险公司筹资的动机

保险公司与其他公司有所不同，由于保单的出售而获得大量现金，在通常情况下，并不意欲筹资，但为满足偿付能力的要求或为最终提供赔付以及分散风险等目的可能从公司内部和外部进行融资。

1. 设立筹资

各国保险法都规定了设立寿险公司的最低注册资本要求。我国《保险管理条例》规定，注册资本最低限额为人民币2亿元，注册应为实缴货币资本，若其在住所地以外的每一省、自治区或直辖市首次申请分公司应当增加不少于人民币2 000万元的注册资本；保险公司注册资本达到人民币5亿元，在偿付能力充足的情况下，设立分公司不需要增加注册资本。在美国，对股份保险公司来说，一旦监管者签发公司注册证书，公司即可按章程列明的股本金额发行股票。但公司必须得到监管者的许可证后方可公开招股。股份保险公司须在向监管者提交对公司创办费用的预计并获准后方可得到许可证，一旦得到许可证，公司即可公开招股。公司可以开设账簿接受认购的股份，直到所有股份认购完毕或已认购股款达到公司最低资本金要求。此外，股份保险公司可以将收到的认购股款进行法律上允许的投资或用于支付创办费用，但不得超过许可证上规定的费用限额。我国保险公司设立筹集资本金的方式主要采取国家投资和发起人出资的方式，尚不允许以公开发行股票的形式筹集资本金。

2. 扩张筹资

这是保险公司为了扩大经营规模或者开辟新的经济领域而产生的筹资动机。它主要适用于经营前景良好、处于成长期的保险公司。保险公司业务规模的扩大受资本金的限制。同时，在保险业务发展十分迅速时，保险公司往往有增添分支的需求。各国对保险公司分支机构的设立都要求要有一定数量的营运资本。另一方面，保险公司为了扩大经营范围、改善产品结构或进入新行业和新地区，可能会采取购并另一家公司的经营策略，而采取这种策略是需要资金支持的。

3. 规避风险筹资

保险公司为分散承保的财务风险和防范偿债能力不足的可能，会产生筹资的冲动。偿债筹资是保险公司为了偿还某项已经到期的债务而产生的筹资动机。企业生存的一个基本条件是到期偿债。保险公司可能会因亏损不能偿还到期债务，也可能会因资金运用不合理，暂时缺乏可周转资金，短期偿债能力不足，而需要筹集资金。各国对保险公司的偿付能力实行严格监管，采用不同于对其他企业偿付能力监管的方式。一般企业只要其资产市场价值高于其债务即被视为具有偿付能力。但保险公司要求其认可资产减去负债的差额必须大于保险法规规定的金额，否则，即被认为偿付能力不足。当偿付能力不足时，保险监管机构通常会要求保险公司在一定期限内整顿，恢复其正常经营状况；整顿仍未达到预期效果的，保险监管机构可接管该公司，甚至依法向法院申请宣告该公司破产。所以为预防偿付能力不足，保险公司可能产生融资的要求。另一方面，保险人为限制其经营风险，往往通过财务再保险或其他方式，来降低可能遭遇的财务困境所导致的费用，或从公司外部得到财务支援。

4. 保险企业的特殊性

保险公司同其他企业一样，为了保证经营的安全性而需要一定量的资本。保险公司经营的是风险，因而其应该拥有比一般企业更大的资本。保险公司所需资本额的大小，原则上是使公众对其充满信心，相信保险公司是"保险的"，即有足够的偿付能力，并愿意购买其保单为限。

(二) 保险公司筹资的主要形式

1. 内部筹资

如果使用保险公司当年的保留盈余来增加资本金，则为内部筹资。内部筹资与股利政策是利润分配这一个问题的两个方面，因为利润分成两部分：保留盈余和股利。保留盈余是企业可以利用的资金。当利润一定时，分配多少红利，就决定了有多少保留盈余。所以这种内部筹资决策也就是发放多少股利的决策，即制定股利政策。

2. 发行股票

保险公司可以通过发行股票筹资。发行股票筹资可得到一项永久的资金，因为股本是不必偿还的，而且股票不需要支付像负债利息那样的固定费用。但发行新股涉及现有股东的利益及控制权等问题，而且资本成本较高。

3. 财务再保险

保险公司通过财务再保险的方式,可以转移承保风险,但更多的是转移财务风险。实际上,财务再保险类似于再保险人给原保险人提供资金融通,平衡其财务报表,改善其财务状况,这样使原保险人的偿付能力等符合规定的要求;扩大业务范围;并且减少由于经营风险造成财务困境的可能性。

财务再保险起源于美国的非寿险市场,原先是非寿险公司希望得到再保险公司的财务援助,来降低因为自然灾害发生赔款支付过多造成的公司财务亏损。自 20 世纪 90 年代以后,人寿保险公司发现财务再保险也能够解决有关风险与资本的问题,于是开始将财务再保险观念应用于人寿保险业务的经营。既然是再保险,基本上都在提供保险公司转移风险的工具,只是传统再保险的目的是分摊承保风险(underwriting risk)为主,而财务再保险则是着重分担财务风险(financial risk)。所谓承保风险,是指保险公司承保风险事故可能产生亏损的风险;而财务风险,还包括信用风险、资产风险、利率风险、时间风险等。若财务再保险不具有转移承保风险的功能,则只能视为平衡资产负债表的一种手段。通过财务再保险的安排,可以使保险公司未来的利润在当期实现;再加上保险公司已将负债分出,这样就可改善报表的结果。这是传统再保险与财务再保险最大的不同。财务再保险的主要功能在于:再保险公司对新业务提供资金协助;改变险种利润/损失的显露方式及时间;降低股东的资本投入及提高资本的回报率。财务再保险不同于传统再保险只是承接新业务的分入、分出,还承接老业务、已有业务的分保,是分出人把已有业务的利益或损失分给分入人,由分入人来承担将来保险业务收益的风险。

4. 金融衍生工具

近年来,随着金融创新的蓬勃发展,出现了保险公司负债和资产证券化的趋势,保险公司的资金来源已不再局限于资本金、保费和其他负债,还可以通过金融衍生工具在资本市场上直接融资来获得。

5. 融资租赁

租赁是出租人以收取租金为条件,在契约或合同规定的期限内,将资产租借给承租人使用的一种经济行为。在租赁业务中,出租人主要是各种专业租赁公司,承租人主要是其他各类企业,租赁物大多是设备等固定资产。融资租赁对保险公司筹资也是十分有意义的备选方案。融资租赁可以增加保险公司财务的灵活性,减少保险公司资产的风险,同时与负债筹资相比又有较少的限制。

6. 保险负债与资产证券化

金融和保险中的风险汇聚和风险转移技术创造出由一组资产或负债的现金流量支持的证券——称为证券化,给保险公司提供了多渠道的融资和分散风险的工具。如保险负债的证券化和保险资产的证券化。

7. 次级债

随着保险业的发展、公司业务规模的扩大，以及保单负债的增加，为避免出现公司偿付能力不足，保险公司必须不断寻找更多的资本或资本的替代品来保持适度的风险资本比率。

三、健康保险资金运用

（一）资金运用原则

我国 2009 年 10 月 1 日新修订的《保险法》第一百零六条明确规定："保险公司的资金运用必须稳健，遵循安全性原则。"保险资金运用原则和一般资金运用的原则基本相同，即要求符合安全性、盈利性和流动性。

1. 安全性原则

安全性是在保险资金运用过程中应遵循的最基本原则，从保险资金运用的来源来看，大量的保险资金来自于保户；从保险公司财务管理的角度来看，绝大部分保险资金被列入保险公司未来需赔付的负债。从长远来看，保险资金的总量应和未来赔付的资金问题保持一致，如果保险资金运用出现亏损，有可能使公司发生偿付能力不足的风险，进而从影响公司和保户的利益。因此，对这种资金的运用必须求其安全。

2. 盈利性原则

每个企业经营的最终目标都是追求盈利，保险公司也不例外，盈利是保险资金运用的直接目的。高盈利可以实现双赢局面，既可以为保险人带来巨大的效益，又可以实现良好的社会效益。较好的盈利可以提高公司的偿付能力水平，同时降低费率，进而扩大业务规模。这就要求在运用资金选择投资项目时应注重效益高的项目，在满足风险限度的基础上实现收益最大化，确保资产的保值增值。

3. 流动性原则

流动性是保险资产具有随时变现的能力，由于保险公司经营中面临的风险和损失均具有不确定性，导致流动性原则成为保险资金运用的一个重要原则。运用中的保险资金必须保持足够的流动性，以便随时满足保险赔偿和给付的需要。财险公司和寿险公司在保险资金的流动性要求方面存在大量不同，财产险具有期限短且损失发生频率和损失程度变化较大的特点，对资金的流动性要求高；而长期寿险，具有期限长且损失发生频率较低的特点，对资金运用的流动性要求较财险低一些。因此，保险公司应按照业务的不同对资金运用提出不同要求，选择适当的投资项目和投资形式。

上述三种原则既相互联系又相互制约。其中，盈利性是目标，安全性和流动性是基础。由于保险行业的特殊性，保险资金运用在遵循盈利性、流动性及安全性原则的基础上,还应遵守保险资金运用所特有的原则。

4. 匹配性原则

匹配性原则是指保险公司在投资过程中要保持资金运用与资金来源的匹配,即保险资金在投资时须在收益率、期限和风险方面与资金来源(即负债)的特点保持一致。保险公司的自有资本金和提取的总准备金除满足国家法定要求之外,一般可进行长期投资;各类准备金则需根据责任期限的长短进行资金运作。需强调的是,不要把匹配性原则绝对化了,即:保持资金来源与资金运用在大体上一致,并不限定资金来源与资金运用在收益性、偿还期和安全性等方面完全是一一对应的关系。

5. 替代性原则

替代性原则是充分利用《保险法》规定的各类资金运用形式在收益性、安全性和流动性方面的对立统一关系,寻求适合保险负债特点的资产组合形式。根据现代投资理论,任何投资只能达到一种"次优状态",不可能同时满足流动性、安全性、收益性的最优。在某一投资目标最大化的前提下,努力使其他目标在既定的范围内达到最好,意味着以牺牲一个目标为代价来换取另一个目标的最优。

6. 分散原则

分散原则是指保险公司不能将资金过分集中投资于某一类资产或某一行业,而应将其分散投资于不同的地区、部门或行业。分散的方式很多,如:保险公司投资的资产形式具有多样化,即投资的资产在收益率、期限、种类、风险等方面不相同;资产投向多样化,即将资金分散投向不同行业、产业或部门,而不集中投向于某一部门、产业或行业;资产规模分散化,即投资于同一部门、行业或地区的资金规模要保持适度。

7. 转移原则

转移原则是保险公司在进行投资运作时可以将资产的风险通过一定的方式转移给他方,从而使自身的风险降低。主要包括以下方式:

(1) 转让,即通过合约的方式转移一定风险给他方,如与通货膨胀时期相关的浮动利率债券合约等。

(2) 担保,如第三方担保的贷款、以人寿保险保单作为抵押品的贷款、以不动产或者动产作为抵押品的贷款等。

(3) 再保险,通过将自己的部分业务以分保的形式转给其他的保险公司,并收取一定的手续费。

(4) 套期保值,即针对期限结构方面的管理,根据自己已经持有的资产头寸,进行反向的头寸买卖,从而抵消多头与空头之间的风险。

8. 平衡原则

要使资金的运用和来源之间保持一种总体平衡的关系,一方面要避免产生大量的闲置资金，以至产生的机会成本过高；另一方面，要防止资金在流动性不足的条件下，进行资产的变现而导致损失，故保持资金运用与资金来源在规模上保持大体平衡相当必要。

（二）具体资金运用

由于保险公司经营的特殊性，决定了保险公司的资金运用的特殊性，为保证投保人的利益，保监会规定了保险资金可投资的渠道，根据国内外保险资金运用的现状，保险资金可投资的渠道主要包括：银行存款、证券投资基金、股票、债券、不动产等常规投资方式及一些另类的新型投资方式。

1. 银行存款

银行存款是指被存放在银行或其他金融机构的保险资金。按存款种类划分，可将其分为活期和定期两大类，保险资金一般被存放于定期的账户，该账户的资金具有安全性高、收益稳定性好和流动性强的特点，因此，可用于保险公司的日常赔付，优于其他资金运用渠道。但该渠道的收益率较低，很难达到保险公司资金保值增值的目标，因此在国外该渠道不是资金运用的主要渠道。而在中国，资本市场还处于不成熟的状态，银行存款的收益率有时高于股票或债券，因此它在未来的很长时间里都将成为中国保险资金运用的主渠道。

2. 证券投资基金

证券投资基金，是指以发行基金证券的形式，将投资者的资金集中起来，交由专业人员进行投资运作，投资者分享收益和承担风险均按投资比例进行计算的一种投资方式，属于有价证券的范畴。与股票和债券相比，保险公司购买证券投资基金的行为其实就是一种委托行为，即保险公司将可用资金购买专业的投资管理公司的基金，由投资基金管理公司负责在资本市场上运作，保险公司凭所购基金份额分享证券投资基金的投资收益，同时相应承担证券投资基金的投资风险。

3. 股票

股票是股东的入股凭证，由此获取收益。股票拥有以下特点：一是股票一经发行，其持有者将变成发行股票的公司的股东，拥有公司的决策参与权，同时可以分享公司经营利润，但也要承担一定的风险和责任；二是股票一经认购，持有者将不能以任何理由要求公司退还其股本，只能在二级市场转让和出售。该投资渠道的优点在于：可转让，方式灵活，可以享有股东所具有的盈余分配权和较高的投资收益与资本利润。其缺点在于：股票的风险较高，价格波动难以预测，安全性方面较其他渠道低。

4. 债券

债券是按照法定程序进行发行，约定在一定期限内还本付息的一种有价证券。一般来讲，债券安全性较高，由于其发行前需得到审批，是受法律保障的。其收益包括到期的本金、利息和资本利得。它最大的优点是收益固定、安全性好。按债券发行主体的不同，可将其分为三类：政府债券、金融债券和公司债券，这三种债券在安全性、收益性和流动性上各有不同：政府债券安全性高，但是收益比其他两种债券低；金融债券信用度较高，利率适中，一般发行的金融债券是中长期债券；公司债券信用度相对于政府债券和金融债券而言相对较低，但收益率相对其他两类债券来说较高。

5. 不动产

不动产投资是指保险公司可以购买土地、房产等进行资本运作，并从中获取收益的一种资金运用渠道。其特点是投资期限较长，但是一旦投资对准确选择的项目，就可以获得长期较稳定的高收益率，但是其在流动性方面却较差，投资的规模一般较大。

（三）保险资金另类投资的创新分析

目前，中国保险业另类投资全面开花，投资涉及债权投资计划、股权投资计划、类证券化金融产品、投资性房地产、养老养生产业投资等众多产品和领域，同时在另类投资产品走向多元化配置中创新力度不断加大，创新成果不断推出，出现了股债结合模式、项目资产支持计划等。

1. 债权投资计划

基础设施等债权投资计划，是指保险资产管理机构等专业管理机构根据相关规定，发行投资计划收益凭证，向保险公司等委托人募集资金，投资基础设施项目等，按照约定支付本金和预期收益的金融工具。主要投资于交通、能源、通讯、市政、环境保护等符合国家产业政策的项目，特大型城市的保障房项目，直辖市、省会城市和计划单列市的土地储备项目。保险业债权投资计划一般投资规模比较大，最高可达100亿元。项目投资周期一般较长，最高可到10年。信用增级要求比较高，提供担保的主体一般具有很高的资质要求。因此，基础设施债权投资计划基本符合保险资金使用期限长、规模大等特点。

2. 股债结合模式

股债结合模式是一种股权加债权的投资方式，即一方面通过债权或类债权投资满足当期现金流要求，另一方面通过股权方式赚取更多投资回报。作为另类投资的实践创新，股债结合投资模式是在中国经济转型、监管政策推动的大背景下诞生的，其投资模式目前被运用在基础设施投资、不动投资等另类投资上。

在基础设施投资上的股债结合投资是指保险企业与政府共同发起设立的长期类债权型基础设施股权投资基金。该产品是以股权投资基金的方式投资于城市基础设施建设，每年会有持续的现金分红，既满足了保险资金的安全性、流动性，且投资收益率也高于传统保险资金债权投资计划，充分发挥了保险资金的自身优势，满足了市场需求。

在不动产投资上的股债结合则表现为"股权+股东借款"的投资模式,即保险公司以股权投资的形式,持有不动产项目公司部分股权,成为项目公司股东,在完成对项目公司的入股后,由项目公司以向保险公司股东借款方式进行债权融资。

综上所述,对于保险资金而言,股债结合的产品组合模式既充分发挥了保险资金的特点及优势,又做到了与银行、信托等投资的差异化,同时在经济下行的宏观背景下,既保证了资金的安全性,又具有稳定的现金流。

(四)资金投资决策流程

保险公司的投资决策流程一般分为四个步骤:确定资金成本;估算投资方案的未来现金流量及其折现值;估计未来现金流量折现值的不确定性;综合各项分析结果,决定接受或拒绝投资方案。

值得说明的是,本部分涉及的投资决策是建立在这样一个假设之上的,即投资方案资金成本(自有资金的资金成本可用平均报酬率表现,非自有资金的资金成本可用取得成本表现)已被相关部门估计并接受。

1. 估算投资方案的未来现金流量及其折现值

保险公司投资决策现金流量,是指一个投资方案导致的保险公司现金支出和现金收入变化的数量。这里的现金是广义的概念,不仅包括各种货币资金,还包括投资方案涉及的各项非货币资源的变现价值。现金流量包括现金流出量、现金流入量和现金净流量三个具体概念。

(1) 现金流出量。一个投资方案的现金流出量是指该方案导致的保险公司现金支出的增加额。现金流出可能包括:一是购买实物资产或金融资产的支出。这种支出可能是一次性的,也可能分几次。二是持有期内追加的资金支出。保险公司如果投资房地产开发或企业,这些投资项目在运作过程中需要的资金只有在运作终了或出售时才能收回用于别的目的,应列为相应投资方案的现金流出量之中。

(2) 现金流入量。一个投资方案的现金流入量是指该方案所导致的保险公司现金收入的增加额。现金流入可能包括:一是持有期内的现金流入。如保险公司所投资的企业在运营过程中现金收入扣除相关付现成本之后的余额、保险公司因持有债券而取得的利息收入、因持有股票而取得的红利收入等。二是出售实物资产或金融资产取得的现金收入。

(3) 现金净流量。现金净流量指一定期间(1年或投资项目持续的整个年限)内保险公司现金流入量和现金流出量的差额。流入量大于流出量时,现金净流量为正值,反之为负值。

保险公司未来现金流量的折现值由未来现金流量和折现率确定,其中折现率由资金成本率确定。

2. 估计未来现金流量折现值的不确定性

保险公司从事投资活动面临的风险可分为两类：市场风险（系统风险）和特有风险（非系统风险）。

（1）市场风险（系统风险）。市场风险指由那些对所有的投资对象都产生影响的因素引起的风险，这类风险涉及所有的投资对象，表现为整个市场平均报酬率的波动，无法通过多元化投资分散，因此又称为系统风险或不可分散风险。

（2）特有风险（非系统风险）。特有风险指发生于个别投资对象的特有事件造成的风险，这类风险源于投资对象个体或投资对象的商业活动和财务活动，表现为个别投资方案报酬率的变动与整个市场平均报酬率的变动脱离。保险公司可以通过多元化投资分散这类风险，即利用一些投资对象有利事件的作用抵消另一些投资对象不利事件的作用，因此又称为非系统风险或可分散风险。

在估算投资方案未来现金流量的折现值时，应考虑市场风险和特有风险导致的不确定性。

3. 投资决策中应考虑的其他因素

（1）机会成本。在各种投资方案的选择中，如果选定了一个投资方案，则必须放弃一部分资金投资于其他渠道的机会。其他投资机会可能取得的收益是实行已选择方案的一种代价，所以称其为已选择方案的机会成本。机会成本不是通常意义上的"成本"，不是一种支出或费用，而是失去的收益。这种收益不是实际发生的，而是潜在的。机会成本总是针对具体方案的，离开被放弃的方案就无从谈起了。

在保险公司投资决策中考虑机会成本的意义在于有助于全面考虑可能采取的各种投资方案，为保险公司有限的资金寻找最为有利的使用途径。

（2）投资方案对保险公司各组成部分的影响。保险公司采用了一个投资方案后，该方案可能会对保险公司各组成部分造成有利或不利影响。例如保险公司投资了某一公司的股票或某一行业后，由于某些法律法规的限制，或对投资者观念的影响，保险公司股票的市价上升或下降了，这时保险公司在进行投资分析时就不能仅考虑投资这种股票或行业能够带来的收益及相应的风险，还应考虑选择这种投资方案对公司自身整体价值的影响。当然，这种交互影响在实际操作中是很难准确计量的，但决策者在投资分析时还是应该考虑这个因素。

第四节 健康保险的现金来源、运用与现金流量表

现金流量反映企业在一定时期内以货币金额表示的现金和现金等价物的流入、流

出及流入净额状况。现金流量的确认基础是收付实现制,当现金实际收取或支出时,将对现金流量产生影响。它与以权责发生制为基础编制的资产负债表、利润表不同。"现金流量很少涉及确认的问题,因为一切现金收付在其发生时均已予以确认。报告现金流量不涉及估计或分配。同时,除在现金流量表中有关项目分类以外,也很少涉及判断。"(FASB,SFACNo.5, par.53)由于现金流量排除了人为判断因素,可在程序上防止企业利用会计隐瞒财务状况和操纵经营成果,从而确保了会计信息的真实性。

一、保险企业现金流量的特性

无论财险公司还是寿险公司,或者是其他类型的金融机构,经营管理者都需要慎重对待现金流的快速增加,因为当期快速增加的现金流均为对未来的(或有)负债,是未来现金流出的根源,当期现金流的快速增加是否对公司长期发展有利,还应参照综合成本以及资金运用收益等其他因素。

(一)与生产企业比,保险企业净现金无论在质上还是量上都具有显著特性

从质上讲,保险企业现金流的增加主要依靠负债,如保费收入、存款等。这些现金流的增加是对债务的一种确认,本身就是未来现金流出的根源;而生产企业经营现金流的增加主要依靠销售收入,是对债权的一种确认,也是最为扎实的资产累积。因此,尽管保险企业现金流的增加也能构成资产的积累要素,但是这种积累必须要结合较强盈利能力才能得以稳固。

从量上讲,保险企业在短期内积聚现金流的能力远远强于其他类型企业。对于保险业务而言,只要结算利率显著高于市场竞争主体,或者保险费率显著低于主要竞争主体,就能在极短的时间内迅速积累大量现金流。对于银行而言,只要存款利率有足够的竞争优势,同样能起到类似结果。相对银行而言,我国保险企业自主定价的灵活性更大,短期内积累现金流更容易。因此,除了初始阶段的特殊情况外,需格外警惕保险企业现金流的异常增长,它意味着企业管理者过度偏好风险,企业未来发展可能会陷入困境。

(二)保险企业不同发展阶段和业务结构对现金流的影响存在显著差异

从发展阶段来说,尽管对于处于创业阶段的生产性企业而言,增加净现金流的手段较为困乏;而对于同一阶段的保险企业,通常可以实现较为丰富的经营活动净现金流,这是由保险业务的负债经营、现金收付在时间上的不对称性等行业特征决定的。保险企业的快速发展阶段,往往是经营活动现金流最丰富的时期;一旦进入成熟阶

段,净现金流也随之进入稳定期。

从业务结构来说,财险业务的保单期限大部分以年为单位,但仍然是现金流入在先流出在后,只不过现金流进入平衡期的速度相对较快;人身险业务保单期限长,当期的现金流入大部分要在未来较长期年限后才会返还给投保人,因此在业务发展初期提高投保人的收益率极易获得更大的当期现金流,但如果定价策略出现重大失误,丰沛现金流的背后往往会造成长期利差损,给未来经营带来较大压力。

(三) 保险企业净现金流和业务质量(净利润)的关系

尽管净现金流与净利润之间存在一个调整关系,但是不管保险(金融)企业还是生产性企业,净现金流的首要决定因素仍是盈利能力(净利润);特别是对于成熟企业,二者之间理应存在一个稳定的关系。

从长期看,保险企业的净利润和净现金流量是同向变动关系。在一个完整的企业生命周期,在债权债务结清之后,净利润和净现金流在理论上是相等的。从短期看,净现金流与净利润之间存在反向变动的可能,净现金流的改善不一定意味着业务质量的改善,这一指标存在一定虚假性与误导性。因为净现金流和应收保费比率是基于现收现付制和历史数据的指标,而保险业务本质上是一种或然负债,其业务质量具有滞后性,是基于权责发生制和未来状况。这种时间上的错配和会计基准的差异,为人为调整净现金流留下了制度空间。通过不充分定价,可以使本期保费迅速增加,能够有效增加净现金流,但是业务质量却可能显著下降,如果这种发展势头不能无限制滚动下去,当期过快的净现金流必然带来较大的隐患。

因此,净现金流(百元保费现金含量)的增加能否提升保险企业经营效益,要进一步分析净现金流增加的来源,才能确定到底是业务质量改善还是其他因素(如基期效应、定价策略等)引起的。在不考虑其他因素的情况下,只有现金流增速与投资收益率快速上升相结合,才有可能改善短期盈利状况;否则公司必然会走向难以为继的困境。

总之,正是保险企业在现金流量上具有行业特性,各国监管机构均将保费增速作为偿付能力监管的重要参考指标之一。对于保险企业而言,净现金流快速增加可能意味着道德风险失控,即经营者已将效益改善寄希望于投资收益率的更快速上升,这意味着管理者在平衡承保收益与投资收益的关系上失去主动,企业发展面临的外部风险太大。当前中国保险业正处快速发展阶段,相对于成熟保险市场,现金流收付还未进入相对平衡阶段,特别是人身险还处于保费的快速积累阶段,经营活动现金流较为充沛,往往更容易掩盖潜在的业务质量缺陷。因此,业务的快速发展需要更强的风险监管和识别手段,需要更为审慎的经营管理。

二、现金流量的管理

为有效管理保险公司经营过程中的现金流量,应从资金收入和支出两方面对保险公司的现金流量进行管理。管好收入,可以保证公司经营和投资过程中产生的现金及时流入公司,增加公司现金总流入;管好支出,能保证债务支出的时间,保护包括被保险人在内的现有的或潜在的债权人的利益,并尽量扩大公司的现金净流量。

(一) 经营现金流入的管理

保险公司收入的主要来源是保费收入,因此现金流量的管理必然与保费收入紧密联系在一起。从目前来看,收入现金流量的管理重点为:保费收入和应收保费的管理、银行账户的管理以及资金划拨的管理等。具体办法如下:

1. 加强应收保费的管理

应收保费的存在增加了保险公司的业务规模,扩大了保险公司的保险责任,但不能增加保险公司的现金流量。也就是说,应收保费的存在,增加了公司的经营风险,但没有增强公司的经营实力。因此,保险公司应加强应收保费的管理,以保证应收保费的及时收回,增加公司的现金流入量。保险公司应收保费的产生,有公司内部管理的原因,也有公司外部的原因,如客户拖欠、保险中介滞留等。因此,需要保险公司制定合理的应收保费管理办法,加强对客户信用的审查,以合同的形式限制保险中介滞留保费等。加强应收保费的管理,及时收取保费,能增加公司的现金流入。

2. 做好资金的上划工作,降低资金管理风险

目前,我国大多数保险公司在资金管理上采取集中管控的模式,并分账户性质开设收入和支出账户,且采用"收支两条线"的办法管理资金,即所有收入的资金直接上划总公司(或通过上级机构集中上划总公司),支出资金通过各级支出账户逐级下拨。由于我国的保险公司大多为全国性的公司,分支机构多,组织架构较为复杂,一般为:总公司—分公司—中心支公司—支公司—营销服务部等,这使公司的资金链较长,资金上划、下拨的速度受到较大影响。为防止下级机构保费收入资金滞留时间过长,保险公司应从时间和金额上对收入账户资金的上划作出明确的规定,如规定多长时间或账户资金达到多少时资金必须上划。同时,为提高资金划拨的速度,保险公司可以利用银行网络系统,通过限制公司开户银行的方式,将公司的大部分账户集中在某一银行,并通过与银行签订自动划款协议,保证资金及时通过银行网络上划总公司(或上级机构)。

3. 加强银行账户的管理

银行账户是保险公司资金的存放地。想管好保费收入资金,首先应加强银行账户

的管理，包括开户银行的管理。目前许多保险公司为减少资金风险，原则上规定只允许其下级机构在四大国有商业银行开立账户。其次，加强银行账户的管理应做好账内账户的管理，保证保险资金的及时入账，减少未达账项，并分析未达账项形成的原因等；在管理上，保险总公司应设置专门的资金管理部门，逐月审核下级机构上报的各账户的对账单和银行存款调节表，以发现下级机构在资金使用上存在的问题，并及时纠正。再次，加强银行账户的管理还应加强账外账户的管理，防止账外账户的出现，抑制违法行为的产生。

由于保险经营的时间不长，存在管理措施无法跟上公司发展速度的情况，公司管理上还存在一些漏洞。从目前实际情况保险专业来看，尽管各家保险公司都很重视银行账户和资金的管理，但由于管理水平的限制，以及部分人员法制观念较为淡薄，有的保险公司存在账外账户和账外保费收入的情况，这增加了保险公司账户管理的难度。账外账户是违法行为，也是各家保险公司严令禁止的，因此对账外账户应采取严格的管理方式，发现一个取消一个，并严肃处理相关责任人员。在审查方式上，可以通过以下三种方式，以求发现账外账户：

（1）通过审计，审查公司账户之间的资金往来，发现账外账户；

（2）通过函证银行存款，发现账外账户；

（3）通过向银行查询，要求银行提供公司所有分支机构的账户清单，并将其与公司正式账户进行对比，以此来发现账外账户。

（二）经营现金流出的管理

保险公司的现金流出主要表现为支付赔款、营业费用、代理手续费、营业税金及附加、资本性开支等。保险公司属于服务行业，需及时、准确地向被保险人支付赔款，弥补被保险人的经济损失；同时，保险公司是经营风险的公司，风险的存在决定了保险赔款的发生具有不确定性，资金支出具有突发性；这使保险公司资金管理显得特别重要。同时，保险公司除了支付赔款外，还要应付日常开支，这进一步说明了加强现金流出管理的重要性。保险公司现金流出的管理，重点应放在与债务支出的配套上，保证在确定的时间有相应金额的资金支付。对保险公司现金流出的管理，可以从以下方面着手：

1. 实施资金分类下拨，有计划地使用支出资金

由于保险公司资金支出的项目较多，性质各异，同时这些支出资金均由上级机构拨付，客观要求保险公司对不同性质的支出，在资金拨付上采用不同的管理办法。如根据支出与客户关系紧密程度不同，分为业务类支出和费用类支出等，并将两类支出的资金分账户进行管理。业务类资金主要用来支付与被保险人利益相关的赔款、退保等。费用类资金主要用来解决公司管理需要及代理手续费的支出，这部分资金可以由

保险公司自身控制。在资金的核拨上，可以根据预先确定的费用率和保费收入的完成情况来确定，也可以根据公司预算确定的费用下拨时间。因此，对费用类资金，可以由上级机构根据下级机构保费收入完成情况和确定的费用率指标，在特定时间内主动划拨；对业务类资金可以采取下级机构申请，上级机构审核的方式确定；特殊用途的资金，特别审批划拨；并严格限制不同用途资金的串用。

2. 对大额负债和资金使用计划进行账龄管理，以合理安排资金支出的时间

任何企业支出管理的重点都是可用资金与负债到期时间的匹配问题，保险公司也不例外。因此，建议保险公司在对大额债务的管理上，仿效应收保费（账款）的管理模式，建立大额支出账龄管理制度，对债务（支出）按到期时间进行分类，并重点关注1个月到期的债务（支出），还可根据债务（支出）到期的时间顺序和金额大小，有计划地、合理地安排资金。对应付款项进行账龄管理后，能较为准确地确定特定时间需要支出现金的数量，有利于保险公司根据公司的现金净流量，统筹安排资金支出。

（三）投资活动现金流量的管理

投资活动现金流量的管理分为现金流出的管理和资金流入的管理。保险公司是服务型企业，客户的利益高于一切，因此，保险投资现金流量的管理应密切关注公司债务的到期时间和资金量，尽量做到投资期限与公司债务（支出）到期时间的密切配合。

1. 对外投资现金流出的管理

保险行业属于服务行业的特性，决定了保险公司在对外投资过程中应特别关注投资期限、投资组合的管理。加强投资期限的管理，能提高资金的流动性，最大限度地保护被保险人的利益；加强投资组合的管理可以提高公司的投资收益，降低投资风险，保证资金安全，并使投资符合保险公司资产负债管理的要求。

2. 对外投资现金流入的管理

保险事故发生的不确定性，决定了保险公司资金需求时的不确定性。因此，保险公司在投资现金流入的管理上，一方面应保证公司的投资产品能及时出售，这与投资时对投资品种流动性的要求紧密联系在一起；另一方面，当投资出售后，应保证资金及时划转至公司指定的银行账户，减少资金的在途时间。

第五节　健康保险公司的风险、准备金与损失预测

健康保险责任准备金的提取有其独特性，而决定这种独特性的正是健康保险的风

险特征、条款特征以及赔付特征等。

一、健康保险的风险特征

健康保险中保险人通过向投保人收取保费来承保被保险人发生伤病后的损失风险，而实际的医疗费用支出和收入损失经常会偏离预期的结果，使得健康保险的经营充满变数，这就是健康保险的经营风险。保险人、被保险人和医疗服务提供者三方在追求各自利益最大化时的冲突是健康保险经营风险产生的根本原因。

（一）医疗费用十分不稳定

影响医疗费用的因素很多，这就导致对医疗费用的合理估计是一件很困难的工作，也进而导致在提取健康保险的赔款准备金时需要考虑众多因素，尤其是医疗费用保险。所以医疗费用的这种特点决定了在提取健康保险责任准备金时，必须要考虑医疗费用的长期变化趋势，以保证健康保险业务的长期稳定经营。如果条件允许，还可以在不同地域、不同时间对准备金的提取采取不同的假设和态度，以保证最合理的提取。

（二）道德风险较大

所谓道德风险，是指买卖双方达成合同之后，在信息不对称的状态下，处于信息优势的一方利用自己的信息优势加大不利于另一方的结果出现的概率。健康保险与其他保险险种的显著不同之处在于健康保险涉及需方（患者和被保险人）、供方（医院和其他医疗机构）以及支付方（保险人）三方的关系，因而关系更为复杂，道德风险问题更加突出。

正是由于道德风险难以控制，因此在提取健康保险责任准备金时，必须要认真分析道德风险产生的影响，并在经营过程中要做好道德风险的控制工作。如果道德风险没有得到很好控制，势必导致准备金提取不足的问题，进而影响公司经营。

（三）逆选择风险大

逆选择是指投保人或被保险人在不符合承保条件的情况下，为订立保险合同而故意隐瞒被保险人或投保人某些具有高风险因素的情况而逆向选择保险公司，使保险公司有可能遭受损失的风险。

（四）疾病很难准确定义

为了明确保险责任，保险公司需要对所保障的疾病进行明确、清晰的定义；否则，就可能会使实际的保险责任大于预期。然而，很多疾病即使在医学上可能也没有非常准确的定义，这些模糊之处的存在就是健康保险的风险所在。其次，保险事故通常以被保险人被确诊为患有疾病开始，疾病的诊断标准是判断是否赔付的关键，而疾病的诊断标准随着科技的进步是不断变化的。

二、健康保险责任准备金的提取

按照我国保险会计准则的要求，应该提取的健康保险责任准备金，包括未到期责任准备金、未决赔款准备金和长期健康险责任准备金。

（一）未到期责任准备金的提取

我国保险会计准则和《健康保险管理办法》第三十八条要求："对短期健康保险业务，保险公司应当提取未到期责任准备金。短期健康保险提取未到期责任准备金，应当采用下列方法之一：（1）1/24毛保费法（以月为基础计提）；（2）1/365毛保费法（以天为基础计提）；（3）根据风险分布状况可以采用其他更为谨慎、合理的方法，提取的未到期责任准备金不得低于前两种方法所得结果的较小者。"《传统产品精算规定》的要求："短期健康保险的责任准备金分为未到期责任准备金和未决赔款准备金两大类。未到期责任准备金是对尚未发生的保险事故所做的准备，未决赔款准备金是对保险事故已发生但尚未支付的赔款所做的准备。未到期责任准备金按照会计年度自留毛保费的50%提取，也可以按其他方法提取，但提取的总额不得低于本会计年度自留毛保费的50%。"

（二）未决赔款准备金的提取

未决赔款准备金反映保险公司对在财务报表日之前发生但尚未完全支付的赔款预期在将来所要支付的金额。考虑到健康保险赔付的频率及有时呈现的长期性特点，未决赔款准备金在健康险中尤为重要。按照我国保险会计准则和《健康保险管理办法》的相关规定，我国健康保险业务需要提取的未决赔款准备金包括：对已经发生保险事故并已提出索赔、保险公司尚未结案的赔案，保险公司应当提取已发生已报案未决赔款准备金；对已经发生保险事故但尚未提出的赔偿或者给付，保险公司应当提取已发生未报案未决赔款准备金；另外还应该提取理赔费用准备金。对于未决赔款准备金，提取方法主要有逐案评估法、快速法、表定法以及进展法等。

1. 已发生已报案未决赔款准备金

已发生已报案未决赔款准备金，是保险公司对已经报案但尚未结案的保险事故而提存的赔款准备金。它涉及案件受理、责任审核、准备金评估、赔付调整及理赔。在保险公司，已发生已报案未决赔款准备金主要是理赔人员的职责，它要求理赔人员必须了解保险业务的具体细节和一些特殊知识，并熟知法律的变更、社会和经济的因素变化对已报告赔案赔付额的影响，尤其对于健康保险业务而言，还特别要求健康保险的理赔人员熟悉医疗方面的知识。

2. 已发生未报案未决赔款准备金

未决赔款准备金中，由报告延迟等因素引起的已发生未报案未决赔款准备金是不确定性最高、技术上最困难的一项责任准备金。因此，对健康保险而言，已发生未报案未决赔款准备金的评估是健康保险精算人员最核心的工作之一。如前所述，对于在评估时点前已经发生了保险事故的理赔责任，有报告延迟和理赔延迟两大不确定因素，而报告延迟相对有更大的不确定性，其不确定程度与保险业务的赔付周期长短直接相关。许多国家的保险监管明确要求保险公司要独立评估已发生未报案未决赔款准备金，不能只是笼统地评估未决赔款准备金。

3. 理赔费用准备金

理赔费用准备金是为将来处理未决赔案时产生的费用而计提的准备金，因此，理赔费用准备金是与未决赔款准备金相伴相生的。由于未决赔款本身具有不确定性而使其相应的理赔费用也具有不确定性，如果对这笔费用不计提准备金，就会增大财务核算结果的波动性，从而不利于保险公司的稳健经营。

从理论上来讲，对理赔费用计提准备金非常有必要。从理赔费用准备金产生的机理来看，理赔费用准备金应该属于未决赔款准备金的一部分。健康保险业务的理赔费用很复杂且是比较高昂的，因为残疾率、发病率都会随着年龄增长。因此为理赔费用提取的准备金可能会是未决赔款准备金中一个重要的组成部分。

（三）长期健康险责任准备金的提取

对于健康保险，由于不可撤销和保证续保条款的存在，有些健康保险险种的长期性特点与长期寿险有着类似性。因此，保险人必须把前期保费收入中的一部分提存起来，以弥补后期保险给付的不足，这种以保险合同为依据，为将来赔付而提存的基金，就是长期健康险责任准备金。

1. 疾病率/伤残率

对于健康保险责任准备金而言，疾病率/伤残率是非常敏感的因素。在估计疾病率/伤残率假设时，应当以预期的生病或残疾事件和理赔成本为基础。在设定疾病率/伤残率假设时应当考虑各种类型保险（例如，不可撤销意外及医疗保险和保证续保意外及医疗保险合同）的预期残废事件和预期理赔成本以及其他因素，如职业类别、等候期间、性别、年龄和给付期限等。设定疾病率/伤残率假设时还应当考虑选择风险（高风险的低终止倾向）。

2. 评估利率

对健康保险责任准备金而言，评估利率是非常敏感的因素之一。如果利率假设提高，则准备金下降；反之，则准备金上升。因此评估利率将会对保险公司的负债结构及偿付能力产生较大影响。一般而言，法定会计准则对评估利率的规定较公认会计原则严格。

3. 退保率

在责任准备金计量时，是否使用退保率，各国规定有所不同。如我国目前的最低责任准备金计量方法中未规定使用退保率假设。美国的最低法定责任准备金的计量不允许考虑退保率，而公认会计原则需要。但在加拿大，退保率被要求考虑在内。虽然美国的法定最低责任准备金不考虑退保率，但监管会计原则还对保户不可撤销权利的价值提出了最低要求。从这方面看，退保的一些不利因素在这里得到了反映。因此，退保率对保险公司的负债基本没有太大影响。

（四）准备金充足性测试

由于健康保险业务准备金建立在精算模型基础上，为了保证准备金的安全性，我国保险会计准则明确规定进行准备金充足性测试，即在分析未来现金流量的基础上评估保险债务的账面价值是否需要提高。

保险会计准则第十四条规定，保险人至少应当于每年年度终了，对未决赔款准备金、寿险责任准备金、长期健康险责任准备金进行充足性测试。如果准备金不足，保险合同存在损失的可能性，应当在损失发生的当期通过补提相关责任准备金的方式进行确认。公司进行准备金充足性测试可以备选的方法包括：整体测算、按产品大类测算和按照个别产品测算。

1. 整体测算

整体测算是按公司所有产品品种计算应补提的整体准备金的差额。按照公司所有品种进行整体测算的方法，优点在于客观、宜于操作，同时可比性较高。

2. 按产品大类测算

按照产品大类分别计算各产品大类应补提的准备金差额，公司层面的应补提的准备金差额为各产品大类应补提准备金差额的汇总。按照此类方法测算的结果更趋于保守。由于如何划分产品大类需要主观判断的程度较大，相对整体测算而言，公司之间测算结果的可比性降低。

3. 按照个别产品测算

按照个别产品分别计算各产品应补提的准备金差额，公司层面的应补提的准备金差额为各产品应补提准备金差额的汇总。按照此类方法测算，相对于前两种方法，结果最为保守，公司之间测算结果的可比性较低。

对于未到期责任准备金,《健康保险管理办法》要求短期健康保险未到期责任准备金的提取金额应当不低于下列两者中的大者:预期未来发生的赔款与费用扣除相关投资收入之后的余额;在责任准备金评估日假设所有保单退保时的退保金额。如果未到期责任准备金不足,应当提取保费不足责任准备金,用于弥补未到期责任准备金和前两项中较大者的差额。对于长期健康险责任准备金的充足性测试应考虑预期未来发生的赔款与费用扣除相关投资收入之后的金额与账面价值的比较。

三、健康保险损失率及其计算公式

损失率(损失比),又称赔付率、赔付比、给付比,是保险人在一定时期内用于赔偿或给付的总额占同期保费收入总额的百分比。它可以用来判断保险企业成本的高低,是反映保险企业经营管理状况的十分重要的效益指标。

对于健康保险公司来讲,健康保险损失率是指健康保险保险金给付(赔款支出)和与健康保险有关的理赔成本之和占健康保险已赚保费的一个比率。其计算主要依据保险公司年度报表中有关健康保险保费收入、保险金赔付额、费用支出及准备金等各项记载。从定义上看,健康保险损失率实际上是一个相对比,因此称它为健康保险赔付比或损失比更恰当,其基本公式可以表示为:

健康保险损失率 = 观察期内赔付总额 / 观察期内的保费收入总额 × 100%

式中,分母中的保费应该是已赚保费或满期保费,分子中的赔付总额应该是已发生损失总额,包括已支付的赔款(loss paid)、已发生但未报告或已报告但还未支付的赔款,即各类赔款准备金。

如果不考虑附加保费,健康保险损失率是指在保险合同有效期内已经发生的损失与增加的保单责任准备金净额占已赚保费总额的比例,用公式表示为:

健康保险损失率 = (已经发生的损失 + 增加的保单责任准备金净额)/ 已赚保费

实际计算过程中,如以年为计算单位,则已赚取保费等于净应收保费加上年度末未缴的保费减去本年未缴的保费;已发生损失等于净已付赔款及相应的理赔费用加当年的未付赔款减去上年度的未付赔款。在短期健康险产品中,非寿险精算是把预提保费和增加的责任准备金当作是签单保费的减少,从损失率计算公式的分母中扣除掉;而在长期健康险产品损失率的测算中,则把这部分加到分子上去。根据当前国内保险监管方面的有关规定,适用于短期健康保险产品的净赔付率计算公式为:

净赔付率 = (赔款支出 − 摊回分保赔款 + 分保赔款支出 + 提存未决赔款准备金 − 转回未决赔款准备金)/(保费收入 + 分保费收入 − 分出保费 + 转回未到期责任准备金 − 提存未到期责任准备金)

四、影响健康保险损失率的因素分析

实务操作中影响健康保险损失率的因素有很多,不仅包括损失率计算公式中的成分,还涉及健康保险合同,保险公司自身的运营管理水平和其所处的环境等多种因素的影响作用。

(1) 准备金的计提方法。准备金计提方法的选取对健康保险损失率的最终计算结果有深刻影响。在计算准备金时,是采用两年定期式准备金计提法还是采用均衡纯保费准备金计提法、是否考虑退保率和其他因素等都对损失率的计算有一定的影响作用。

(2) 用于计算损失率的数学计算式。这主要取决于计算式中各项式的因子的概率分布。

(3) 用于估算准备金和评估被保险人索赔记录时的精算假定。

(4) 保险标的的风险类型。对于某一特殊险种或保单来说,赔付成本与承保标的的风险类型和风险程度直接相关。经验表明,风险的不稳定性程度越低,其保单损失率反而更高,而传统中具有较低损失率的保单,风险却有较高的不稳定性。

(5) 营业费用开支。营业费用开支即保险公司运营的成本。经验表明,相对于保险费用来说,签订保单的费用开支越高,此类保单的损失率越低。目前,在国内健康保险市场上,虽然个人健康保单的销售和核保成本要比团体保单高,但大多数个人健康保险业务的经验损失率也较团体业务为优。

(6) 合同中的续保及相关条款。续保率越高,意味着保险公司承担的风险也越大,实际发生的索赔将会更多,但实践却表明续保率越高,损失率越低,持续承保时间越短的保单损失率反而更高。如比起一年期保单来说,保险公司承诺续保的健康保险合同具有更低的损失率。

以上前三种因素对损失率的影响比较直观,所导致的损失率数值结果的差异往往是表面的、不真实的。后三种因素对损失率的影响虽然间接,却是实质性的。之所以这么说是因为对于一个善于经营管理的保险人来说,除了考虑保险赔偿成本之外,还应注意保单涉及的保障范围及经营成本等因素,这些因素对承担的保险责任纯保费的数额有显著的影响作用。显然,这部分在总保费中所占比例越大,用于赔偿的纯保费比例就越小。

本章小结

健康保险公司虽然也属于一般意义的营利性企业组织,然而由于保险公司收入在前、偿付在后的特殊性,以及健康保险的独特之处,使得健康保险公司的财务预测与风险更具有复杂性。

在财务信息方面,健康保险的业务特征决定了其收入与成本费用、利润形成及利源分析与管理,进而影响到利润的分配。健康保险资金来源、筹资动机与筹资形式,以及资金的运用原则与具体运用也与其他企业有显著差异。此外,保险资金的新型投资有利于保持其活力与创新性。对现金的管理是健康保险公司尤其需要重点关注的,不仅需要看到健康保险现金流量的特性,还应当根据不同的活动形态对其进行针对性管理。

在风险信息方面,健康保险的风险特征、对责任准备金的提取和损失率是主要关注方面,尤其是关于健康保险的风险特征及损失率的相关内容。

专业术语

1. 伤残年金(Disability Annuities)保险:属于赔款赔偿方式,指保险事件发生后,由保险人给付一定年限的定额赔偿金,而不计较保险人的实际损失情况。

2. 永久残疾(Permanent Disability)保险:如果在一定期间内残疾仍不可治愈,那么则认为该残疾是永久不可治愈的。此期间称为考察期,通常为半年至两年。

3. 重大疾病(Dread Disease)保险:对发生特定的重大疾病提供一次性保险赔付。

4. 长期护理(Long Term Care)健康保险:按照生活自理能力的不同,对发生疾病和残疾的保险人给予不同的赔付,也就是赔付与处于疾病的严重程度相关。

5. 频率(Frequency):代表索赔概率。

6. 确率(Severity):代表平均索赔额,是随机变量实际赔付额的期望值。

7. 共保(Co-insurance):指的是团体健康保险中,保险双方共同承担发生的医疗费用。

8. 最高给付额(Insured Amount):是指对被保险人医疗费用补偿有最高金额限

制，超出这一限额的费用由消费者自付，即通常所说的封顶。

9. 责任准备金（Insurance Reserves）：是保险企业为了履行其承担的未到期保险责任或处理未决赔款而从收取的保险费中按一定的比例提存的一项基金。

10. 保险保障基金（Insurance Protection Fund）：是为了保证保险公司的偿付能力而提取的资金。

11. 保户储金（Deposit of the Insured）：是保户在购买一种到期还本的储金保险时交纳的本金。

12. 市场风险（或系统风险，Market Risk）：指由那些对所有的投资对象都产生影响的因素引起的风险。

13. 特有风险（或非系统风险，Non-market Risk）：特有风险指发生于个别投资对象的特有事件造成的风险。

14. 机会成本（Opportunity Cost）：在各种投资方案的选择中，如果选定了一个投资方案，则必须放弃一部分资金投资于其他渠道的机会。

15. 承保风险（Underwriting Risk）：是指保险公司承保风险事故可能产生亏损的风险。

16. 财务风险（Financial Risk）：包括信用风险、资产风险、利率风险、时间风险等。

17. 道德（Moral Hazard）风险：是指买卖双方达成合同之后，在信息不对称的状态下，处于信息优势的一方利用自己的信息优势加大不利于另一方的结果出现的概率。

18. 逆选择（Adverse Selection）风险：是指投保人或被保险人在不符合承保条件的情况下，为订立保险合同而故意隐瞒被保险人或投保人某些具有高风险因素的情况而逆向选择保险公司，使保险公司有可能遭受损失的风险。

19. 已发生未报案未决赔款准备金（Incurred But Not Reported Claims，IBNR）：反映保险公司对在财务报表日之前发生但尚未完全支付的赔款预期在将来所要支付的金额。

20. 理赔费用准备金（Claim Expense Reserve）：是为将来处理未决赔案时产生的费用而计提的准备金，与未决赔款准备金相伴相生。

21. 赔付率（又称赔付比、给付比或损失率，Loss Ratio）：是保险人在一定时期内用于赔偿或给付的总额占同期保费收入总额的百分比。

22. 健康保险损失率（Health Insurance Loss Ratio）：是指健康保险保险金给付（赔款支出）和与健康保险有关的理赔成本之和占健康保险已赚保费的比率。

思考题

1. 如何进行健康保险公司的盈利预测？需要注意哪些事项？
2. 在运用健康保险公司资金时应当遵循哪些原则？如何理解转移原则？
3. 如何有效管理健康保险公司的现金？
4. 健康保险有哪些独特的风险？影响健康保险损失率的因素有哪些？

第六章

健康保险财务管理实务

本书前五章首先对健康保险财务管理进行了总体概述，阐述了健康保险财务管理的基本原理、内容、预期目标以及考评体系等，继而从资本结构决策、投资决策、财务报告以及财务预测四个财务管理的重要环节对健康保险公司的财务活动理论进行了探讨。本章结合目前健康保险公司财务管理的实务对财务管理实践进行探讨。首先，健康保险公司由于保险业务的特殊性，其业务核算具有与一般公司业务不同的特征，其以金融资产为主，实物形态资产较少，负债中往往有大量的保险准备金，需要独立核算，且其会计计量需要运用保险精算技术，这些都对其业务核算提出了相应要求，本章依据目前的会计准则和相关规定对其业务核算及管理进行了介绍。其次，健康保险公司的负债以各种责任准备金作为主要部分，其计提的高低对于健康保险公司的偿付能力以及当期损益都会产生较大影响。本章结合现有实践，对保险公司责任准备金的估算与计提方法进行探讨。再次，内含价值是保险公司独有的概念，是指在充分考虑总体风险的情况下，适用业务及其对应资产产生的现金流中股东利益的现值。其一般用于评价行业发展、兼并、收购，作为财务报告的补充信息，评估公司管理绩效，为公司内部决策提供参考等用途。基于此，本章相继探讨内含价值的概念、计算、内含价值报告、内含价值评估法的优劣、内含价值新政策的影响五个方面。此外，大部分健康保险公司已实行全面预算管理，我们对此给予了相应关注。最后，对健康保险公司的并购实务进行了简要介绍。

第一节　健康保险公司业务核算与管理

一、健康保险公司业务核算的特点

健康保险关系着养老、医疗等与国计民生息息相关的问题，因而相应也面临更为严格的行业监管。健康保险公司的业务核算与管理是其财务活动的重要组成部分。与其他行业相比，健康保险公司的业务核算主要有以下几个特点：

首先，从行业规范角度来看，健康保险需独立建账、独立核算盈亏。中国保监会在 2006 年出台了《健康保险管理办法》，其中，对于健康保险的定义及各险种的类别都进行了界定。健康保险，是指保险公司通过疾病保险、医疗保险、失能收入损失保险和护理保险等方式对因健康原因导致的损失给付保险金的保险。其中，疾病保险，是指以保险合同约定的疾病的发生为给付保险金条件的保险；医疗保险，是指以保险合同约定的医疗行为的发生为给付保险金条件，为被保险人接受诊疗期间的医疗费用支出提供保障的保险；失能收入损失保险，是指以因保险合同约定的疾病或者意外伤害导致工作能力丧失为给付保险金条件，为被保险人在一定时期内收入减少或者中断提供保障的保险；护理保险，是指以因保险合同约定的日常生活能力障碍引发护理需要为给付保险金条件，为被保险人的护理支出提供保障的保险。《健康保险管理办法》第八条提到，保险公司经营健康保险，必须建立健康保险业务单独核算制度。因此，独立核算，是健康保险公司业务核算最重要的特征。

其次，健康保险公司的资产构成较为特殊，以金融资产为主。健康保险公司经营的产品是无形的，所以其存货的比例必然很小。其流动资产中实物形态的资产所占比重非常小。一般来说，其收到的保费形成的保险基金以银行存款、债券等形式进行投资。此外，根据有关规定，保险公司需将其注册资本总额的一部分作为法定保证金存入保险监管部门指定的银行，这也使得其资产构成有较大的特殊性。

再次，健康保险公司的负债中往往有大量保险准备金，以保证未来赔偿和给付。对一般行业公司来说，其负债主要包括向银行等金融机构的借款以及公开发行的债券等债务工具。而对于健康保险公司来说，在其业务发生时，即保险合同签订的同时，健康保险公司即新增了相应的负债。换句话说，其消费者同时也是其债权人。因此，为了维护市场稳定，保护消费者权益，健康保险公司必须设置相应的保险准备金，以保证其在扩大规模、增加业务的同时，拥有相应的偿付能力。这也构成了其负债的一个重要组成部分。

最后,健康保险公司的会计计量需要运用保险精算技术。与一般行业不同,在保险行业中,其会计核算所需的收入费用以及利润的数据并不是直接就可以得到的。由于其业务形态是收入在前,成本在后,因而在定价时即需要对业务的成本进行估计,这往往要通过保险精算完成。保险精算师需要根据精算理论,科学的厘定各类险种的保险费率;计算责任准备金,支付准备金以及多种累积金;按经济环境变动的趋势,为保险投资决策提供预测数据;分析保险公司的年度利润来源;根据保险市场的变化、对保险的需求及地区特点为保险公司设计新险种;参与保险公司的计划、展业、投资、财务等的经营管理决策;参与编制保险公司的各项年度报表(如财务报表、经营报表、税务报表、呈送给保险监督部门的报表等),负责其中精算部分的计算;协助职能部门根据统计资料研究各险科的效益,以及保险费率的调整,以适应市场竞争的需要,以及编制内部报告;研究灾害损失的趋势,预测本公司的偿付能力;为防灾技术提供资料和研究手段;参与防灾、防损及风险管理;以及研究再保险的设置、再保险费率及再保险对本公司经营的作用。

二、健康保险公司业务核算相关规定

在新会计准则下,健康保险公司的业务核算主要需遵循以下规定:

(一) 保费收入的确认与计量

根据《企业会计准则第25号——原保险合同》的规定,保险公司的保费收入应在下列条件均能满足时予以确认:原保险合同成立并承担相应保险责任;与原保险合同相关的经济利益能够流入公司;与原保险合同相关的收入能够可靠的计量。不同种类的原保险合同性质不同,其保费收入的计量方法也不相同。根据《企业会计准则第25号——原保险合同》的规定,非寿险原保险合同的保费收入金额,应当根据原保险合同约定的保费总额确定。

(二) 长期健康险责任准备金的确认与计量

根据《企业会计准则第25号——原保险合同》的规定,保险人应当在确认寿险保费收入当期,按照保险精算确定的金额,提取长期健康险责任准备金,并确认长期健康险责任准备金负债。

(三) 保险赔款支出的确认与计量

根据《企业会计准则第25号——原保险合同》的规定,保险人应当在确定支付赔付款项或实际发生理赔费用的当期，按照确定支付的赔付款项金额或实际发生理赔费用的金额，记入当期损益；同时冲减相应的未决赔款准备金余额。

三、健康保险公司的业务核算

（一）会计科目设置

为了反映健康保险收取保费和保险金给付的情况，应设置"保费收入""应收保费""死伤医疗给付""赔款支出"等科目。

（二）保费收入的核算

投保人向保险公司申办健康保险时，应办理投保手续和缴纳保费。每日对外营业结束后，由业务部门汇编"××保费日结单"，连同"保费收据"存根送交会计部门。会计部门审核无误后办理入账，编制会计分录如下：

借：银行存款（库存现金）
　　贷：保费收入——××险种

（三）保险金给付的核算

保险公司在办理健康保险金给付时应由投保人提供有关单证及证明。经业务部门审查核实后，经会计部门复核无误后，向投保人支付保险金，编制会计分录如下：

借：死伤医疗给付
　　贷：银行存款（库存现金）

（四）人身意外伤害保险的核算

人身意外伤害保险是以被保险人的身体或劳动能力作为保险标的的保险。它是以被保险人因遭受意外伤害造成死亡、残废、支出医疗费、暂时丧失劳动能力为给付保险金条件的保险业务。

当保险人向被保险人按合同规定收取保费时，编制会计分录如下：

借：银行存款（库存现金）
　　贷：保费收入

当被保险人发生意外伤害事故后，保险公司按规定支出保险金时，编制会计分录如下：

借：赔付支出
　　贷：保户质押贷款（或保费收入/利息收入/库存现金等）

(五) 短期健康险准备金的核算

短期健康保险是指保险期限在一年或一年以下的健康保险,其准备金包括未到期责任准备金和未决赔款准备金。

1. 未到期责任准备金

未到期责任准备金,是指保险人为尚未终止的非寿险保险责任提取的准备金。从性质上讲,未到期责任准备金属于未赚取的保费收入,确认未到期责任准备金就是确认未赚取的保费收入。随着时间的推移,保险风险在逐渐减少,未赚取的保费收入也随之转化为已赚取的保费收入。因此,通常情况下,保险人在资产负债表日按照保险精算重新计算确定的未到期责任准备金金额应当小于上一资产负债表日已确认的未到期责任准备金余额。为了真实地反映保险人当期末未赚取的保费收入,保险人应当在资产负债表日,按照保险精算重新计算确定的未到期责任准备金金额与已确认的未到期责任准备金余额的差额,对未到期责任准备金余额进行调整。

(1) 未到期责任准备金的计提。保险人应当在确认非寿险保费收入的当期,按照保险精算确定的金额,提取未到期责任准备金,作为当期保费收入的调整,并确认未到期责任准备金负债,编制会计分录如下:

借:提取未到期责任准备——××险种
  贷:未到期责任准备——××险种

(2) 资产负债表日的处理。保险人应当在资产负债表日,按照保险精算重新计算确定的未到期责任准备金金额与已提取的未到期责任准备金余额的差额,调整未到期责任准备金余额,编制会计分录如下:

借:未到期责任准备——××险种
  贷:提取未到期责任准备——××险种

(3) 未到期责任准备金的转销。原保险合同提前解除的,保险人应当转销相关未到期责任准备金余额,计入当期损益,编制会计分录如下:

借:未到期责任准备金——××险种
  贷:提取未到期责任准备金——××险种

(4) 提取未到期责任准备金的期末结转。期末,应将"提取未到期责任准备金"科目的余额结转"本年利润"科目,编制会计分录如下:

借:本年利润
  贷:提取未到期责任准备金——××险种

2. 未决赔款准备金

未决赔款准备金是指保险公司对保险事故已发生已报案或已发生未报案而按规定对未决赔款提存的准备金。根据《企业会计准则第25号——原保险合同》的规定,保险人应在非寿险保险事故发生的当期，按保险精算确定的金额，提取未决赔款准备金，并确认未决赔款准备金负债。未决赔款准备金内容包括已发生已报案未决赔款准备金、已发生未报案未决赔款准备金和理赔费用准备金。未决赔款准备金充足性测试是指计算为将来可能要履行的保险责任而提取的准备金是否足够、充分，以确保保险准备金负债没有被低估。保险人按照保险精算重新计算确定的未决赔款准备金金额超过充足性测试日已提取的未决赔款准备金余额的；应当按照其差额补提未决赔款准备金；保险人按照保险精算重新计算确定的未决赔款准备金金额小于充足性测试日已提取的未决赔款准备金余额的，不调整未决赔款准备金。

（1）未决赔款准备金的计提。投保人发生非寿险保险合同约定的保险事故当期，保险公司应按保险精算确定的未决赔款准备金，编制会计分录如下：

借：提取未决赔款准备金——××险种
　　贷：未决赔款准备金——××险种

（2）未决赔款准备金充足性测试。保险人至少应当于每年年度终了，对未决赔款准备金进行充足性测试。

补提未决赔款准备金时编制会计分录如下：

借：提取未决赔款准备金——××险种
　　贷：未决赔款准备金——××险种

（3）未决赔款准备金的冲减。原保险合同保险人确定支付赔付款项金额或实际发生理赔费用的当期，应按冲减的相应未决赔款准备金余额，编制会计分录如下：

借：未决赔款准备金——××险种
　　贷：提取未决赔款准备金——××险种

（4）提取未决赔款准备金的期末结转。期末，应将"提取未决赔款准备金"科目的余额结转"本年利润"科目，编制会计分录如下：

借：本年利润
　　贷：提取未决赔款准备金——××险种

（六）长期健康险责任准备金的核算

长期健康险是介于短期健康险和普通寿险之间的一类业务。长期健康险责任准备金，是指保险公司对尚未终止的长期健康保险责任提存的准备金。根据《企业会计准则第25号——原保险合同》的规定，保险人应在确认长期健康险保费收入的当期，按保险精算确定的金额，提取长期健康险责任准备金，并确认长期健康险责任准备金负债。

保险人至少应当于每年年度终了，对长期健康险责任准备金进行充足性测试。保险人按照保险精算重新计算确定的长期健康险责任准备金金额超过充足性测试日已提取的长期健康险责任准备金余额的,应当按照其差额补提长期健康险责任准备金;保险人按照保险精算重新计算确定的长期健康险责任准备金金额小于充足性测试日已提取的长期健康险责任准备金余额的,不调整长期健康险责任准备金。

(1) 长期健康险责任准备金的计提。保险人在确认寿险保费收入的当期,应按保险精算确定的长期健康险责任准备金,编制会计分录如下:

借:提取长期健康险责任准备金——××险种
　　贷:长期健康险责任准备金

(2) 长期健康险责任准备金的冲减。原保险合同保险人确定支付赔付款项金额或实际发生理赔费用的当期,应按冲减的相应长期健康险责任准备金余额,编制会计分录如下:

借:长期健康险责任准备金
　　贷:提取长期健康险责任准备金——××险种

(3) 长期健康险责任准备金的转销。寿险原保险合同提前解除的,保险人应将相关长期健康险责任准备金余额予以转销。编制会计分录如下:

借:长期健康险责任准备金
　　贷:提取长期健康险责任准备——××险种

(4) 提取长期健康险责任准备金的期末结转。

借:本年利润
　　贷:提取长期健康险责任准备金——××险种

(七) 健康保险原保险业务中途退保的核算

投保人在保险责任开始后要求提前解除合同的,保险公司可以收取自保险责任开始之日起至合同解除之日止的保险费,剩余的应退还投保人的保险费,作为退保费,直接冲减保费收入。退保时尚结欠的应收保费,从所退保费中直接扣除。同时,转销相关的尚未赚取的保费收入,即转销相关未到期责任准备金余额。(因为保险公司在确认保险合同保费收入的当期,通过确认未到期责任准备金,作为保费收入的调整,而在合同提前解除时,尚未赚取的保费收入已经不可能再赚取。)

四、健康保险公司的业务核算管理

健康保险公司的业务核算最终是为了公司发展服务的,因而,我们对于业务核算的管理,要求健康保险公司的业务核算能够及时、全面、真实地反映公司的财务状况,细化分险种、分渠道、分区域的核算机制,加强对新业务、新准则的研究与讨论分析能力。健康保险公司的收入主要来源于保费收入、投资收益和其他业务收入三个部分,成本主要来源于给付成本、责任准备金提转差、费用和其他成本。如何将费用按照合适规范的核算规则进行分摊,以更合理的反映业务实质,是健康保险公司业务核算管理的核心要求。

第二节　健康保险公司负债、准备金与现金流

一、健康保险公司的负债及其特征

从会计角度来看,负债是指由过去的交易事项形成的会导致经济利益流出企业的现时义务。这其中包含了负债本身的几个主要特征。首先,负债是基于过去的交易或事项产生的,即导致负债的交易或事项必须已经发生。例如,当保险公司发行次级债后,这一交易已经完成,并且产生了未来保险公司偿还债券的义务,因此需要确认为负债。其次,负债是公司承担的现时义务。这里的现时义务指的是保险公司已经确认承担的义务,而非未来可能承担的业务。例如,如果健康保险公司与投保人就某些赔偿情况产生了异议,或者进入了诉讼程序,那么其未来是否承担相应的经济利益的流出取决于诉讼的结果,在这种情况下,所产生的义务就并非是现时义务,也不应当确认为负债。最后,负债在未来会使得公司有经济利益的流出。这种经济利益的流出可能有多种形式,也是负债区别于资产等其他会计要素的最本质的特征。

健康保险公司由于其业务的特殊性,其对于负债的界定也与一般企业稍有不同。美国会计制度下,保险公司负债由两部分构成:一是保险公司特有的负债项目如未到期责任准备金、赔款准备金、理赔费用准备金和各种预收应付款等;二是保单持有人盈余,即对公司出资者的负债。我国把保险公司负债分为流动负债、长期负债和所有者权益。2003年引入"认可负债"概念。认可负债是指保险监管机构对保险公司进行偿付能力考核时,按照一定的标准予以认可,纳入偿付能力额度计算的负债。对一般企业来说,负债是指债权债务引起的现实负债,债务人及债务金额和偿还时间都是确定的,对极少数或有负债,企业只需在资产负债表的附注中披露即可。而保险公司负债的主要项目是各种责任准备金,责任准备金是指保险公司为了承担因承诺保险业务而引起的将来的负债或已有的负债而提取的基金,包括未决赔款准备金、长期健康责任准备金等。各种责任准备金所占比重较大,且具体的债务人及债务金额和偿还时间都不确定。这是因为在保险期内,无法预知保险业务事故是否发生及可能造成损失的大小,使保险负债具有或有性和金额上的不确定性。各种保险责任准备金是保险公

司的主要负债，在资产负债表内披露。

如果我们对健康保险公司负债的特点加以总结，可以发现其具有以下特性：

首先，健康保险公司的负债以各种责任准备金作为主要部分。健康保险公司的业务中，既有长期险，也有短期险。有些保险保单的保险期限很长，虽然保险费在合同签订时已经入账，但按照权责发生制的原则，应当把不属于当期的保险费以未到期责任准备金的形式提取出来。此外，对于长期健康险来说，其偿付责任发生在未来很长一段时间后，为了保证其能够承担未来保险责任，也需要相应计提准备金，即长期健康险责任准备金。由于保险业务的这一特性，其负债中占比最大的就是各种责任准备金。如以健康保险公司 2016 年年报为例，其 2016 年负债总额 39 548 216 995.10 元，而在其各个组成部分中，所占比例最大的即为长期健康险责任准备金，共计 15 531 567 587.95 元，占负债总额的 39%，超过了负债总额的 1/3，其次是保户储金及投资款，而寿险责任准备金和未决赔款准备金也紧随其后，成为负债组成部分中金额占比第三和第四的位置。

表 6.1　　　　某健康保险公司 2016 年资产负债表（部分）

单位：人民币元

负债及股东权益	2016 年 12 月 31 日	2015 年 12 月 31 日
负债		
卖出回购金融资产款	1 540 000 000.00	1 260 000 000.00
预收保费	1 832 905 276.39	608 790 043.95
应付手续费及佣金	37 170 586.10	30 958 997.43
应付分保账款	2 086 874 371.60	1 383 669 207.09
应付职工薪酬	316 768 685.35	392 912 563.38
应交税费	14 543 839.15	15 141 483.58
应付赔付款	549 810 994.51	332 120 015.02
应付保单红利	192 533 853.72	138 242 415.72
保户储金及投资款	8 619 940 537.53	7 384 379 343.90
未到期责任准备金	493 453 149.04	457 240 085.32
未决赔款准备金	2 758 441 282.29	2 245 861 961.79
寿险责任准备金	4 163 577 318.44	4 143 678 628.32
长期健康险责任准备金	15 531 567 587.95	9 864 375 861.05
应付债券	826 395 084.37	835 313 292.37
其他负债	584 234 428.66	328 513 428.80
负债合计	39 548 216 995.10	29 421 197 327.72

续表

负债及股东权益	2016年12月31日	2015年12月31日
股东权益		
股本	8 568 414 737.00	6 449 770 670.00
资本公积	1 037 448 902.57	656 092 970.51
其他综合收益	−19 590 627.47	214 258 119.91
未分配利润	−3 907 247 941.93	−3 909 994 583.09
股东权益合计	5 679 025 070.17	3 410 127 177.33
负债及股东权益总计	45 227 242 065.27	32 831 324 505.05

其次，与一般企业不同，健康保险公司的负债具有更大的不确定性。消费者购买健康保险公司的产品，是为了规避未来可能的医疗、健康等方面导致的财务风险，而从另一个角度来看，实际上是将这些风险通过签订保险合同的方式转嫁给了健康保险公司。因此，对于健康保险公司来说，在签订合同时，其收入就基本确定了，但其可能付出的成本，即相应的负债端，是受各种不确定性因素影响的。这些不确定性因素包括且不限于与人身健康相关的疾病发生率、伤残率以及失能比率等。此外，从宏观角度来看，长期健康险等险种由于期限较长，还往往会受到利率等风险的影响。这些复杂的因素交织在一起，使得对健康保险公司负债的确认有着更大的不确定性。

最后，健康保险公司的负债有较强的估计性，其依赖于精算技术和方法，且受不同会计政策影响较大。如前所述，由于健康保险公司的负债不易确定，其计量通常建立在大数法则原理和精算方法的基础之上。这也要求在负债评估的过程中采用相应的精算方法和精算假设进行科学的估计和测定。此外，由于保险公司资产负债性质的特殊性，其最终报表和财务的呈现受到会计政策的影响较大。不同的利益相关者可能有不同的诉求，这也可能会使得健康保险公司负债的计量采用不同的会计政策，尤其是对于责任准备金的计量。由于责任准备金在负债中的占比较大，其计提的高或低会对健康保险公司的偿付能力以及当期损益产生较大影响。

二、健康保险公司准备金

保险准备金，是指保险公司为保证其如约履行保险赔偿或给付义务而提取的、与其所承担的保险责任相对应的基金。只有当保险公司的实际资产超过其实际负债达到规定的额度时，才具有可靠的偿付能力。保险准备金实际上包括资本金、公积金或总准备金及其他任意准备金（在未到期责任准备金和赔付准备金之外的准备金）以及未分配的利润等。

准备金可按照不同的标准分类，按要求提存的约束力不同可分为：（1）保险公司根据有关法律规定必须提取的准备金;(2)保险公司根据公司章程或主管机关指定提存的准备金;(3)保险公司任意提存的准备金。

准备金按性质不同可分为:(1)属于股东所有的准备金;(2)属于保险客户所有的准备金;(3)属于有关资产账户备抵性质的准备金。

准备金按计提基础不同可分为:(1)税前列支准备金;(2)税后列支准备金。

健康保险公司的准备金又称保险合同准备金,一般包括未到期责任准备金和未决赔款准备金。一般在健康保险公司的财务报表中,非寿险的未到期责任准备金和未决赔款准备金在未到期责任准备金和未决赔款准备金报表项目中列示,寿险责任准备金和长期健康险责任准备金报表项目分别包括了寿险和长期健康险各自的未到期责任准备金和未决赔款准备金。保险合同准备金以健康保险公司履行保险合同相关义务所需支出的合理估计金额为基础进行计量。公司履行保险合同相关义务所需支出,是指由保险合同产生的预期未来现金流出与预期未来现金流入的差额,即预期未来净现金流出。其中,预期未来现金流出,是指健康保险公司为履行保险合同相关义务所必需的合理现金流出(含归属于保单持有人的利益),主要包括:根据保险合同承诺的保证利益,包括赔付、死亡给付、残疾给付、疾病给付、生存给付、满期给付、退保给付等;根据保险合同构成推定义务的非保证利益,包括保单红利给付等;及管理保险合同或处理相关赔款必需的合理费用,包括保单维持费用、理赔费用等。预期未来现金流入,是指健康保险公司为承担保险合同相关义务而获得的现金流入,包括保险费和其他收费。健康保险公司以资产负债表日可获取的当前信息为基础,确定预期未来净现金流出的合理估计金额。

健康保险公司在确定保险合同准备金时,考虑边际因素,并对边际进行单独计量。健康保险公司在保险期间内,采用系统、合理的方法,将边际计入当期损益。边际包括风险边际和剩余边际:(1)健康保险公司根据预期未来净现金流出的不确定性和影响程度选择适当的风险边际,计入保险合同准备金;(2)在保险合同初始确认日产生首日利得的,不确认该利得,而将首日利得作为剩余边际计入保险合同准备金。在保险合同初始确认日发生首日损失的,对该损失予以确认并计入当期损益。对于非寿险合同,在整个保险期间内按时间基础将剩余边际摊销计入当期损益;对于寿险合同,分红险产品采用风险边际的释放作为剩余边际的摊销载体;其他长期健康险产品采用有效保额作为剩余边际的摊销载体。

健康保险公司在确定保险合同准备金时,考虑货币时间价值的影响。对于货币时间价值影响重大的,对相关未来现金流量进行折现。对于计量单元整体负债久期小于等于1年的,不考虑货币时间价值的影响;对于计量单元整体负债久期超过1年的,对未来现金流进行折现。计量货币时间价值所采用的折现率,以资产负债表日可获取的当前信息为基础确定,不予以锁定。健康保险公司在计量保险合同准备金时,预测未来净现金流出的期间为整个保险期间。对于一年期可续保产品,由于其费率可重新厘定,健康保险公司按照非寿险方法计量其保险合同准备金。

(一) 非寿险未到期责任准备金

由于保险公司会计年度与保单有效期不完全一致,按照权责匹配的原则,保险公司不能把当年的保费收入全部计入损益,而应将保费在各保险责任期内进行分摊。因此,所谓未到期责任准备金,就是指保险公司在年终会计决算时,把属于未到期责任部分的保费提存出来,用作将来赔偿准备的基金。留在当年的部分属于当年的收入,称为已赚保费;转入第二年度的部分属于下一年度的收入,称为未赚保费。提取未到期责任准备金的原因主要有两点:一是保险公司对保险合同的剩余期限负有承保责任;二是当保险合同在到期前依法被解除时,其未到期部分的保费应退还投保人。

保险实务中一般采用以下近似计算方法:

(1) 年平均估算法。这种计算方法较适用于一年中保费收入较稳定的保险公司。它假定保险公司各月营业量较为平均,则一年中所有签发保单的平均保险期限为6个月。因此,

未到期责任准备金 = 当年自留保险费总额 × 50%

自留保险费 = 全年保费收入 + 分入保费 − 分出保费

(2) 月平均估算法。对于年度内各月间业务量变动较大,但月度内业务量较为平稳的保险公司比较适用。它假设一月中保单以大致相同的速度发出,则本月承保保单的有效保险期限都是15天,于是,一年可分为24个半个月,应计提的未到期责任准备金为:

未到期责任准备金 = (签发保单月份 × 2 − 1) × 保费收入/24

(3) 日平均估算法。它根据每张保单在下一会计期间的有效天数计算未到期责任准备金,其计算公式如下:

未到期责任准备金 = 下一会计年度有效天数/保险期总天数 × 保费收入

对健康保险公司来说,非寿险未到期责任准备金,是指健康保险公司作为保险人为尚未终止的非寿险业务保险责任提取的准备金。未到期责任准备金为对未来负债合理估计加风险边际并以未赚保费法计算的校验标准进行充足性测试。未来负债的合理估计未来赔付和费用,风险边际为合理估计负债乘以边际率。例如,人保健康保险公司是于保险合同初始确认时,以合同约定的保费为基础,在减去佣金及手续费、税金及附加、保险保障基金和监管费用等增量成本后计提准备金。初始确认后,将准备金按三百六十五分之一法将负债释放,并确认赚取的保费收入,并直接采用行业边际率确定评估非寿险未到期责任准备金的风险边际,即未来现金流的合理估计的3.0%。

(二) 未决赔款准备金

赔款准备金是衡量保险人某一时期内应负的赔偿责任及理赔费用的估计金额。其计提的原因在于：在保险公司会计年度内发生的赔案中，总有一部分未能在当年决算结案。根据审慎经营的原则，保险公司对于这些已发生的赔案应依法提取赔款准备金，计入当期的营业支出中，以免利润的虚增。

赔款准备金的计提一般有三种方法：

（1）个案估计法。采用这种方法的保险公司一般通过检查赔付案件登记表，就尚未解决的案件逐笔估计其所需要的赔偿金，加上少数尚未报告的赔付案件的估计金额，即为应提取的赔款准备金。这种方法较大程度上依赖于保险公司理赔部门的经验判断，较适用于大额赔案。

（2）平均值法。在这种计算方法下，保险公司首先根据以往的损失数据计算各类赔付案件的平均值，并根据其变动趋势对其加以调整，再将这一平均值乘以已报告赔案数目就能得出未决赔款额。这一方法适用于索赔案多，且索赔金额大致相同的业务，如汽车险。

（3）赔付率法。在这一方法下，保险公司选择某一个时期的赔付率来估计某类业务的最终赔付数额，从估计的最终赔付额中扣除已支付的赔款和理算费用，即为未决赔款额。用这种方法计算出来的赔款准备金，包括了已报告的损失和已发生但未报告的损失，而前面两种计算法只涉及已报告的赔案，对已发生但未报告的赔案还需另行估计，但有时赔付率法下所假定的赔付率与实际赔付率可能会有很大出入。

具体来说，健康保险公司的未决赔款准备金是指健康保险公司作为保险人为非寿险保险事故已发生尚未结案的赔案提取的准备金，包括已发生已报案未决赔款准备金、已发生未报案未决赔款准备金及理赔费用准备金。已发生已报案未决赔款准备金，是指健康保险公司为非寿险保险事故已发生并已向健康保险公司提出索赔但尚未结案的赔案提取的准备金。健康保险公司按最高不超过保单对该保险事故所承诺的保险金额，采用逐案估计法、案均赔款法等方法，以最终赔付的合理估计金额为基础，同时考虑边际因素，计量已发生已报案未决赔款准备金。已发生未报案未决赔款准备金，是指健康保险公司为非寿险保险事故已发生、尚未向健康保险公司提出索赔的赔案提取的准备金。健康保险公司根据保险风险的性质和分布、赔款发展模式、经验数据等因素，采用链梯法或损失率法中较大者，以最终赔付的合理估计金额为基础，同时考虑边际因素，计量已发生未报案未决赔款准备金。理赔费用准备金是指健康保险公司为非寿险保险事故已发生尚未结案的赔案可能发生的律师费、诉讼费、损失检验费、相关理赔人员薪酬等费用提取的准备金。健康保险公司一般以未来发生的理赔费用的合理估计金额为基础，同时考虑边际因素，计量理赔费用准备金。例如，直接采用行业边际率确定评估非寿险未决赔款准备金的风险边际,即未来现金流的无偏估计的 2.5%。

(三) 寿险和长期健康险责任准备金

寿险和长期健康险责任准备金是指本公司作为保险人为承担尚未终止的人寿和长期健康保险责任而提取的准备金。寿险和长期健康险责任准备金由最优估计准备金、风险边际和剩余边际构成。最优估计准备金即未来净现金流出的现值,反映预期未来为履行保险合同义务相关的现金流入和流出。风险边际是为了反映未来现金流的不确定性而提取的准备金。风险边际可采用情景对比法来计算。不利情景根据预期未来净现金流出的不确定性和影响程度选择确定。需要在每一评估日重新计量,以反映未来现金流的不确定性。剩余边际是在已考虑风险边际的基础上为达到不确认首日利得的目的而存在的边际,于保险合同初始确认日确定,在整个保险期间内摊销。在合同初始确认日,用剩余边际与摊销载体预期未来现值的比值作为摊销比例 K。后续计量时,摊销比例 K 锁定,不随未来评估假设的改变而改变,剩余边际的后续计量为摊销比例 K 与评估日摊销载体预期未来现值的乘积。寿险和长期健康险责任准备金的主要计量假设包括保险事故发生率、退保率、费用假设、保单红利假设、折现率等。一般以资产负债表日可获取的当前信息为基础确定这些假设。保险公司对未来保险利益不受对应资产组合投资收益影响的保险合同,根据与负债现金流出期限和风险相当的市场利率确定计算责任准备金的折现率;对未来保险利益随对应资产组合投资收益变化的保险合同,根据对应资产组合预期产生的未来投资收益率确定计算责任准备金的折现率。健康保险公司一般根据实际经验和未来的发展变化趋势,确定合理估计值,作为保险事故发生率假设(如死亡发生率、疾病发生率、伤残率等)和退保率假设。根据费用分析结果和未来的发展变化趋势,确定合理估计值,作为费用假设。若未来费用水平对通货膨胀反应敏感的,在确定费用假设时还需考虑通货膨胀因素的影响。根据分红保险账户的预期投资收益率、红利政策、保单持有人的合理预期等因素,确定合理估计值,作为保单红利假设。

三、健康保险公司的现金流

从财务管理的角度来看,现金流是指公司在某一会计期间按照现金收付实现制的原则,通过公司经营活动、投资活动、筹资活动和非经常性项目等经济活动而产生的现金流入、现金流出及其总量情况的总称,即企业一定时期的现金和现金等价物的流入和流出的数量。它是衡量企业经营状况是否良好,是否具备足够的偿付能力的重要指标。而对健康保险公司来说,由于其业务既涵盖长期险,又涵盖短期险,偿付需求更为复杂，需要良好的现金流管理以应对客户保单的赔偿。此外，随着健康险业务的飞速发展，健康保险公司也累积了大量的营运现金流，如果不能对这些资金进行合理有效的使用，那么必然会降低企业收益，提高企业的资金成本。因此，健康险公司的现金流管理，应当在降低资金偿付风险的同时，满足业务运营需求，并提高资金运营的效率，尽量减少资金的闲置和停留时间，使得公司资金得到高效充分的利用。

一般来说，现金流管理的动机主要有四个方面：

交易动机，即满足公司日常经营活动中产生的现金需求。例如，保险公司正常业务中会随时面临保单的赔付，需持有一定的现金以备偿付。

预防动机，为了应付意外事件引发的现金流出做准备。

投机动机，为了充分利用证券市场上的某些价格变化为公司可能带来的收益而准备的现金。

融资动机，筹资以购买运营资产或偿还债务。

第三节　健康保险公司内含价值与经济价值的报告与分析

对于任何一家公司而言，如何提升其公司价值，为股东创造更多财富都是其管理层、投资者，以及市场上的潜在投资者最为关心的问题。研究公司价值的目的在于客观全面地反映公司的实际经营情况和发展潜力，而基于公司价值评估的价值管理模式，也为越来越多的健康保险公司所使用，成为其促进公司发展，提高自身竞争力的重要手段。保险公司价值有很多的衡量口径，例如以净资产为代表的账面价值、现行的市场价值以及内含价值。其中，内含价值是保险公司所独有的一个价值衡量的概念。简单来说，内含价值就是在没有考虑公司未来新业务销售能力的情况下现有公司的价值，可视为保险公司进行清算转让时的价值。对于上市保险公司而言，内含价值在很大程度上决定着其估值。相较于账面价值和市场价值，内含价值能够帮助利益相关者更好地理解保险公司的价值及其变化，并对公司发展基础的稳健性、可持续性和盈利能力进行衡量，也是上市保险公司在战略上逐渐趋同、齐刷刷谋求转型、追求长期价值的根本动力所在。

2016年11月，中国精算师协会发布了《精算实践标准：人身保险内含价值评估标准》的通知，正式实施"偿二代"内含价值评估，也对内含价值的界定、计算、应用等做出了更为清晰可行的规范。本部分结合这一新标准，对内含价值简要介绍。

一、内含价值的概念

内含价值（Embedded Value）是保险公司独有的概念，从其实质来看，是"经济价值"在保险业的一个延伸，是一个和"账面价值""市场价值"相对应的价值概念。具体来说，内含价值是指在充分考虑总体风险的情况下，适用业务及其对应资产产生的现金流中股东利益的现值。其一般用于评价行业发展、兼并、收购，作为财务报告的补充信息，评估公司管理绩效，为公司内部决策提供参考等用途。

内含价值主要由三部分组成：要求资本、有效业务价值扣除要求资本成本，以及自由盈余。其中，要求资本是指适用业务对应的所有资产市场价值中，扣除适用业务对应的所有负债，在评估日受到相关法律法规和公司内部管理的限制，不能分配给股东的金额。有效业务价值是指有效适用业务及其对应资产未来产生的现金流中股东利益在评估时点的现值，产生现金流的资产基础为支持有效适用业务相应负债的资产。要求资本成本是指在评估时点适用业务的要求资本与其未来每期变化额（期末减期初）的现值之和，计算中需要考虑要求资本产生的未来税后投资收益。自由盈余是指适用业务对应的资产市场价值中，扣除适用业务对应的所有负债，超过该适用业务要求资本的金额。

从内含价值的概念上来看，内含价值是对一个保险公司的经济价值的估计，不包括未来新业务产生的价值，直接反映保险公司当前的经营成果。内含价值将投资者利益作为整体考虑，能够更直接地反映股东价值，因而可以帮助确定保险公司的决策来使股东价值最大化。

内含价值相较于经济附加值和股东附加值，考虑多时期分配利润。由于保险利润的预计性和延迟性，扣除预期利润和自由盈余的投资收益的内含价值利润才能反映真实的经营业绩。

二、内含价值的计算

由于调整净资产等于自由盈余和要求资本的和，因此在实践中，内含价值常用调整净资产与有效业务价值扣除要求资本成本来表示。以公式形式表示，即为：

内含价值 = 要求资本 + 自由盈余 + 有效业务价值 − 要求资本成本
         = 调整净资产 + 有效业务价值 − 要求资本成本

其中，调整后净资产 = 要求资本 + 自由盈余

如果将内含价值的计算进行更通俗一点的解释，那么，有效业务价值可以理解为保险公司在评估基准日已生效的保单在未来能够形成的利润折现到评估基准日所得的现值。包括健康保险公司在内的保险公司，其相较于其他金融机构，以及制造业等其

他行业的一个显著特征是，其在评估基准日的账面净资产实际上并未能反映公司目前的清算价值。对于其他行业来说，一旦公司进行清算，就可以在账面上找到相应的资产以及需要承担的债务。对于健康保险公司来说，在其进行清算的时点上，除了账面上可以看到的资产负债外，其清算价值还包含了另一部分的价值，即根据已签订的保险合同，实际上在未来，保险人负有缴纳相应保费的义务。而对于保险公司来说，也就是现时的保险合同不仅带来了已体现在其账面上的过去的现金流入，还会带来未来的现金流入。而这一部分现金流入并未在账面上体现出来。有效业务价值即是通过这个角度入手，将这一部分价值以未来利润折现的方式纳入内含价值的计算中，也能更好地衡量保险公司的"真实"价值。

在有效业务价值的基础上，要进一步扣减要求资本成本。要求资本成本是与保险行业的特征及其相应的政策监管相匹配的。保险行业由于其业务的特殊性，通常收入在前，成本在后，即其收到客户的保费在前，而实际的保险赔付在后。为了保障投保人的利益，保险行业的政策监管要求保险公司预留最低偿付能力额度，以应对可能的赔付风险。回归到有效业务价值上，现有保单在带来未来额外收益的同时，受到政策监管的要求，保险公司也必须预留规定的资本作为偿付能力额度。这一部分偿付能力额度的资本成本是与有效业务价值相对应的，因而在计算内含价值时应当将其从有效业务价值中扣除。

内含价值的最后一个要素是调整净资产。净资产等于资产减负债的余额。对净资产的调整一般包括以下几个方面：（1）法定资本金和盈余，即所有者权益的核算。一般企业的所有者权益，主要包括实收资本（股本）、资本公司、盈余公积和未分配利润。而对保险公司来说，其法定资本金也包含在所有者权益中，应当对此予以调整。（2）法定负债的核算，包括法定责任准备金、投资风险准备金等。对于保险公司来说，其会计报表核算是采用一般会计准则，而保监会为了保证投保人的利益，采用了更为谨慎的会计准则，对于法定责任准备金的计提规则有着与一般会计准则不同的规定，一般来说需计提的准备金更多，应当予以调整。（3）法定报表中不包括的资产认定，即账外资产或折旧已提足、已摊销完毕的资产价值的调整和认定。为了使得净资产能够更好地反映保险公司当前的资产状况，需将资产的账面价值调整为市值再进行计算。例如，某保险（集团）股份有限公司2016年度内含价值分析报告中对净资产的调整做出说明，提到"寿险业务调整后资产净值是根据本公司相关寿险业务按内含价值评估标准计量的未经审计股东净资产值计算，该股东净资产值是由按中国会计准则计量的经审计股东净资产值调整准备金等相关差异后得到。本公司其他业务调整后资产净值是根据相关业务按中国会计准则计量的经审计股东净资产值计算。相关寿险业务包括寿险、养老险和健康险经营的相关业务。若干资产的价值已调整至市场价值。"

表 6.2 是某 B 保险（集团）股份有限公司 2016 年度内含价值分析报告。公司强调，内含价值指调整后股东资产净值，加上本公司有效人寿保险业务的价值（就维持此业务运作所要求持有的法定最低偿付能力额度成本作出调整）。内含价值不包括日后销售的新业务的价值。

表 6.2　　B 保险（集团）股份有限公司 2016 年度内含价值分析报告

经济价值的成分		
（人民币百万元）	2016 年 12 月 31 日	2015 年 12 月 31 日
风险贴现率	11.00%	11.00%
调整后资产净值	407 340	348 194
其中：寿险业务调整后资产净值	129 949	122 154
1999 年 6 月前承保的有效业务价值	16 515	25 488
1999 年 6 月后承保的有效业务价值	249 382	205 776
持有偿付能力额度的成本	-35 535	-27 944
内含价值	637 703	551 514
其中：寿险业务内含价值	360 312	325 474
（人民币百万元）	2016 年 12 月 31 日	2015 年 12 月 31 日
风险贴现率	11.00%	11.00%
一年新业务价值	66 321	47 964
持有偿付能力额度的成本	-15 516	-9 544
扣除持有偿付能力额度的成本后的一年新业务价值	50 805	38 420

资料来源：某保险（集团）股份有限公司 2016 年年报。

从表 6.2 中可以看出，B 保险（集团）股份有限公司 2016 年度的内含价值为 63 770 300 万元，其用调整后的资产净值 40 734 000 万元，加上有效业务价值（包括 1999 年 6 月前承保的有效业务价值和 1999 年 6 月后承保的有效业务价值），减去持有偿付能力额度的成本 3 553 500 万元。

内含价值的计算需要基于一系列参数的假定，这些参数的设定直接影响利润流产生的时间，进而会影响内含价值的具体测定值。针对健康保险公司，其需要设定的影响内含价值的参数包括死亡率、疾病率、残疾率、其他事故发生率、退保率、减额缴清率、部分退保率、年金选择权、红利选择权、风险贴现率等。

（1）疾病率。疾病率是健康保险公司特有的参数，它不仅单指疾病和意外伤害事故发生的频率，也包括伤病发生后的损失幅度。这一指标会直接影响健康保险公司已有保单在未来的收益，进而影响内含价值。在目前的健康保险实务中，一般采用疾病表和持续时间表来估算疾病的发生率和持续时间。疾病表是包含每一年龄、每一性别疾病发生概率的统计表。由于男性和女性的身体特征存在差异,因此同一年龄的男性和女性疾病的发生率都存在着较大不同,需要单独进行评估。这一统计表可以利用国家统计数据、门诊利用率表和住院率表等外部数据来进行编制。此外,持续时间表也是评估疾病率的重要参考。持续时间表是表达每一年龄段的被保险人疾病和残疾持续时间的表格,可以在一定程度上帮助估算疾病带来损失幅度。

(2)死亡率。死亡率和疾病率一样,对健康保险公司未来的利润流会产生一定影响。2015年12月,中国保监会颁布了《中国人寿保险业经验生命表(2000—2003)》,依据2000—2003年被保险人实际的死亡统计资料编制,于2005年12月19日正式公布,于2006年1月1日起生效,为我国保险业第二版经验生命表。其中包含非养老金业务表两张,男女各一张;养老金业务表两张,男女各一张。是目前保险业最为常用的核定死亡率的依据。

(3)费用率。费用率会影响保费构成中的附加保费部分,在健康保险公司中,通常包括销售佣金、手续费、保单管理费、理赔费用等。在计算内含价值时,需要根据公司之前的费用情况,对未来的费用率以及对利润的影响进行合理估计。列举三家保险公司的费用率参数如表6.3。

表6.3

公司名称	年份	单位维持费用每年增加	费用率参数设定
I	2007~2014年	2.50%	单位成本假设是基于当年公司非佣金费用总额,根据本公司最近的费用分析结果而确定。同时,假设单位维持费用未来每年增加2.5%
II	2009~2014年	2%	费用假设根据集团最近期的费用分析而定。费用假设主要分为取得费用和维持费用假设。其中,单位维持费用假设每年增加2%
	2007~2008年	2%	费用假设根据集团最近期的费用分析而定。就当年,假设费用及佣金约等于产品定价时所采用的费用假设的85%。单位维持费用假设每年增加2%
	2006年	2%	费用假设根据本集团最近期的费用分析而定。就当年,假设费用及佣金约等于产品定价时所采用的费用假设的77%。单位维持费用假设每年增加2%
	2004~2005年	2%	费用假设根据本集团最近期的费用分析而定。就当年,假设费用及佣金约等于产品定价时所采用的费用假设的70%。单位维持费用假设每年增加2%

续表

公司名称	年份	单位维持费用每年增加	费用率参数设定
Ⅲ	2013～2014 年	2%	单位成本假设是基于公司 2013 年的实际经验而设定的。对于每单费用，假定未来每年 2.0% 的通胀率
	2012 年	2%	单位成本假设是基于公司 2012 年的实际经验而设定的。对于每单费用，假定未来每年 2.0% 的通胀率
	2011 年	2%	单位成本假设是基于公司 2011 年的实际经验而设定的。对于每单费用，假定未来每年 2.0% 的通胀率

资料来源：各家公司年报。

（4）投资收益率。投资收益率也是影响健康保险公司内含价值的重要参数。其估算应当根据适用业务对应的资产未来可以产生的投资回报确定，并基于对长期经济状况的判断，合理考虑投资资产未来违约的可能性。此外，投资收益率的确定应考虑未来正现金流的再投资，同时与未来投资策略和其他预测假设相一致，与资产配置状况相匹配，与风险贴现率假设相匹配，并与资产价值评估方法保持内在一致性。

（5）风险贴现率。风险贴现率是计算未来现金流中股东利益的现值时使用的贴现率，它等于无风险利率加上一定的风险溢价。健康保险公司应当根据 10 年期国债收益率或其他合理的利率确定采用的无风险利率。风险溢价应当反映未来现金流的风险情况，包括市场和投资风险等综合情况以及评估过程中其他环节未考虑到的所有风险。公司应合理地考虑金融选择权和保证的时间价值、负债的审慎性水平以及要求资本的水平和成本与风险贴现率之间的相互关系。风险溢价应该反映不同保险公司的公司规模、业务性质、偿付能力充足率等差异。不同的产品分组，风险溢价可以不同。产品分组，是指具有类似风险特征的保险合同的集合。具有融资性质的负债和再保险，包括次级债或有负债或财务再保险等，引起的财务杠杆效应应合理体现在现金流预测的风险调整过程中。

从年报中摘取某些保险公司计算内含价值所用的风险贴现率，汇总见表 6.4。

我们再以公司Ⅱ2016 年的内含价值报告为例。公司Ⅱ假定未来每个年度有效寿险业务价值和新业务价值的贴现率为 11.0%；基于目前资本市场状况、公司当前和预期的资产分配及主要资产类型的投资回报假设非投资连结型寿险资金的未来年度每年投资回报率为自 4.75% 起，第 2 年增加至 5.0% 此后保持不变。投资连结型资金的未来投资回报在上述假设的基础上适当上调。对于税项，其假设平均所得税税率为每年 25%，同时假设未来年度投资收益中每年可以豁免所得税的比例为自 12% 起，以后每年增加 2%，至 16% 并保持不变。在寿险中，死亡率是影响未来现金流的一个核心参数，公司Ⅱ依照《中国人寿保险业经验生命表（2000 – 2003）》非年金男性表和

表 6.4

公司名称	年份	风险贴现率（%）
I	2014、2013	11.00
	2012、2011、2010、2009	11.50
	2008、2007	12.00
II	2014、2013、2012、2011、2010、2009	11.00
	2008、2007	11.50
	2006、2005	12.00
	2004	12.50
III	2014、2013、2012、2011、2010、2009、2008	11.00
IV	2014、2013、2012、2011	11.50

资料来源：公司年报。

女性表的 65% 和 65% 为基准计算男性和女性的经验死亡率。而与健康险有着更直接关系的发病率参考行业表或公司本身的定价表为基准，并考虑长期恶化趋势，将主要健康险业务的赔付率假设在 15% 到 100% 之间。此外，公司 II 还根据公司最近的经验研究计算保单失效率。保单失效率视定价利率水平及产品类别而定。并根据公司最近的费用分析假定单位维持费用假设每年增加 2%。个人寿险及银行保险分红业务的保单红利根据利息及死亡盈余的 75% 计算。团体寿险分红业务的保单红利根据利息盈余的 80% 计算。

《精算实践标准：人身保险内含价值评估标准》规定，计算有效业务价值时，应注意以下几点：（1）有效业务价值包括有效业务的续保产生的价值，续保是指保险合同期满后，投保人采取某一行动，一般表现为缴纳保费，以继续保持保险合同有效；（2）维持费用超支降低有效业务价值；（3）对于明显的预测损失可以考虑使用不同的风险贴现率贴现或不同方法处理；（4）预测未来相应负债和现金流时，应合理考虑再保险影响；（5）具有融资性质的负债和再保险，包括次级债或有负债或财务再保险等引起的预测现金流的变化应合理地体现在有效业务价值中，并与自由盈余及风险贴现率的确定方式保持内在的一致性；（6）保险合同提供的金融选择权和保证降低有效业务价值。在技术条件允许时，保险公司应独立考虑金融选择权和保证对有效业务价值的影响。如果独立考虑有困难，保险公司可以在风险贴现率假设中隐含考虑金融选择权和保证的价值。金融选择权和保证的特征是其价值主要由金融市场的变化决定，包括大部分有保证的年金选择权、分红合同的保证、万能险合同的保证和变额年金合同的保证等，但不包括某些普通的保险选择权，如提高保险金额等。计算金融选择权和保证的时间价值，应当将评估日的资产组合作为出发点，考虑未来经济状况的随机变动。未来经济状况的随机变动的假设应当与其他预测假设相一致。时间价值，是指金融选择权和保证在期满前，权利人行使该权利可获得的利益相对于评估日权利人行使该权利可获得的利益增加的潜在价值。

此外，在进行资产的市场价值评估时，应注意以下几点：（1）确定自由盈余时需要对资产价值进行合理评估，资产的评估基础是市场价值；（2）没有市场价值的，则应采用一致的方法，评估重要资产的价值；（3）评估应定期进行。

三、内含价值报告

内含价值报告主要关注现有业务价值变动的来源。上市公司应根据相关法律法规，公开披露经外部审阅的内含价值报告。披露内容至少应包括主要评估方法和假设、计算结果、相关分析和敏感性测试等。

在内含价值报告中，除了披露内含价值，还需要披露新业务价值。新业务价值是和有效业务价值相对应的一个概念。有效业务价值针对的是已生效的保单在未来的利润流入，而新业务价值是指在报告期间销售的新保单在签单时的价值。新业务价值应包括新业务预期续保和预期合同变动的价值。在计算新业务价值时，应当考虑要求资本成本。

在计算新业务价值时，一般应将单个产品或更细维度的分组作为计量单元进行比较，来确定未来每个预测时点产品或更细维度分组的要求资本，并加总得到新业务未来每个预测时点的要求资本。例如，公司Ⅱ2016年度内含价值分析报告中披露的新业务价值如表6.5。

表6.5

	用来计算新业务价值的首年保费（人民币百万元）			新业务价值（人民币百万元）		
	2016年	2015年	变动（%）	2016年	2015年	变动（%）
个人业务	110 506	77 486	42.6	50 527	38 050	32.8
代理人渠道	90 357	62 544	44.5	46 413	34 393	34.9
长期保障型	45 637	31 697	44.0	37 848	26 812	41.2
短交储蓄型	32 158	20 536	56.6	4 905	3 900	25.8
长交储蓄型	6 370	5 848	8.9	1 977	2 616	-24.4
短期险	6 193	4 462	38.8	1 683	1 065	58.0
电销、互联网及其他渠道	8 837	7 258	21.8	3 800	3 339	13.8
银保渠道	11 311	7 684	47.2	314	318	-1.4
团险业务	25 216	21 625	16.6	278	370	-24.8
寿险业务合计	135 722	99 110	36.9	50 805	38 420	32.2

资料来源：公司Ⅱ2016年年报。

在表中,公司Ⅱ按照业务组合计算了新业务的价值,并计算了其新业务价值率如表 6.6。

表 6.6 (单位:%)

	按首年保费		按标准保费	
	2016 年	2015 年	2016 年	2015 年
个人业务	45.70	49.10	50.70	53.70
代理人渠道	51.40	55.00	53.80	56.30
长期保障型	82.90	84.60	83.20	85.00
短交储蓄型	15.30	19.00	17.10	20.10
长交储蓄型	31.00	44.70	33.50	45.70
短期险	27.20	23.90	27.30	24.00
电销、互联网及其他渠道	43.00	46.00	40.80	44.90
银保渠道	2.80	4.10	8.10	14.30
团险业务	1.10	1.70	1.60	2.60
寿险业务合计	37.40	38.80	43.50	45.30

资料来源:公司Ⅱ2016 年年报。

除了新业务价值外,内含价值报告还需披露内含价值的变动以及敏感性测试。内含价值表动分析是通过分解内含价值的各个要素,追溯其价值变动的影响因素。中国精算师协会给出的内含价值变动分析表的基本项目如表 6.7。

表 6.7 内含价值变动分析表

序号	项目	对调整净资产的影响	对有效业务价值(扣除要求资本成本后)的影响	总计
1	期初的内含价值			
2	期初内含价值调整 (=2.1+2.2+2.3)			
2.1	盈余调整			
2.2	兼并/收购			
2.3	模型改进			
3	经调整的期初内含价值 (=1+2)			
4	新业务的预期影响 (=4.1+4.2+4.3)			
4.1	一年新业务的价值			

续表1

序号	项目	对调整净资产的影响	对有效业务价值（扣除要求资本成本后）的影响	总计
4.2	一年新业务的价值的释放			
4.3	一年新业务的预期利润			
5	有效业务价值的预期影响（=5.1+5.2）			
5.1	有效业务价值的释放			
5.2	有效业务价值的预期利润			
6	分散效应			
7	经营经验的差异（7.1+7.2+7.3+7.4+7.5）			
7.1	退保			
7.2	死亡率/发病率			
7.3	费用和佣金			
7.4	税务			
7.5	其他			
8	运营假设的变化（8.1+8.2+8.3+8.4）			
8.1	退保			
8.2	死亡率/发病率			
8.3	维持费用和手续费			
8.4	其他			
9	经调整净值的预期收益			
10	内含价值运营收益（4+5+6+7+8+9）			
11	投资收益差异			
12	经济和税项假设的变动的影响			
13	汇率变动			
14	资本注入			
15	股息			
16	其他			
17	对净值的市场价值调整			
18	内含价值的收益（=10+11+12+13+14+15+16+17）			

续表2

序号	项目	对调整净资产的影响	对有效业务价值（扣除要求资本成本后）的影响	总计
19	期末的内含价值（=3+18）			
19.1	自由盈余			
19.2	要求资本			
19.3	持有要求资本的成本			
19.4	有效业务价值现值			

资料来源：《精算实践标准：人身保险内含价值评估标准》。

最后，内含价值评估报告还应包含敏感性分析。评估内含价值的结果依赖于模型及投资回报率、风险贴现率、死亡率、疾病率、保单失效率等众多参数。在计算内含价值时，选择了一个最优估计值。然而，最优估计值虽然能代表参数的平均水平，却无法控制其波动相关的风险。即我们想要了解，当参数取值发生一定变化时，会对内含价值产生怎样的影响。

保监会规定了敏感性测试时，建议的敏感性测试情景如表6.8。

表6.8 敏感性测试

项目	敏感性情景
1	贴现率假设 +/−50bps
2	投资收益率假设 +/−50bps
3	死亡率假设提高/降低10%
4	发病率假设提高10%
5	退保率假设提高/降低10%
6	费用假设提高10%
7	负债贴现率假设 +/−50bps

资料来源：《精算实践标准：人身保险内含价值评估标准》。

仍以公司Ⅱ为例，其2016年内含价值的敏感性测试结果如表6.9。

表6.9 公司Ⅱ2016年内含价值敏感性测试

寿险业务内含价值投资收益率和风险贴现率敏感性	贴现率		
（人民币百万元）	10.50%	11.00%	11.50%
基准投资收益率每年增加50个基点	402 554	391 035	380 422
基准投资收益率	370 180	360 312	351 213
基准投资收益率每年减少50个基点	337 675	329 463	321 881

续表

新业务价值投资收益率和风险贴现率敏感性	贴现率		
（人民币百万元）	10.50%	11.00%	11.50%
基准投资收益率每年增加50个基点	58 808	55 614	52 650
基准投资收益率	53 694	50 805	48 118
基准投资收益率每年减少50个基点	48 561	45 976	43 566
其他假设敏感性（人民币百万元）	寿险业务内含价值	一年新业务价值	
基准假设	360 312	50 805	
2015年评估所用假设（基于"偿二代"方法）	411 150	57 289	
死亡、疾病和意外等发生率上升10%	349 240	46 568	
保单失效率上升10%	354 229	48 654	
维持费用上升10%	357 993	50 345	
客户分红比例增加5%	353 477	50 059	

资料来源：公司Ⅱ2016年年报。

四、内含价值评估法的评价

随着内含价值法在国外及国内的逐渐采用实践的过程中，人们逐步认识到了它所具有的各项优势和局限性。内含价值法的优势主要体现在以下几个方面：（1）对于不同种类的保险产品，给出了统一的财务规定，使不同产品间的比较成为现实。（2）将管理决策与公司的内含价值相联系，并提供管理决策支持。（3）通过不同时期内含价值间的方差分析，可以比较实际业务和预期之间的差别，并证实定价和业务计划中一些假设的合理性。（4）更加强调了资金运用的效率，以满足公司最大限度增加公司价值的目标。（5）提出的假设更加严谨，更好地反映了公司的现实的经营状况。

同时，其也存在一定的局限性，其局限性主要体现在：（1）计算过于深奥、复杂，故对人员要求过高，前期投入较大。（2）较难进行假设，容易被管理决策层操纵。（3）使用的假设大多数是静态假设，对于风险状况的考虑较少，难以保证风险贴现率假设的准确性。（4）对于精算假设的变化过于敏感，尤其在经济波动的时期。（5）内含价值很难与公司的股票市值保持一致。（6）内含价值评估法没有考虑寿险保单中嵌入的期权的价值。

五、内含价值新政策的影响

2016年11月24日，中国保监会官网发布通知，正式废止2005年开始实施的

《人身保险内含价值报告编制指引》。与此同时，中国精算师协会发布了《精算实践标准：人身保险内含价值评估标准》的有关说明，人身险的新旧内含价值准则就此完成交替。

内含价值作为寿险行业特有的价值评估方法，受到行业自身和资本市场的广泛关注。本次新旧准则的更替也必然引起市场的关注。新标准的整体框架与原有内含价值评估方法基本原理一致，沿用了计算有效业务价值对可分配盈余折现，同时考虑偿付能力资本成本的方法。但新标准针对原有方法的准备金与资本成本进行了更新与优化，主要体现在：（1）计算可分配盈余时，采用结合会计准备金计算原则与"偿二代"准备金评估假设的新准备金，代替原有方法的法定准备金；（2）计算偿付能力资本成本时，采用"偿二代"体系最低资本要求，代替原有方法的"偿一代"体系最低资本要求；（3）在预测最低资本的时候，为了提高模型运行效率，采用载体法对"偿二代"下的各类风险进行预测，载体的选择原则上应与该风险相关程度较高。

新标准与时俱进，相比原有方法更贴近目前实施的会计准则与偿付能力监管体系，更能真实反映公司实际经营成果。但由此也造成新标准的具体实施非常复杂，评估工作十分繁重。

从行业角度来看，新标准下传统价值型业务的内含价值贡献将更高，而资金型业务的价值将更低，从规则制定的角度，与保监会"保险姓保"的发展理念是保持一致的。简单来看，常见人身险产品在新标准下大致上会是：传统险新业务价值提升较大，分红险略有提升，万能险价值下降，中短存续期万能险下降更多，甚至没什么价值。

总之，新标准贯彻了保监会"保险姓保"的思路，鼓励行业多做高价值的传统业务，削减价值贡献弱的万能险业务，引导行业从规模导向向价值导向转变，引导行业健康发展，尽量不给领导添乱。

在新标准下，健康保险公司既面临机遇，也面临挑战。内含价值作为评估寿险公司价值的重要工具，受到资本市场和公司股东的广泛关注，一些寿险公司也使用新业务价值考核分支机构。如何向使用者解释由于内含价值计算方法的改变造成的价值变化将是一个重要的考验。

新标准下，内含价值的计算方法比较复杂，内含价值的变动分析不像"偿一代"那么直接，这也会造成一些问题，例如：新业务价值对内含价值变动的影响是否要考虑分散效应？由于存在剩余边际，那么内含价值对于精算假设的敏感性会降低；如果摊销因子不锁定，变动分析中的假设变动影响会减弱。

由于"偿二代"本身的复杂程度远远高于"偿一代"，再考虑到内含价值的计算要对未来很多年的现金流、准备金等进行预测，这就对各公司的评估人员和精算系统提出了非常高的要求，从而也会为毕业生和从业人员提供更多的就业机会。

第四节　健康保险公司全面预算管理

全面预算管理是现代企业重要的日常管理模式，通过预算活动对公司内部各部门的资源进行合理的分配和控制，以帮助公司提升其资源配置效率，增强战略管理能力，最终提升公司价值。随着政府部门的大力推进和保险公司自身经营发展的要求，越来越多的健康保险公司推行全面预算管理。

一、全面预算管理的概念

全面预算管理，是从企业的战略规划出发，通过定量的形式反映企业未来一定时期内销售、投资、筹资等各种经营活动的整体安排，协调企业内部各种资源的配置，并在此基础上进行业绩的评定考核，以完成控制、激励、评价等功能的管理工具。其核心在于"全面"，基础在于"预算"，通过一系列流程的有机结合，达到完成资源配置，实现经营目标的结果。

健康保险公司全面预算管理的"全面"，可以从几个方面来理解。首先，全面预算管理的内容全面，包含了公司对一定期间经营活动、投资活动、财务活动等作出的预算安排；其次，其流程也具有全面性。从预算的编制、预算的执行到预算的考核，每个环节环环相扣，缺一不可。最后，其参与的范围全面。全面预算管理并不只是财务人员的工作，其涉及企业未来生产经营活动的方方面面，因而需要全体人员参与预算的编制和执行，通过信息的广泛收集和整理，提高预算编制的合理性，并在预算执行的过程中，为健康保险公司的员工提供切实的激励。

二、全面预算管理对健康保险公司的意义

（一）全面预算管理是保险业监管的重要要求

2002年4月，财政部发布的《关于企业实行财务预算管理的指导意见》中指出，企业应当"实行包括财务预算在内的全面预算管理"。2010年4月，财政部会同证监会、审计署、银监会、保监会制定了《企业内部控制审计指引》，在《企业内部控制应用指引第15号》单独对全面预算进行了规定和说明，要求企业予以落实。因此，实施全面预算管理不仅是健康保险公司自身的选择，也是满足行业监管的必要要求。

(二) 实现健康保险公司资源的合理配置

企业在一段时间内，其资源是较为有限的，如何利用有限的资源以实现最大的产出，是包括健康保险公司在内的所有公司面临的共同问题。而全面预算管理通过预算这一流程，在预算编制阶段将公司内部各部门对于资源的需求统一纳入管理体系，从公司战略的层面对其进行合理分配，并进而在预算执行阶段，考核各部门的资源利用效率，以避免资源不必要的浪费和运用的低效率，降低成本，提高效益，实现资源的优化配置。

(三) 提高员工考核和绩效管理的水平

企业是一个复杂的有机整体，而其中的员工则是这一有机整体持续向前的原动力。调动员工积极性，使其个人目标与企业目标有机结合，不仅需要公司文化的支持，也需要合理的考核机制相适应。全面预算管理为员工考核和绩效管理提供了合理的依据和标准，通过预算为员工设立可行的有激励性的目标，并结合其预算的执行效果建立公平有效的绩效管理体系。在原有考核结果的基础上，还能够帮助员工了解考核指标及影响因素的具体情况，给予他们正向的反馈激励，最终促进健康保险公司企业价值的提升。

(四) 保障充足的偿付能力

健康保险行业和其他行业的一个显著不同，是其业务收入和成本的发生时点。对于大部分传统行业来说，业务的成本发生在前，收入在后。而对于健康保险公司，保险业务的特征决定了其业务的收入，即保费收入在前，而其成本，即赔偿支出在后。这不仅在一定程度上提高了企业的偿付风险，也对企业的计划、调控能力提出了更高的要求。而全面预算管理正是在一定程度上解决了这一问题，通过预算制度，将公司的负债和经营风险进行统筹规划，在促进业务发展的同时关注偿付风险，保障公司充足的偿付能力。

三、全面预算管理的流程

从大的方面来说，全面预算管理主要分为预算的编制、预算的执行以及预算的考核三个过程。三个流程环环相扣，缺一不可。首先，在预算编制环节，健康保险公司需要根据发展战略和年度生产经营计划，综合考虑预算期内经济政策、市场环境等因素，按照上下结合、分级编制、逐级汇总的程序，编制年度全面预算。预算编制委员会根据董事会下达的战略目标，分解形成阶段性战略目标，并据此确定预算的编制依据。在此基础上组织各单位进行预算的编制，将各单位的预算汇总至管理层面，结合各单位情况和总体部署，进行统筹规划和调整，在综合平衡基础上提交的预算方案进行研究论证，从企业发展全局角度提出建议，形成全面预算草案，并提交董事会。企业董事会审核全面预算草案，重点关注预算科学性和可行性，确保全面预算与企业发展战略、年度生产经营计划相协调。决定是否审议批准。在获批后，以文件形式向各预算单位下达预算指标，进入全面预算管理的第二个阶段，预算执行阶段。

在预算执行阶段，组织各预算单位将预算指标层层分解，从横向和纵向落实到内部各部门、各环节和各岗位，形成全方位的预算执行责任体系。在此过程中，健康保险公司应当根据全面预算管理要求，组织各项生产经营活动和投融资活动，严格预算执行和控制。加强资金收付业务的预算控制，及时组织资金收入，严格控制资金支付，调节资金收付平衡，防范支付风险。对于超预算或预算外的资金支付，应当实行严格的审批制度。此外，在预算的执行过程中，应当实行动态管理，即通过企业预算管理工作机构和各预算执行单位的沟通，运用财务信息和其他相关资料监控预算执行情况，采用恰当方式及时向决策机构和各预算执行单位报告、反馈预算执行进度、执行差异及其对预算目标的影响，并对预算的执行情况进行及时的分析，解决预算执行中存在的问题，提出改进措施，进而对各执行单位下一阶段的执行情况作出指导，确保预算的有效执行和最终实现。

最后，预算的考核是全面预算管理的最后一个流程，也是预算发挥评价与激励作用的重要手段。健康保险公司通过建立严格的预算执行考核制度，对各预算执行单位和个人进行考核，在公开、公平、公正的原则下，将各预算执行单位负责人签字上报的预算执行报告和已掌握的动态监控信息进行核对，确认各执行单位预算完成情况，并做到奖惩分明，合理激励，并以此为依据对下年度的预算编制提供参考。

在这三项流程中，预算编制环节是全面预算管理的基础，预算执行环节是全面预算管理的保障，预算考核是全面预算管理的结果和反馈。一般来说，要保证预算的刚性，即企业批准下达的预算应当保持稳定，不得随意调整。由于市场环境、国家政策或不可抗力等客观因素，导致预算执行发生重大差异确需调整预算的，应当履行严格的审批程序。

预算编制的方法主要包括固定预算、弹性预算、滚动预算等。固定预算法是指在编制预算时，以预算期内在正常情况下实现的业务量水平作为唯一的基础来编制预算。其前提假设是未来实际的业务量水平与编制预算所使用的业务量水平差异较小，可以忽略。固定预算法的工作量相对较小，使用方便，但由于健康险本身业务的复杂性，其使用往往存在一定的局限性。

弹性预算法是与固定预算法相对应的一种预算编制方法，是指在编制预算时，以不同的业务量水平为基础，变动成本随之变化，存在一定的弹性调整。弹性预算相较于固定预算，所需的工作量更大，但同时，其对于实际情况的变化具有更好的适应性，能够反映在不同业务量水平下的费用利润情况，便于更好地发挥预算的目的。

滚动预算法是相对于定期预算法的一种编制方法。其主要差异在于预算期间的选取。定期预算法是以会计期间作为预算期间的预算方式，其与会计期间的同步性使得预算执行的数据更易获得，往往可以直接参考公司的财务报表，极大地降低了考核和评价的工作量。但同时，期间的固定也在一定程度上导致了预算的僵化，尤其是在某些跨年度的预算项目管理中，难以发挥作用。而滚动预算法则解决了这一问题，在编制预算过程中不考虑会计期间，而是随着时间对预算进行不断补充修订，使得预算始终保持在一个接近企业目前状况的情况中，更好地保证预算适应实际需要。

从预算编制的内容划分，可以将全面预算管理划分为业务预算、专项预算和财务预算。具体每类预算的编制主要包括以下方面：

（1）业务预算的编制

a. 销售预算。销售预算是安排预算期销售规模的预算。它是编制全面预算的关键和起点，其他预算均以销售预算为基础。通常销售预算是在销售预测的基础上，根据企业年度目标利润确定的销售量和销售额来编制。

b. 生产预算。生产预算是安排预算期生产规模的预算。它是按"以销定产"的原则，在销售预算的基础上编制的。

c. 直接材料预算。直接材料预算，又称直接材料采购预算，是用来确定预算期材料采购数量和采购成本的预算。它是以生产预算为基础编制的。

d. 直接人工预算。直接人工预算是用来确定预算期内直接人工工时的消耗水平和人工成本水平的预算。直接人工预算的编制也是以生产预算为基础的，其主要内容包括预计的生产量、单位产品工时、总工时、每工时人工成本（小时工资率）和人工总成本。

e. 制造费用预算。制造费用是指生产成本中除了直接材料、直接人工以外的间接生产费用项目。其编制依据是预算期的生产业务量（如直接人工小时数或机器小时数）、基期制造费用的实际开支水平、上级管理部门下达的成本降低率以及预算期间各费用明细项目的性质等。

f. 产品成本预算。产品成本预算是生产预算、直接材料预算、直接人工预算、制造费用预算的汇总。它既是这些预算的继续，也是编制预计损益表和预计资产负债表的根据之一。

g. 销售及管理费用预算。销售及管理费用预算包括销售费用及管理费用两部分，是为产品销售活动和一般行政管理活动及有关的经营活动编制的费用预算。

（2）专项预算的编制

专项预算是为企业不经常发生的长期投资项目和一次性专门业务所编制的预算，

它包括资本支出预算和一次性专门业务预算两种类型。

a. 资本支出预算。资本支出预算是企业在投资项目可行性研究的基础上编制的反映长期投资项目投资的时间、规模、收益以及资金筹措方式等内容的预算。

b. 一次性专门业务预算。一次性专门业务预算是为财务部门在日常理财活动中发生的一次性业务而编制的预算。

（3）财务预算的编制

a. 现金预算。现金预算是为了反映企业在预算期间预计的现金收支的详细情况而编制的预算。现金预算的内容包括四部分：现金收入、现金支出、现金余缺与现金融通，以及期末现金余额。

b. 预计损益表。预计损益表是反映预算期间预计的全部经营活动的最终财务成果的预算，又称"利润预算"，是控制企业经营活动和财务收支的主要依据。

c. 预计资产负债表。预计资产负债表是为反映企业在预算期期末那一天预计的财务状况而编制的预算。

四、健康保险公司全面预算管理中存在的问题

（一）预算定位不够清晰，与健康保险公司战略脱节

全面预算管理是从战略规划的角度进行的全方位的控制调整，而在这一过程中，明确公司战略目标，并将公司的战略目标与预算有机结合在一起，通过平衡公司发展的长期目标和短期目标，合理资源配置，从而最终实现全面预算管理的目的。然而在实践中，有些健康保险公司在运用全面预算管理时仅将预算作为预算期结束时考核实绩的依据，没有充分发挥预算在事前规划、事中控制、事后分析过程中的动态管理作用。为预算而预算的现象普遍存在，仅仅把它当作事后监督、考评的工具，对预算执行结果的考核流于形式，这也就给全面预算管理作用的发挥带来了很大局限性。虽然全面预算管理制度作为一种先进、有效的公司管理手段已经为业界广泛了解，但是真正从公司发展战略出发，在快速多变的市场环境下引入和建立起适合本公司的全面预算管理制度并未得到高度重视。目前公司的战略规则和业务计划不具体、不明确，目标设定缺乏科学依据，由此编制的预算缺乏权威性，无法实现全面预算的效力。

（二）职能部门参与的积极性不高，缺乏足够的组织保障机构

为了保证全面预算管理工作的有效落实，必须建立有效的保障机制，成立组织机构等，为预算管理工作奠定基础。然而，现阶段我国大多数健康保险公司都没有成立全面预算编制与执行机构，预算编制往往由财务部门、企划部门等兼任。这样一方面

会使得预算管理部门的专业性不足,兼任的部门忙于本职工作,对全面预算管理不能基于足够的重视;另一方面,职能部门对于预算管理重要性也不能得到足够的认识,使得全面预算管理往往是"单兵作战",仅停留在形式层面,变成某一个或某几个部门的责任,影响了预算设定的合理程度的同时,也不能够起到激励员工,合理控制的作用,影响预算管理工作的质量与效率。

(三) 全面预算的编制和考核机制不完善,受到权力博弈的负面影响

由于全面预算的实施带来考核制度随之变化,看似公平的考核机制在实际中,往往变成了权力博弈的战场。健康保险公司实施全面预算的初衷,是希望能够通过设定合理的预算目标,有效配置资源,对部门和员工产生正向激励。然而,在实践中,由于预算与考核直接挂钩,往往造成的结果不是部门努力达成目标预算,而是部门想尽办法降低预算标准。对于健康保险公司来说,部门在编制预算时,为了给年终考核留出"退路",往往追求保费报低点,成本定高点。最终的预算编制结果不是取决于资源的合理配置,而是取决于部门和预算制定机构的拉锯谈判,违背了全面预算管理的初衷,也使得预算管理的激励作用难以发挥,员工积极性不高,预算管理的控制,激励,考核作用流于形式。

(四) 预算的编制效率低,不能及时准确地反映公司管理需求

预算的编制要求遵循上下结合、分级编制、逐级汇总的程序,只有下级部门及时收集信息,向上反馈,预算编制部门迅速汇总分析,做好统筹,才能够使得预算编制准确高效的进行。而在目前的健康保险公司实践中,由于受到组织形式复杂,高层领导重视不足等原因,预算工作往往被放到次要的位置。在这样的环境下,预算编制往往耗时长,效率低,时间安排不够合理,花费了大量的时间,得到的编制结果仍差强人意。

五、健康保险公司全面预算管理改进措施

(一) 明确预算管理定位,保证预算与战略相结合

健康保险公司在推行全面预算管理过程中,首先应当明确公司的长期战略目标。在此基础上将目标分解,围绕着预算期,以及各部门各单位的分战略,制定相适应的预算,保证资源的配置满足战略需求。此外,健康保险公司在预算编制过程中,还需要进行有效的市场调研,对公司的资源进行有效分析,明确自身的长短期目标,将其作为预算编制的基础,保证全面预算管理与战略目标的统一,对实现长远发展目标具

有重要的意义。

（二）成立全面预算管理委员会，利用专业机构解决专业问题

全面预算管理是一套行之有效的管理工具，但如果不能有相应的组织结构和制度作为保障，就无法发挥其作用。因此，健康保险公司应当建立健全全面预算管理组织体系，通过建立全面预算管理委员会等专业机构，负责对全面预算工作实施协调与规划。此外，要建立一套有效的预算编制管理制度，做到权责分明，使得预算管理委员会以及各职能部门都能够明确自身在预算编制过程中的责任义务，用制度及相应的激励保证职能部门的参与度，从而提高全面预算管理的效率。

（三）完善全面预算的考核机制，在预算和考核间构建合理关联

目前全面预算考核环节的"寻租"行为并不少见，即通过降低预算而非提高业绩，保证年度目标的完成和考核的通过。对此，健康保险公司应当对预算和考核间的关系进行重新思考。传统的考核机制更多采用静态目标，即在预算期初确定一个固定值，这必然导致目标制定的主观性，存在着较大的博弈空间。如果健康保险公司改为动态目标，即以市场情况为参照，保费考核以其增速与市场平均增速比较来进行考核，就会大大降低预算制定者与职能部门的博弈空间，更加合理且能在一定程度上抑制寻租行为。此外，健康保险公司还可以将预算目标的高低与考核的奖惩机制联系起来，如果预算设定较高，达成会有更高的奖励；如果预算设定较低，即便达成，也会相应有一定程度的折减。通过这种方式给予职能部门正向激励，鼓励员工在合理设置目标的同时积极发挥主观能动性，成就更高的绩效表现。

（四）科学建立预算管理体制，提高编制效率

对于预算编制效率低的问题，健康保险公司应当建立更为科学的预算管理体系，并做好进度管理工作，确定严格的时间节点，及时跟进预算编制的每一个环节，发现存在的问题并及时解决，提高编制效率。此外，健康保险公司也应当重视对于预算管理的培训工作，不仅提高预算管理的专业人员的水平，也帮助职能部门提高其对预算编制重要性的了解，掌握预算编制的方式方法，从而将全面预算发挥到最佳。

第五节　健康保险公司的并购与整合

随着经济的不断发展，以及现代商业制度的不断完善，公司的并购和整合已经成

为普遍而重要的商业行为。尤其是经济全球化的影响下，不仅有越来越多的外资企业通过并购整合的方式走入中国，也有越来越多的中国企业走出去，通过海外并购，实现公司的扩张发展。保险行业作为金融业的重要组成部分，也随时随地发生着并购整合的变革。例如，据路透社消息报道，美国连锁药店上市企业 CVS Health（NYSE：CVS）已经向美国第三大健康保险公司 Aetna（NYSE：AET）发起了收购要约，出价200 美元/股（即时股价 170 美元/股），总价约 660 亿美元。如果这笔交易能够顺利完成，将成为 2017 年度最大一笔收购。本节中对健康保险公司并购整合的动机、现状以及相关的政策监管进行简要的介绍。

一、健康保险公司并购整合的动机

（一）扩大规模，降低运营成本

健康保险公司同其他行业的企业一样，在保证其社会责任的基础上，追求自身效益的最大化。而高额的成本支出无疑是阻碍其效益最大化的一大因素。健康保险公司可以通过并购扩大自身规模。规模扩大后，一方面，能够产生规模经济效应，降低单位产出所需的费用开支，节约成本；另一方面，健康保险公司在并购整合后，可以削减功能类似的分支机构，通过精简组织结构降低开支或是通过资源互补，降低公司取得外部资源的成本，从而提升公司价值。

（二）取得管理上的协同效应

并购整合的一大动机即为实现协同效应。协同效应是指企业由于相互协作共享业务行为和特定资源，将比作为一个单独运作的企业取得更高的赢利能力。健康保险公司能否取得长期持久的发展，除了公司本身的"硬件"实力之外，优秀的管理人员也必不可少。健康保险公司在并购整合后，通过管理人员、管理技术上的资源共享，优势互补，往往能够达到双赢的效果。

（三）满足资本优化的需求

保险业作为关系国计民生的重要行业，其面临的资本监管相较于其他行业更为严格。此外，公司的飞速发展往往需要大量的资金作为后盾，而外部融资则往往需要很高的成本，降低了企业的价值增长。通过并购整合，健康保险公司可以形成一个规模更大的内部资本市场，通过使用成本更低的内源性融资，促进公司发展。

（四）战略布局的需要

健康险行业由于其特有的业务特征，与生物制药、医疗等行业有着千丝万缕的联系。目前健康保险公司在定价、理赔等方面存在的诸多问题，其根源也往往追溯到其与医院、药房等机构的沟通不畅，信息不对称等原因。为了打破这一壁垒，形成一个产业体系，越来越多的健康保险公司通过并购医疗等相关行业公司，形成产业集群，在降低成本的同时也带来了理赔业务流程的简化，为保险人提供更方便的服务。这也是健康保险公司并购整合的重要动机。

二、健康保险公司并购整合的现状

目前，由于我国健康保险行业的专营公司还相对较少，并购事件并不频繁，更多的健康保险业务存在于规模较大的综合性保险公司下。目前，我国保险行业的并购主要呈现以下特点：

（一）领域内并购案例相对较少，跨行业与跨国并购占较大比例

一般来说，同行业内的并购可能产生更强的协同效应，因而范围也更加普遍。然而，对于我国保险行业来说却并非如此。这主要是由于我国保险行业在一定程度上呈现寡头垄断的特征，行业集中度相对较高，这一方面限制了大型保险公司业内并购的选择，另一方面也限制了小型保险公司的并购空间。而与这一现象相对应的，近年来，我国保险行业跨行业和跨国并购逐步兴起，呈现出如火如荼的海外并购热潮。截至 2016 年 4 月，我国保险公司海外投资规模已超过了 400 亿美元，复星和安邦保险成为海外保险公司收购案的两大买家，分别投资了 7 家和 5 家保险公司。

（二）保险科技并购交易成为新趋势

在过去的多年里，保险公司作为传统金融行业，并未经历大的技术创新，其在科技应用方面还相对落后。然而，随着保险公司不断探索新的分销渠道、产品发行模式以及风险评估与管理能力，保险与科技的结合逐渐成为追逐的热点。越来越多的保险公司都在寻求与非保险领域科技企业实现并购或合作的机会，以理解并把握保险科技领域蕴含的机遇。

三、健康保险公司并购整合的政策监管

随着保险公司并购活动日益频繁，保监会也出台了一系列政策，规范保险公司的收购合并行为，旨在进一步优化企业兼并重组市场环境的主要目标、基本原则和具体措施，以保护保险人，保险公司及其股东的合法权益。

2014 年 3 月，保监会出台了《保险公司收购合并管理办法》，对保险公司收购合

并应当遵循的程序，提交待审核的材料，保监会审核的依据等进行了详尽的规定。《保险公司收购合并管理办法》主要规范目标公司为境内保险公司的并购行为，不包括保险公司对非保险公司的股权投资，也不包括保险公司对境外保险机构的股权投资，但同时适用于中资保险公司和外资保险公司。

《保险公司收购合并管理办法》强化了保险公司并购各方的信息披露义务。例如，在其第二章第九条中提到："保险公司收购应由被收购保险公司向中国保监会提出申请，并提交以下材料：（一）收购申请书；（二）收购整体方案，包括可行性研究、交易结构、实施步骤、资金来源、支付方式、后续安排；（三）交易价格及定价依据说明，如涉及国有股权转让还应当按照相关规定提交资产评估报告、主管机构同意其转让或投资的证明材料、公开挂牌转让的证明材料；（四）投资人及其关联方、一致行动人参与本次收购的情况；（五）经营者集中申报说明或有关批准文件；（六）专业中介服务机构出具的意见；（七）采取受让股权方式的，应当提交股权转让协议，受让方为新增股东的，还应当提交《保险公司股权管理办法》第二十八条或《中华人民共和国外资保险公司管理条例》（以下简称《外资保险公司管理条例》）第九条规定的有关材料；（八）采取认购增发股权方式的，应当提交《保险公司股权管理办法》第二十九条或《外资保险公司管理条例》第九条规定的有关材料；（九）中国保监会根据审慎监管原则要求提供的其他材料。"从程序上保证了保险公司合并时的信息披露完善性。

此外，第四章第二十条规定："中国保监会在审核保险公司收购合并申请时，主要考虑以下因素：

（一）对存续保险公司或新设保险公司经营持续性的影响，包括偿付能力状况、财务状况、管理能力；

（二）对保险行业的影响，包括保险市场公平竞争、保险行业竞争能力、保险公司风险处置；

（三）对保险消费者合法权益、国家金融安全和社会公共利益的影响。"

这也从制度上明确规定了收购合并应当考虑的后续影响和社会影响。

本章小结

本章结合健康保险公司财务管理的实践，对于一些实务界关注的热点问题进行了一一探讨，旨在为健康保险行业的从业人员提供借鉴性参考。在回顾实务的过程中也发现，现阶段，在健康保险公司的业务核算、准备金计提、内含价值的评估，以及全面预算管理等方面尚存在部分问题,在一定程度上制约了健康保险公司的成长。希望随着行业的进一步发展,公司财务管理技术能够不断提高,最终实现财务管理助力公司成长的终极目标。

专业术语

1. 保险准备金(Insurance Reserves):是指保险公司为保证其如约履行保险赔偿或给付义务而提取的、与其所承担的保险责任相对应的基金。
2. 内含价值(Embedded Value):是保险公司独有的概念,是指在充分考虑总体风险的情况下,适用业务及其对应资产产生的现金流中股东利益的现值。
3. 全面预算管理(Total Budget Management):是指从企业的战略规划出发,通过定量的形式反映企业未来一定时期内销售、投资、筹资等各种经营活动的整体安排,协调企业内部各种资源的配置,并在此基础上进行业绩的评定考核,以完成控制、激励、评价等功能的管理工具。

思考题

1. 健康保险公司的业务核算具有什么特征?
2. 如何确定健康保险公司的准备金?
3. 如何理解健康保险公司的内含价值?
4. 健康保险公司如何开展全面预算管理?

附 录

中国保监会关于《中国第二代偿付能力监管制度体系整体框架（征求意见稿）》

为进一步完善偿付能力监管，加强制度建设的顶层设计，建立科学有效的第二代偿付能力监管制度体系，制定本整体框架。

一、体系名称

中国第二代偿付能力监管制度体系的中文名称为"中国风险导向的偿付能力体系"（以下简称"偿二代"），英文名称为 China Risk Oriented Solvency System（简称 C-ROSS）。

二、总体目标

（一）科学全面地计量保险公司面临的风险，使资本要求与风险更相关。

（二）守住风险底线，确定合理的资本要求，提高我国保险业的竞争力；建立有效的激励机制，促进保险公司提高风险管理水平，促进保险行业科学发展。

（三）积极探索适合新兴市场经济体的偿付能力监管模式，为国际偿付能力监管体系建设提供中国经验。

三、整体框架构成

"偿二代"的整体框架由制度特征、监管要素和监管基础三大部分构成。

（一）制度特征

"偿二代"的制度特征是基于我国保险市场环境和发展阶段特征的一种现实选择，是开展偿付能力监管各项工作的出发点，体现在"偿二代"体系的具体原则、方法和标准之中。

1. 统一监管

中国保监会根据国务院授权，履行行政管理职能，依照法律、法规统一监督管理全国保险市场，包括对全国所有保险公司的偿付能力实施统一监督和管理。统一监管不同于部分国家和地区的分散监管模式，充分体现了我国偿付能力监管的特点。

"偿二代"应充分发挥统一监管效率高、执行力强、执行成本低的优势。同时，由于我国地域辽阔，在制定统一监管政策的同时，还需要充分考虑各地差异，适应不同地域保险市场监管需要。在定量监管方面，主要是中国保监会机关对保险公司总公司资本充足性的监管，监管标准需要尽量统一；在定性监管和市场约束方面，对于与分支机构相关的风险，可以体现一定的地域差异。中国保监会机关和派出机构分工协作，共同实施偿付能力监管。

2. 新兴市场

我国保险市场仍处于发展的初级阶段，属于新兴保险市场，在市场规模、发展速度、产品特征、风险管理能力、人才储备、国际活跃度等方面与成熟保险市场存在一定差异。

基于新兴市场特征，与成熟的偿付能力监管制度相比，"偿二代"应当更加注重保险公司的资本成本，提高资本使用收益；更加注重定性监管，充分发挥定性监管对定量监管的协同作用；更加注重制度建设的市场适应性和动态性，以满足市场快速发展的需要；更加注重监管政策的执行力和约束力，及时识别和化解各类风险；更加注重各项制度的可操作性，提高制度的执行效果。

3. 风险导向兼顾价值

防范风险是偿付能力监管的永恒主题，是保险监管的基本职责。"偿二代"的资产负债评估，要能及时、恰当地反映保险公司面临的实际风险状况及变动；最低资本要求要更加全面、准确地反映保险公司的各类风险；监管措施要更加具有风险针对性。

对风险的防范，要具有底线思维。守住区域性、系统性风险的底线，科学计量潜在的风险损失，在此基础上科学确定所需要的监管资本底线，尽可能避免资本冗余，降低保险公司经营的资本占用，提高保险业资本使用效率和效益，提升保险公司的个体价值和整个行业的整体价值。

在技术目标层面，既不能将"偿二代"简单化为只是为市场中的保险公司划出一条及格线或风险预警线，也不能将其复杂化为对保险公司进行完美而理想的经济价值评估。基于新兴市场的"偿二代"，需要在风险预警目标和价值评估目标之间，寻求平衡与和谐。

（二）监管基础

保险公司内部偿付能力管理是企业内部的管理行为，在偿付能力监管中具有十分重要的作用，主要体现在两个方面：

第一,内部偿付能力管理是外部偿付能力监管的前提、基础和落脚点。特定阶段外部偿付能力监管必须与当时的行业内部偿付能力管理水平相适应。两者相互依存,相互制约,相互促进。好的偿付能力监管体系,能够激励保险公司不断提升其内部偿付能力管理水平。

第二,内部偿付能力管理是保险公司的"免疫系统"和"反应系统"。科学有效的内部偿付能力管理制度和机制,可以主动识别和防范各类风险,对各类风险变化做出及时反应。

(三) 监管要素

监管要素是偿付能力监管的三支柱,是偿付能力监管的重要组成部分。三支柱分别从定量资本要求、定性监管要求和市场约束机制三个方面对保险公司的偿付能力进行监督和管理,主要规范偿付能力监管的内容、原则、方法和标准。

1. 第一支柱定量资本要求

第一支柱定量资本要求主要防范能够量化的风险,通过科学的识别和量化各类风险,要求保险公司具备与其风险相适应的资本。

在第一支柱中,能够量化的风险应具备三个特征:第一,这些风险应当是保险公司经营中长期稳定存在的;第二,通过现有的技术手段,可以定量识别这些风险的大小;第三,这些风险的计量方法和结果是可靠的。

第一支柱定量资本要求主要包括五部分内容:一是第一支柱量化资本要求。具体包括:(1)保险风险资本要求;(2)市场风险资本要求;(3)信用风险资本要求;(4)宏观审慎监管资本要求,即对顺周期风险、系统重要性机构风险等提出的资本要求;(5)调控性资本要求,即根据行业发展、市场调控和特定保险公司风险管理水平的需要,对部分业务、部分公司提出一定期限的资本调整要求。二是实际资本评估标准,即保险公司资产和负债的评估标准和认可标准。三是资本分级,即对保险公司的实际资本进行分级,明确各类资本的标准和特点。四是动态偿付能力测试,即保险公司在基本情景和各种不利情景下,对未来一段时间内的偿付能力状况进行预测和评价。五是监管措施,即监管机构对不满足定量资本要求的保险公司,区分不同情形,可采取的监管干预措施。

2. 第二支柱定性监管要求

第二支柱定性监管要求,是在第一支柱的基础上,进一步防范难以量化的风险,如操作风险、战略风险、声誉风险、流动性风险等。

保险公司面临许多非常重要的风险,但这些风险无法量化或难以量化。特别是,我国保险市场是一个新兴市场,采用定量监管手段来计量这些风险存在较大困难,因此,需要更多地使用第二支柱的定性监管手段来评估和防范。例如,操作风险难以量化，我国也没有积累这方面的历史数据，现阶段难以通过定量监管手段进行评估。因此，对于不易量化的操作风险、战略风险、声誉风险等将通过第二支柱进行定性监管。

第二支柱共包括四部分内容：一是风险综合评级，即监管部门综合第一支柱对能够量化的风险的定量评价，和第二支柱对难以量化风险（包括操作风险、战略风险、声誉风险和流动性风险）的定性评价，对保险公司总体的偿付能力风险水平进行全面评价。二是保险公司风险管理要求与评估，即监管部门对保险公司的风险管理提出具体监管要求，如治理结构、内部控制、管理架构和流程等，并对保险公司风险管理能力和风险状况进行评估。三是监管检查和分析，即对保险公司偿付能力状况进行现场检查和非现场分析。四是监管措施，即监管机构对不满足定性监管要求的保险公司，区分不同情形，可采取的监管干预措施。

3. 第三支柱市场约束机制

第三支柱市场约束机制，是引导、促进和发挥市场相关利益人的力量，通过对外信息披露等手段，借助市场的约束力，加强对保险公司偿付能力的监管，进一步防范风险。其中，市场力量主要包括社会公众、消费者、评级机构和证券市场的行业分析师四类。

第三支柱主要包括两项内容：一是通过对外信息披露手段，充分利用除监管部门之外的市场力量，对保险公司进行约束；二是监管部门通过多种手段，完善市场约束机制，优化市场环境，促进市场力量更好地发挥对保险公司风险管理和价值评估的约束作用。

第三支柱市场约束机制是新兴保险市场发展的客观要求，是我国偿付能力监管体系的重要组成部分。第一，市场力量是对保险公司进行监管的有效手段和重要组成部分，可以有效约束保险公司的经营管理行为，应当充分利用。第二，我国现阶段监管资源有限，更应该充分调动和发挥市场力量的约束作用，成为监管机构的有力补充。第三，现阶段，我国市场约束力量对保险公司的监督作用没有充分发挥，急需监管机构进一步完善市场约束机制，优化市场环境。

4. 三个支柱的关系

与保险公司内部偿付能力管理不同，三个支柱都是保险公司外部的偿付能力监管。三个支柱的作用各不相同，在防范风险方面各有侧重：第一支柱是通过定量监管手段，防范能够量化的偿付能力相关风险；第二支柱是通过定性监管手段，防范难以量化的偿付能力风险；第三支柱是通过信息披露等手段，发挥市场约束力量，可以强化第一支柱和第二支柱的效果，并且更加全面地防范保险公司的各类偿付能力风险。三个支柱相互配合，相互补充，成为完整的风险识别、分类和防范的体系。

5. 保险集团监管

三支柱的监管要素同样适用于保险集团监管。集团监管的内容和要求，在三个支柱中均会有所体现。例如，第一支柱既包括对单个保险公司的定量资本要求，也包括对整个保险集团的定量资本要求；第二支柱既包括对单个保险公司的定性监管要求，也包括对整个保险集团的定性监管要求；第三支柱既包括对单个保险公司的市场约束要求，也包括对整个保险集团的市场约束要求。

与单个保险公司相比，保险集团往往具有风险分散的效益；同时，保险集团也具有一些不同于单个保险机构的特殊风险，如资本重复计算风险、组织结构不透明风险、利益冲突风险、风险传递和风险传染等。在制定三个支柱的具体监管标准时，应当考虑和反映这些特殊风险。

四、技术原则

（一）偿付能力充足指标

1. 评价保险公司偿付能力状况的指标有三个：核心偿付能力充足率、综合偿付能力充足率和风险综合评级。

2. 核心偿付能力充足率，是指核心资本与最低资本的比率，反映保险公司核心资本的充足状况。

3. 综合偿付能力充足率，是指核心资本和附属资本之和与最低资本的比率，反映保险公司总体资本的充足状况。

4. 风险综合评级，综合第一支柱对能够量化的风险定量评价，和第二支柱对难以量化风险的定性评价，对保险公司总体的偿付能力风险水平进行全面评价所得到的评级，评级结果反映了保险公司综合的偿付能力风险。

5. 核心偿付能力充足率、综合偿付能力充足率反映公司量化风险的资本充足状况，风险综合评级反映公司与偿付能力相关的全部风险的状况。

（二）实际资本

1. 实际资本，是指保险公司在持续经营或破产清算状况下可以吸收损失的经济资源。实际资本等于保险公司认可资产减去认可负债后的余额。

2. 认可资产是保险公司依据中国保监会的有关规定，以偿付能力监管为目的所确认和计量的资产。偿付能力监管体系中的认可资产，不同于财务会计报告体系中的资产，需要根据偿付能力监管的目的，进一步考虑确认和计量的差异，对资产金额进行适当调整。例如，有迹象表明保险公司到期不能处置或者对其处置受到限制的资产（如被依法冻结的资产、由于战乱等原因无法处置的境外资产等），在偿付能力监管体系中,不能确认为认可资产,或者其确认和计量的原则不同于财务会计报告体系中的资产。

3. 认可负债是保险公司依据中国保监会的有关规定,以偿付能力监管为目的所确认和计量的负债。偿付能力监管体系中的认可负债,不同于财务会计报告体系中的负债,需要根据偿付能力监管的目的,进一步考虑确认和计量的差异,对负债金额进行适当调整。例如,保险公司的资本性负债,在偿付能力监管体系中,其确认和计量的原则可能会不同于财务会计报告体系中的负债。

4. 实际资本应符合以下特性:(1)存在性,即保险公司的资本应当是实缴或承诺的资本;(2)永续性,即保险公司的资本应当没有到期日或具有一定期限;(3)次级性,即保险公司资本的清偿顺序应当在保单负债和一般债务之后;(4)本息约束,即保险公司资本的本金和股息的偿付应当具备一定的约束条件。

5. 根据损失吸收能力的大小,实际资本分为核心资本和附属资本。核心资本和附属资本应该保持合理的数量关系,确保资本质量。

(三) 最低资本

1. 最低资本,是指保险公司为了应对市场风险、信用风险、保险风险等各类风险对偿付能力的不利影响,依据监管机构的规定而应当具有的资本数额。

2. 确定最低资本时,必须处理好风险防范与价值增长的关系,建立恰当的最低资本标准,既能有效防范风险,又能避免资本冗余。"偿二代"的最低资本应当是集中反映不同利益诉求、兼顾各方利益的均衡、公允的资本。

(四) 风险分类

1. 保险公司的风险分为两大类:能够量化的风险和难以量化的风险。能够量化的风险包括市场风险、信用风险和保险风险,在第一支柱反映;难以量化的风险包括操作风险、战略风险、声誉风险和流动性风险等,在第二支柱反映。

2. 各类风险的定义如下:

(1) 市场风险,是指由于利率、汇率、权益价格和商品价格等的不利变动而遭受非预期损失的风险。

(2) 信用风险,是指由于交易对手不能履行或不能按时履行其合同义务,或者信用状况的不利变动而导致的风险。

(3) 保险风险,是指由于死亡率、疾病率、赔付率、退保率等假设的实际经验与预期发生不利偏离而造成损失的风险。

(4) 操作风险,是指由于不完善的内部操作流程、人员、系统或外部事件而导致直接或间接损失的风险,包括法律及监管合规风险(但不包括战略风险和声誉风险)。

(5) 战略风险,是指由于战略制定和实施的流程无效或经营环境的变化,而导致战略与市场环境和公司能力不匹配的风险。

(6) 声誉风险,是指保险公司的经营管理或外部事件等原因导致利益相关方对保险公司负面评价从而造成损失的风险。

(7) 流动性风险,是指保险公司无法及时获得充足资金或无法以合理成本及时获得充足资金以支付到期债务的风险。

3. 保险公司表外业务的风险需要特别关注。表外业务主要包括不在资产负债表内反映的承诺、担保、衍生工具等,这类业务面临的风险主要是市场风险(如汇率风险、利率风险等)、信用风险、流动性风险等。表外业务不在保险公司的资产负债表内反映,因此其风险容易被忽视。目前,保险公司的表外业务规模逐步扩大,对保险公司的偿付能力将产生重要影响,在偿付能力监管体系中需要特别关注。

(五) 第一支柱资产和负债的评估原则

1. 产险公司和寿险公司的资产负债评估原则应尽可能保持一致。

2. 相同的保险业务应适用相同的资产负债评估原则。相同的保险业务,无论其是寿险公司还是非寿险公司、直接保险公司还是再保险公司经营,应适用相同的资产负债评估原则。

3. 资产的评估原则应与负债的评估原则应尽可能一致,减少由于评估原则的不一致而导致的资产负债不匹配问题。

4. 资产负债评估原则应能及时、恰当地反映出保险公司资产和负债在市场环境中所面临的实际风险状态及其变动。

5. 偿付能力的资产负债评估应充分利用保险公司现存的财务会计系统,在基础数据、计量原则和方法、报告系统等方面尽可能地实现共享和协调,以便有效降低偿付能力评估和管理的实施成本。

6. 计算第一支柱量化资本要求时所使用的资产负债评估原则,应当与计算实际资本时所使用的资产负债评估原则保持一致。

7. 资产负债评估原则应客观反映中国实际,充分考虑对保险行业的影响,标准的设定应适度、可行。

(六) 第一支柱量化资本要求的基本原则

1. 第一支柱量化资本要求原则上采用在险价值(Value at Risk)方法,时间参数为1年,置信水平将以我国国情为基础,依据行业定量测试结果确定,例如99.5%或其他数值。

2. 第一支柱量化资本要求的计量基础为净资产,即在计算最低资本时,考虑各类风险因素对保险公司认可资产和认可负债的综合影响。

3. 计算第一支柱量化资本要求时,原则上采用标准模型,条件成熟时,逐步引入内部模型。

4. 在计算资产风险的资本要求时,风险暴露中不应包括非认可资产,因为非认可资产已从实际资本中扣除。

5. 第一支柱量化资本要求的计量,原则上不考虑新增业务。

6. 第一支柱量化资本要求的计量应考虑风险分散效应,采用相关系数矩阵法。

(七)第一支柱量化资本要求的计量方法

1. 第一支柱量化资本要求的计量采用自下而上的方法,从最底层开始按照规定的方法计算各风险模块的资本要求,然后按照规定的汇总方法进行逐级汇总。汇总时,考虑风险模块之间的风险分散效应,通过相关系数矩阵法对各个风险模块的结果进行汇总,得到整个公司的资本要求。

2. 第一支柱最底层风险模块资本要求的计算可选择情景法或者风险因子系数法。不同的风险模块可以选用不同的方法。

(八)第二支柱流动性监管

1. 流动性风险与其他风险关联性较强,信用风险、市场风险、保险风险、操作风险等风险同样会导致保险公司的流动性不足,因此,流动性风险通常被视为一种综合性风险。流动性风险管理除了应当做好流动性安排之外,还应当有效管理其他各类主要风险。

2. 对于流动性风险,持有额外的资本不是最恰当的监管方法,而应当通过定性监管手段防范流动性风险。

3. 保险公司应建立健全流动性风险管理治理结构、管理策略、政策和程序,建立全方位的流动性风险识别、计量、监测、控制体系,提升流动性风险管理水平。

4. 流动性监管应当同时考虑单个公司层面和整个集团层面的流动性风险,应当监测当前和未来一段时间内的流动性风险,应当考虑基本情景(即正常经营情况下)和极端不利情景下的流动性风险。

(九)第二支柱风险综合评级

1. 偿付能力监管应反映保险公司所有与偿付能力相关的风险,包括能够量化的风险和难以量化的风险。能够量化的风险,如市场风险、承保风险、信用风险,在三支柱体系中的第一支柱反映;难以量化的风险,如操作风险、战略风险、声誉风险、流动性风险等，在第二支柱反映。同时，在第二支柱中对保险公司所有与偿付能力相关的风险进行综合评价。

2. 风险综合评级包括三部分内容，分别是：对能够量化风险的评价（在第一支柱反映）、对难以量化风险的评价（在第二支柱反映）和对所有风险的综合评价（在第二支柱反映）。

3. 风险综合评级既包括对保险公司总公司的评级，也包括对保险公司分支机构的评级。

（十）第二支柱保险公司风险管理要求与评估

1. 第二支柱保险公司风险管理要求和评估，是对保险公司与偿付能力相关的全部风险的管理要求和对保险公司风险管理能力的评价，不仅包括可量化的风险，还包括不可量化的风险。

2. 保险公司应定期对自身的风险管理能力、特定风险和总体风险状况进行自评估，并向监管机构报告，作为风险综合评级的重要依据。

3. 监管机构可以根据保险公司风险管理能力、水平和实际状况，对保险公司的最低资本要求进行调整。

4. 第二支柱风险管理要求是对保险公司风险管理的最低要求，保险公司可以在监管要求的基础上，建立更高标准的内部风险管理制度。

（十一）第三支柱公开信息披露

1. 偿付能力公开信息披露应遵循充分性原则。保险公司应当充分披露有助于信息使用者了解保险公司偿付能力风险状况的所有重大相关信息。

2. 偿付能力公开信息披露应遵循及时性原则。保险公司应当定期、及时披露偿付能力相关信息。

3. 偿付能力公开信息披露应遵循真实性原则。保险公司应确保信息披露的内容真实、准确、完整，且没有虚假、严重误导性陈述或重大遗漏。

4. 偿付能力公开信息披露应遵循公平性原则。保险公司应确保具有相关利益的社会公众平等获悉偿付能力相关信息，确保信息披露的集中性、可访问性和信息使用者的获取便利。

5. 偿付能力公开信息披露应遵循成本效益原则。

参考文献

[1] 鲍勇,周尚成. 健康保险学. 北京:科学出版社,2015.

[2] 卜正阳. 我国商业健康保险公司价值评估研究 [D]. 西南财经大学,2013.

[3] 蔡颖. 保险公司偿付能力与资本结构优化问题研究 [J]. 保险研究,2010(11):8-19.

[4] 陈兵,邓世民等. 保险公司财务管理. 北京:中国财政经济出版社,2007.

[5] 陈蕾. 保险资金风险度量与绩效评价——基于收益率映射估值法的 VaR 模型 [J]. 中国外资,2011(16):27-28.

[6] 陈滔. 健康保险. 成都:西南财经大学出版社,2002.

[7] 戴成峰. 论保险公司现金流量管理 [J]. 金融会计,2006(06):60-63.

[8] 刁杨. 我国专业健康保险公司经营效率影响因素的实证研究 [D]. 兰州大学,2013.

[9] 郭建鸾. 中国保险业经营现金流预测理论模型研究 [J]. 会计之友,2015(03):2-10.

[10] 郭文旌. 最优保险投资决策与风险控制 [M]. 北京:北京理工大学出版社,2013.

[11] 郭振华. 保险公司利源分析的四种模式及其统一 [J]. 上海保险,2017(03):13-16.

[12] 郝臣,杨冬雪,刘芯蕊等. 我国保险公司资本结构影响因素实证研究 [J]. 金融理论与实践,2016(4):78-83.

[13] 何昊. 基于保险合同的责任准备金的确认与计量 [D]. 首都经济贸易大学,2006.

[14] 洪梅,黄华珍. 我国保险公司操作风险管控体系建设研究——基于国际经验视角 [J]. 保险研究,2012(11):30-41.

[15] 侯旭华. 保险合同会计新规下的国际趋同与应变 [A]. 中国保险学会. 中国保险学会学术年会入选文集 2011(理论卷)[C]. 中国保险学会,2011:7.

[16] 侯旭华. 上市保险公司会计信息披露与新企业会计准则 [J]. 上海保险,2006(08):46-48.

[17] 黄占辉,王汉亮. 健康保险学. 北京:北京大学出版社,2006.

[18] 荆涛,杨舒. 商业健康保险在多层次医疗保障体系中的地位与发展现状 [J]. 中国医疗保险,2016 (06):18 – 22.

[19] 李冰清,谭艺. 保险公司最优资本结构研究 [J]. 保险研究,2013 (12):3 – 13.

[20] 李琼. 商业健康保险保费收入影响因素分析——基于湖北、北京、上海三地的比较 [J]. 南方金融,2009 (07):55 – 59.

[21] 李莎,王韦,张建刚. 保险公司资本结构分析——以中国平安保险(集团)股份有限公司为例 [J]. 保险研究,2009 (9):78 – 83.

[22] 李晓宇. 保险资金运用效率实证研究 [D]. 首都经济贸易大学,2014.

[23] 李宗璋. 健康保险产品的定价方法研究 [D]. 暨南大学,2003.

[24] 刘汉民. 保险公司财务管理. 北京:经济科学出版社,2009.

[25] 刘明波. 我国团体健康保险成本控制问题探讨 [D]. 西南财经大学,2005.

[26] 刘思. 中国健康保险市场规模实证分析 [J]. 保险研究,2009 (02):22 – 28.

[27] 卢华. 全面预算管理在人寿保险公司的应用分析 [J]. 企业导报,2016 (04):30 – 31.

[28] 卢晓平. 7月起保险集团将定期上报全口径资产负债表 [N]. 上海证券报,2016 – 04 – 14 (002).

[29] 陆正飞,辛宇. 上市公司资本结构主要影响因素之实证研究 [J]. 会计研究,1998,8 (8):34 – 37.

[30] 牛凯龙,贾飙. 净现金流在保险集团经营管控中的作用探讨 [J]. 保险研究,2010 (01):93 – 98.

[31] 潘兴. 商业健康保险创新发展模式研究——基于产品和服务角度的分析 [J]. 南方金融,2013 (11):85 – 89.

[32] 潘兴. 我国商业健康保险风险管理研究 [D]. 对外经济贸易大学,2014.

[33] 齐伟娟. 健康保险损失率及其应用研究 [D]. 西南财经大学,2008.

[34] 沈东. 财产保险公司财务管理 [M]. 北京:首都经济贸易大学出版社,2014.

[35] 王晓军. 不同国家寿险公司利润确认原理和方法的比较 [J]. 江西财经大学学报,2003 (03):32 – 35.

[36] 王治军,王沁. 不同健康保险筹资模式的制度绩效研究——基于180个国家数据的SEM分析 [J]. 保险研究,2016 (04):68 – 76.

[37] 魏瑄. 保险资金投资健康服务业产业链研究 [J]. 中国保险,2014 (03):

参考文献

59-64.

[38] 谢晓霞,邓路,马婧. 保险公司治理结构与资本结构研究[J]. 保险研究,2011(12):97-101.

[39] 许姣. 我国保险资金另类投资的创新研究[J]. 中国国际财经(中英文),2016(21):114-116.

[40] 闫庆悦,李娜. 我国上市公司资本结构影响因素实证研究[J]. 山东商业会计,2007(1):44-48.

[41] 杨琳. 我国保险企业会计准则与国际财务报告准则全面持续趋同[J]. 中国金融,2010(11):63-64.

[42] 杨亚萍. 如何对保险公司现金流量表进行阅读和分析[J]. 甘肃金融,2006(04):47-50.

[43] 叶碧红. 浅谈保险公司的资金运用——以中国人寿保险股份有限公司为例[J]. 商业会计,2017(10):33-35.

[44] 张仕英. 保险公司的风险,外部监管与资本结构的决定[D]. 复旦大学博士学位论文,2008.

[45] 赵海. 健康保险责任准备金提取研究[D]. 西南财经大学,2007.

[46] 赵永恒. 伤病发生概率测量及健康保险损失分布研究[D]. 西南财经大学,2007.

[47] 中国保监会关于印发《中国第二代偿付能力监管制度体系整体框架》的通知:保监发〔2013〕42号. (2013-05-14). http://www.circ.gov.cn/web/site0/tab5225/info244154.htm.

[48] 中华联合保险控股股份有限公司研究所. 中国保险前沿(2017)[M]. 北京:中国财经出版传媒集团,2017.

[49] 中华人民共和国财政部会计司. 企业会计准则第25号——原保险合同[EB/OL]. (2008-06-18)[2017-12-25]. http://kjs.mof.gov.cn/zhuantilanmu/kuaijizhuanzeshishi/200806/t20080618_46223.html.

[50] 中华人民共和国财政部会计司. 企业会计准则第26号——再保险合同[EB/OL]. (2008-06-18)[2017-12-25]. http://kjs.mof.gov.cn/zhuantilanmu/kuaijizhuanzeshishi/200806/t20080618_46222.html.

[51] 周国端. 保险财务管理:理论、实务、案例. 北京:中信出版社,2015.06.

[52] 周国瑞. 保险财务原理[M]. 北京:中信出版集团,2015.

[53] Babbel D F, Hogan A M B, Incentive Conflicts and Portfolio Choice in the Insurance Industry [J]. Journal of Risk & Insurance. 1992,59(4):645.

［54］Baxter, Nevins D., and John G. Cragg. Corporate Choice among Long – term Financing Instruments. The Review of Economics and Statistics (1970): 225 – 235.

［55］Berglöf, Erik, and Ernst – Ludwig Von Thadden. Short – Term Versus Long – term Interests: Capital Structure with Multiple Investors. The Quarterly Journal of Economics 109.4 (1994): 1055 – 1084.

［56］Browne S. Optimal Investment Policies for A Firm with a Random Risk Process: Exponential Utility and Minimizing the Probability of Ruin ［J］. Mathematics of Operations Research. 1995, 20 (4): 937 – 958.

［57］Cheng, Jiang, and Mary A. Weiss. Capital Structure in the Property – liability Insurance Industry: Tests of the Tradeoff and Pecking Order Theories. Journal of Insurance Issues (2012): 1 – 43.

［58］Coase, Ronald H. The Nature of the Firm. Economica 4.16 (1937): 386 – 405.

［59］Deloitte Touche Tohmatsu Limited. IFRS 17 – Insurance Contracts ［DB/OL］. ［2017 – 12 – 25］. https://www.iasplus.com/en/standards/ifrs/ifrs – 17.

［60］Deloitte Touche Tohmatsu Limited. IFRS 4 – Insurance Contracts ［DB/OL］. ［2017 – 12 – 25］. https://www.iasplus.com/en/standards/ifrs/ifrs4.

［61］Durand, D. (1952, January). Costs of Debt and Equity Funds for Business: Trends and Problems of Measurement. in Conference on Research in Business Finance (pp. 215 – 262). NBER.

［62］Elton E J, Gruber M J. Portfolio Analysis with a Nonmoral Multi – index Return – generating Process ［J］. Review of Quantitative Finance & Accounting. 1992, 2 (1): 5 – 16.

［63］Elton E J, Gruber M J. Optimal Investment Strategies with Investor Liabilities ［J］. Journal of Banking & Finance. 1992, 16 (5): 869 – 890.

［64］Fu H N, Wu S J. Optimal Dynamic Portfolio Selection for Insurers with Investment and Reinsurance Based on a Random Impulsive Model ［J］. Chinese Journal of Applied Probability & Statistics. 2010, 26 (3): 309 – 322.

［65］Harrington, Scott E., and Greg Niehaus. Capital Structure Decisions in the Insurance Industry: Stocks Versus Mutuals. Journal of Financial Services Research 21.1 (2002): 145 – 163.

［66］Jensen, Michael C., and William H. Meckling. Theory of the Firm: Managerial Behavior, Agency Costs and Ownership Structure. Journal of Financial Economics 3.4 (1976): 305 – 360.

［67］Krouse C G. Portfolio Balancing Corporate Assets and Liabilities with Special Application to Insurance Management [J]. Journal of Financial & Quantitative Analysis. 1970, 5 (1): 77-104.

[68] Kusy M I, Ziemba W T. A Bank Asset and Liability Management Model [J]. Operations Research. 1986, 35 356-376.

[69] Lambert E W, Hofflander A E. Portfolio Management of Property-liability Companies [J]. Financial Analysts Journal, 1967, 23 (5): 141-146.

[70] Markowitz H. Portfolio Selection [J]. Journal of Finance. 1952, 7 (1): 77-91.

[71] Modigliani, F. & Miller, M. H. (1958). The Cost of Capital, Corporation Finance and the Theory of Investment. the American Economic Review, 48 (3), 261-297.

[72] Myers, S. C. & Majluf, N. S. (1984). Corporate Financing and Investment Decisions when Firms Have Information That Investors do not Have. Journal of Financial Economics, 13 (2), 187-221.

[73] Pesonen M I. Optimal Reinsurances [J]. Scandinavian Actuarial Journal. 1984 (2): 65-90.

[74] Williamson, Oliver E. The Economic Institutions of Capitalism. Simon and Schuster, 1985.

跋

"完善国民健康政策,为人民群众提供全方位全周期健康服务",这是中国共产党十九大对全国人民作出的深入民心的伟大承诺,是进一步实施健康中国、惠及万民的伟大战略。

中国共产党已经将保障人民健康当作了党和国家的一项重要工作,把为人民健康服务提升到了一个前所未有的高度。健康保险作为国家健康服务产业中的关键一环,在提升国民整体健康水平与健康保障方面,都面临着前所未有的发展机遇与空间,无论是现在还是将来,都会发挥着越来越重要的作用。

人食五谷,焉得无病?人的一生,总是在健康与不健康状态之间徘徊,但福寿安康是人们亘古通今的幸福期许。随着我国迈进上中等收入国家行列,人们对健康生活愈加渴望,对健康保障和健康服务的需求愈加多样,也自然会进一步提高对商业健康保险服务的要求。

已经成立十余年的我国首家专业健康保险公司——中国人民健康保险股份有限公司,以"让每一位中国人的健康更有保障、生活更加美好、生命更有尊严"为其崇高的使命,以"人民保险,服务人民"为其矢志不渝的追求,在"健康中国"建设的征程中,肩负着服务"国家治理体系和治理能力现代化"这一历史角色的重担,在建设"政府信任、人民满意的中国健康保险第一品牌"的道路上走出了成效。在近五年来,人保健康构建了清晰的发展模式;实现了多元化销售渠道建设和业务转型;达到了服务能力的明显提升;成为了国家医疗保障体制改革的积极参与者和重要推动力量。在实现两个一百年奋斗目标和中华民族伟大复兴中国梦的文化大背景下,人保健康将继续把握战略机遇,牢记时代赋予健康保险的重要使命,致力于打造成服务"健康中国"建设的领军企业,成为国际一流的健康保险供应商。

党的十九大报告提出要"加强应用基础研究",要"建立以企业为主体、市场为导向、产学研深度融合的技术创新体系"。人保健康理应责无旁贷地承担起健康保险综合研究这一具有里程碑意义的开创性工作，因此，公司决定协调和组织一批知名专家学者，立足国内实际，借鉴国际经验，编著一套具有中国特色的《健康保险系列丛书》，系统梳理健康保险的基础理论和经营实践，初步构建相对系统、科学、完整的健康保险理论体系，为培养健康保险行业高水平人才奠定坚实的基础。

《健康保险系列丛书》项目由人保健康党委书记、总裁宋福兴同志亲自挂帅，组建了以公司高管为成员的高规格编委会，邀请保险、财税、公共管理、社会保障、医疗卫生领域近40位著名专家，共同编著。

为确保专业性和权威性，丛书编委会多次召开由多位专家学者参加的专题研讨会。整体来看，丛书既考虑了健康保险的既往经验、现实状况和未来发展趋势，体系上比较完善；同时又对健康保险的相关领域作了探索研究，拓宽了研究范围。从功能定位看，丛书体现了理论与实践并重的编写特色：既要有理论高度，具有一定的前瞻性，达到高等教育教材的编写水平；同时要有实效性，能满足专业健康保险公司经营发展中的现实需求。专家们认为，丛书对把握健康保险经营规律以及行业的可持续发展具有重大意义，充分体现了中国人保一贯以社会责任为己任的优良传统，利于当代、功在千秋。

在丛书的编著工作中，专家学者们都全情投入，科学严谨地为编著工作贡献着智慧。马海涛教授、王欢教授、王国军教授、王绪瑾教授、王稳教授、朱铭来教授、孙祁祥教授、李晓林教授、杨燕绥教授、张晓教授、卓志教授、赵尚梅教授、郝演苏教授、辛丹博士等专家学者负责各分册编著工作，李保仁教授、魏华林教授、庹国柱教授、李玲教授、孙洁教授、郑伟教授、于保荣教授、余晖教授、朱恒鹏教授、朱俊生教授、董朝晖博士等专家学者给予丛书编写许多指导和帮助，在此一并表示最衷心的感谢！

本丛书是对健康保险经营实践经验的阶段性总结和思考。但由于编写时间紧，难免有疏漏之处。而且随着健康保险专业化经营不断深化，还会有很多需要改进的地方。我们希望本丛书能构建起健康保险行业的理论体系与研究架构，对引领健康保险规范、良性和可持续发展起到积极作用。我们也希望借助本丛书，能培养出一批高素质的干部员工队伍，为"健康中国"的建设添砖加瓦，为实现两个一百年奋斗目标和中华民族伟大复兴中国梦贡献力量。